ちくま学芸文庫

増補　中国「反日」の源流

岡本隆司

JN165956

筑摩書房

増補　中国「反日」の源流　目次

第一部　「近世」の日本と中国　019

増補 中国「反日」の源流

プロローグ

二〇〇五年――「愛国無罪」

もう五年以上も前になるのか、というのが率直な感慨である。二〇〇五年に中国各地でおこった反日デモは、まだ記憶に生々しい。中国研究にたずさわる者にとって、この事件はそれほどに大きな衝撃であった。研究者ばかりではない。一般の日本人の多くも、群衆の怒号に震え上がった。中国在留の日本人が、襲撃・殴打、さまざまな形で直接の被害に遭ったし、その情況は報道でリアルタイムに、あるいはくりかえし、日本国内に伝えられたからである。

報道で伝わったものが、すべてではあるまい。報道とりわけ映像というのは、そのもっとも尖鋭的な部分を、もっとも鮮明に伝えようとする生理がある。だから全体的な実情からすれば、多分に誇張をともなって、日本人は受けとめたかもしれない。

それでもわれわれの知りえたことは、決して虚構ではない。日本で普通にデモというように

2005年の反日デモ（北京市内4月9日）（写真提供／共同通信）

は、あまりに暴力的なその行動は、四月二日の成都《せいと》のイトーヨーカドー襲撃を皮切りに、各地にひろがった。翌週九日の北京《ペキン》では、一万人規模の群衆が日本大使館や大使公邸に投石する事件がおこる。さらに一週間後の四月一六日には、上海《シャンハイ》にも波及して、数万人規模の抗議活動が起こり、日本総領事館が投石を受けた。

　割られたガラスが散乱した映像は、まだ記憶に新しい。そうした物質的な損害もさることながら、いっそう重大なのは、日本人がこのとき感じた戦慄が、嫌中感情を増大させ、中国脅威論を台頭、公然化させたことにあろう。いまにいたるまで、中国への親しみ、好感のみならず、関心や興味じたいを失う日本人、とりわけ若者が増加しつづけているのも、それと無関係ではあるまい。この反日デモを境に、日中関係が新しい段階に入って、いまに至っている、とする議論もある。

　日本人が恐怖したのは、何よりもまず、過激・凶暴な行為である。しかしおそらく、それればかりではあるまい。デモ発生の導火線は、日本の国連常任理事国入り反対であった。

そうでありながら、デモが進行してゆくにつれ、領土問題・歴史問題など、日本が中国と対立するあらゆる争点を、そのスローガンにふくんで、全面的な対日非難の叫びとなる。呼号ばかりではない。それがエスカレートして暴力行為も頻発する。そして、そのほぼすべてが「愛国無罪」として正当化をうけた。つまり、自らに加えられる危害は、愛国の表明であって、誤っていないのみならず、称賛にすら値する行為なのである。日本人だれもが感じた戦慄は、そこにこそあるのだと思われる。

たんに「愛国」ということなら、日本人の多くも異存はない。日本にもナショナリズムはある。いわばおたがいさまである。自尊の意識なのだから、それがある程度の排外をともなうのも、常識の範囲内であろう。

しかし中国の場合、現代日本人がわからないのは、まず日本がその排外の対象となり、それがいっこうに改まらないことにある。「愛国」が「反日」とイコールでむすびつき続ける中国人の心情と思考が、不可解かつ不気味なのである。

筆者自身もふくめ、日本人のこうした感慨が、あらゆる面で正しいとは思わない。多分に政治的な運動やマスコミの報道によって、偏向的に操作され、思い込んでいる面があろう。しかし、だからといって、中国側の言い分がすべて正しいとは、なおさら思えない。操作というなら、それは中国側のほうに多いのは、当の中国政府とその支持者を除いて、誰しも認める常識であろう。当時、この反日デモは官製だとする論評も出た。それが正しいとは思えないけれども、そう思われてもしかたのない行動を、中国政府がとってきたことは否めない。

そういう偏見が相互に存在するのは、確かにみのがせない。しかしその解消を一朝一夕に望むのも、現実的ではない。それが人々の現実にする発想、抱く感情であるなら、そのバイアスをも含んで、わきまえておくことが肝要であろう。

なぜ「愛国」はとりもなおさず「反日」なのか。事情に通じない日本人なら、なぜ日本だけが……、というやりきれない思いを抱いてしまう。それが鬱勃《うつぼつ》たる嫌中感情をますます増幅させる。中国の研究に従事している一日本人にとって、これはみのがすことのできない、重大な問題である。

表面的には日中関係が平穏だったこの数年、不安を払拭できずに、本書を書いていたら、脱稿した途端、尖閣《せんかく》諸島でまたぞろ、日中の対立が尖鋭化した。こちらは「領土」「主権」にかかわるので、いっそう問題は深刻である。いよいよ「反日」の疑問を解かなくてはならないが、しかし口でいうほど、それは簡単ではない。

現実政治と深層構造

「反日」に関する著述は少なくない。経済面でも日本をしのぐ大国となりつつある隣国の「反日」というのは、現代日本が直面する重大な問題なので、多くの関心が集まるのは、むしろ当然である。そして、そこでいわれるさまざまな事実や要因は、それぞれに正しいのだろう。

口をそろえて指摘する長期的な要因は、江沢民《こうたくみん》総書記時代からの愛国主義の鼓舞と反日教育の徹底である。一九八九年の天安門《てんあんもん》事件をうけて、国内を引き締めると同時に、政権への求心力を高めようと、愛国を煽り、その手段として反日を強調した、そしてその教育自体は、多かれ少なかれ、いまなお再生産されている、というものである。

確かにそれは間違ってはいない。それ以前にさして反日が問題になっていなかったことと対比すれば、なおさらであろう。しかし、それなら今日の反日は、果たして江沢民以後の反日教育の所産と考えてよいのであろうか。

反日教育があるにしても、何もないところから出し抜けに、そんな教育が発生、出現するはずはない。それを作り出すだけの材料と動機がそれまでにあり、またそれを受け入れ、なるほどと思わせるだけの下地が存在していたことも、やはり事実である。つまり天安門事件や江沢民の政策が、反日教育を顕在化させたにしても、反日じたいの原因をそれだけに帰するわけにはいかない。反日は潜在的に存在し、もっと根が深いものだということである。

だから継起する出来事を追って時々の意義づけをするばかりでは、それらをひきおこす源流の所在と正体はみえにくい。現状分析で反日を理解、判断するだけでは、不十分なのである。これまで、その深層構造はどれだけ明らかになったであろうか。そこをわきまえておかないと、「反日嫌中」はこれまでと同じように、発生・激化・鎮静・再発のくりかえしになってしまう。

にもかかわらず、日本人の側が反日を近年あらわれてきた特有の現象であり、もっぱら江沢民らの反日教育によるものだとみてしまうと、誤解はかえって増すばかりで、事態はいよいよ悪化しかねない。相互に何も知らないまま、「反日」と「嫌中」の感情をつのらせるだけになる。

もちろん抜本的な解決策はみあたらない。少なくとも、歴史しか知らぬ筆者の貧しい見聞と経験では、即効的な処方箋など、とても考えつくことはできないし、そもそも考える資格があるはずもない。だからといって、ここまで日中の関係が深化している以上、目先の対症療法ですませられる段階でもないであろう。

おそらく当面は不治であって、できることは、対症療法しかないとしても、しかし将来の治癒を願うなら、完治をめざすのなら、病巣の根源を知っておくこと、知ろうとすることは決して無駄ではない。

愛国＝反日というのは、近代史の過程ではごく常識的な現象であった。去る反日デモ、あるいは江沢民の登場をまつまでもない。じつは一九一〇年代から明確なかたちをとってあらわれはじめた。

一九一九年、北京の学生運動を皮切りに、全土にひろがった五四運動《ごしうんどう》は、そのもっとも初期、かつもっとも大きな事例である。そして満洲事変をへて日中戦争で、反日運動は「抗日戦争」と名を変えて最高潮に達した。したがって「反日」の動きというのは、歴史上すでにいっそう甚だしい形でおこったことであり、われわれの祖先が、つとに経験ずみの出来事なのである。

もちろん歴史がまったくそのまま、くりかえすことはありえない。今と昔がすべて同じであるはずはないし、同一視するつもりもない。しかし「反日」という現象は共通しているから、それをなりたたせる要素やしくみがわかれば、現在とのかかわりも考えることができるはずである。

それなら、その昔のことは、いったいどこまでわかっているのであろうか。問題が起こるたびに、対症療法のみに陥りがちなのも、昔のことがよくわかっていないのが原因なのかもしれない。それは深層において、意外に今日の問題と関連しているかもしれないのである。

本書はしたがって、現代の「反日」につらなる、直接的なプロセスを明らかにするつもりはない。それについては、多くのすぐれた分析・著述がある。そこには必ずしも書かれていない、「反日」の原風景を素描しつつ、その深層構造をさぐること、「反日」をひきおこし、容易には終息させないメカニズムはどこに由来するのか、その起源を明らかにすること、を目的としたい。それはとりもなおさず、日中のある時期の政治にとどまらず、経済・社会・思想をふくめた、一種の全体史を描きだすことと、ほぼ同義になるであろう。

第一部

「近世」の日本と中国

第1章　東アジアの一八世紀

わかりにくい中国

中国はわからない。今から四十年前、筆者が物心つくか、つかないかのころには、日本に入ってくる情報が極端に限られていて、中国事情そのものがくっきりとは見えなかった。その当時おこっていた文化大革命も、一般の日本人には何のことか、よく理解できなかっただろう。当時、専門家のあいだで賛否こもごも論評があったけれども、必ずしも克明詳細な客観的事実に立脚したものではなかった。だから今、そのころの文章をみると、読むのも恥ずかしくなるようなものすらある。

そのころに比べれば、うたた今昔の感にたえない。空前の経済発展をつづけ、「社会主義」とはほとんど名ばかりになった中国は、いまやどこから見ても、普通の国に映る。日本とも往来・交流はさかんになり、くわしい国内事情が、われわれにもよく見えるようになった。中国で起こったことは、連日ニュースをにぎわしている。

では、中国はわかるようになったか、といえば、そうではない。逆に謎は増している。見えやすい、近い存在になったから、いよいよわからなくなっている、ともいえよう。現代の日本人にとって身近な事例をあげるとすれば、まだ記憶に新しく、完全な解決もみていない中国製冷凍ギョーザ中毒事件であろうか。

二〇〇八年の初めに発覚したこの事件は、二〇一〇年の三月末に中国の公安当局が容疑者を特定した、と伝えられ、犯行の過程も明らかにされてきて、ようやく解決に向けて動き出した観がある。もちろん事件そのものの全貌・真相は、まだ解明にはいたっていない。そもそも容疑者特定というのがフレーム・アップではないか、という議論すらある。

そのあたり、まったく関わりをもたない筆者に、真相がわかるはずはない。しかしそのわかりにくさというもの、あるいは、どうしてわかりにくくなったのかは、歴史を見慣れているわれわれにとっては、ずいぶんおなじみであるような気がする。

端的にいってしまうと、権力のありよう・パフォーマンスが、日本とはちがうということである。われわれがふつうに考える政治とは、内政外交ともにそのしくみややり方にずいぶんへだたりがある。まったく異質だといっても、過言ではない。

その異質さにはもちろん無数の要素・要因があろうが、ごく簡略化してしまえば、民情・民意を顧慮した行動をするかどうか、その顧慮が最大のものとしてあげられようか。

ギョーザ事件でいえば、まず中国内での事件そのものの存在を否定し、ついでその存在を認めても、加害責任の確定を避け、自分たちの体面や政治的な論理を優先して、事件の解明・解決を決定的に遅らせた。こうした中国当局の処理・態度に、たとえば被害者や関係者の立場・心情に対する同情や配慮や責任といったものは、微塵も感じられない。日本人の庶民感覚からすれば冷酷、身勝手というにつきる。

別にこの事件に限らない。外国にいるわれわれには見えにくいだけで、これに類することは、おそらく大なり小なり、日常茶飯事的に起こっているのだとみたほうが間違いあるまい。中国でトラブルに巻き込まれた日本人が、異口同音に驚きと歎きを訴えるのも、またそれがかつて絶えたことがないのも、そう考えればうなづける。

中国におけるこのように異質な権力のありよう、あるいは権力と社会との関係は、しかしながら最近になって急にはじまったことではない。歴史的にみれば、はるか以前から存在する。どこから始まっているのかといえば、筆者の知るかぎり、一七世紀までさかのぼることができる。

不可解は異質さから生じる。中国そのものがわからない以上、その「反日」もわかるはずはないだろう。ほんとうにそれを理解しようとするなら、したがって一七世紀くらいからみなおすのが、かえって捷径《しょうけい》なのかもしれない。

一七世紀以後の世界

歴史を学問として学び、また教えることにたずさわる者として、歴史を「暗記科目」というのは、絶対にやめてほしいと思う。正しくないばかりではなく、歴史嫌いを増やすだけだからである。それでも、あまりなじみのない過去のことを知るためには、人物や事件の名前、それがいつのことか、おおまかにでも覚えていないと困る場合が多い。暗記はだから、多かれ少なかれ、どうしても避けられないものとなって、往々にして、歴史を近寄りがたい存在にしてしまっているようである。

そんななか、誰でもおぼえられる年号というのは、一六〇〇年の関ヶ原の戦いである。江戸幕府を生みだしたこの事件は、文字どおり画期的だった。日本だけでいうなら、一七世紀の幕開けは、日本の新しい時代の幕開けともなったのである。それなら、日本をとりまく世界では、この前後はいったいどんな時代だったのであろうか。

一七世紀の世界史は、一言でいうなら混沌のうちに始まった時代である。それまでヨーロッパ第一の強国だったスペインが凋落の一途をたどった。海上では、新興のオランダ・イギリスが台頭する。オランダ独立を援助したイギリスに、スペインの無敵艦隊がやぶれたのが一五八八年、これはちょうど豊臣秀吉の刀狩りの年にあたる。大陸では、一六一八年から三十年戦争がつづいて、ドイツの地は荒廃をきわめ、やがて参戦したフランスが、第一の強国としてのしあがり、次の世代の黄金時代を準備した。大西洋を越えると、すでにスペイン・ポルトガルの植民地になっていた中南米のほかに、北アメリカがこれら新興の英・蘭・仏の植民地と化した。

太陽王ルイ一四世が君臨したフランスは、いよいよ強大になる。それでもヨーロッパを制覇することはできなかった。海峡をはさんでイギリスが、たえずその台頭を掣肘《せいちゅう》し、大陸ではオーストリアが対抗しつづけ、またプロイセンあるいはロシアという新興勢力があらわれたからである。のちに「勢力均衡」といわれたように、突出した強国が存在せず、対立と抗争をくりかえした。

一八世紀に入っても、その様相はかわらない。英仏の対立を基軸に、欧米はいわば、ずっと戦争に明け暮れていたのである。そのあいだの変化は著しかった。一八世紀の末にいたって、産業革命と市民革命が英・米・仏であいついで起こり、次の時代の幕を開く。

一九世紀のヨーロッパは、フランス革命ではじまる。ナポレオンの勃興と没落から、ビスマルクの登場にいたるまで、戦争はいよいよ大規模になりつつ、やむことはなかった。その過程で、西洋世界がひとつの政治権力のもとに、統合することはついになかったけれども、ヨーロッパ全体が加速度的に富強となって、全世界を制覇する。ここまでくると、もはや帝国主義の時代であって、東アジアもそれと無縁ではいられなくなる。

一八世紀──東西のコントラスト

さてその東アジアでも、一七世紀のはじめは混沌という事情では、あまりかわらない。

中国に君臨して、世界有数そして東アジア第一の大国だった明朝は、すでにずいぶん以前から支配体制が動揺をきたしていた。国内の治安は悪化したばかりか、周辺の諸勢力も強大になり、内外の秩序はくずれていった。

しかし同じ世紀のなかばまでくると、西洋とはいささか異なった動向を示しはじめる。明朝じたいは内乱のはてに、最後の皇帝・崇禎《すうてい》帝が北京で自縊《じい》して、あえなく滅亡した。ところが、その東北に隣接し、遊牧民・農耕民・多様な種族・社会を包括統合して、勢力を伸ばしていた清朝が、明朝に代わって中国を支配するようになり、混乱の極にあった秩序は、次第に回復してゆく。

その東隣の日本は、一六世紀の戦国時代、急速に富強化をとげて、世界史の舞台にあらわれた。その世紀の末、豊臣秀吉が強行した朝鮮出兵などは、まったく無名の師というにふさわしい暴挙ながらも、台頭した日本の存在を世界に知らしめるものではあった。そうした時代をへて、一七世紀には、戦乱を勝ち抜いた徳川幕府のもとで、統一が達成された。中国にやや先んじて、新たな体制ができあがっていたのである。

このように東西をみわたすと、同じく混沌として帰趨のみえないまま始まった一七世紀は、その百年の間に東西のコントラストがくっきりとうかびあがるようになり、それが世界史の特徴をなして、以後の史的展開を規定してゆく。

ヨーロッパではかつて、この時期を近代 modern と呼んでいた。現代に直接つながる過去の時代だという謂である。近年ではやや厳密に、現代につづく近代の一歩手前、あるいはその前提ということで、よくearly modernということばが使われており、これを便宜的に「近世」と訳すことが多い。さしづめ一八世紀の終わりから一九世紀の初めにかけてが、近世から近代への転換期ということになろうか。

近世ということばは、また日本史でも慣例的に使われる。明治維新以降が近代で、やはりその前の時代という意味にほかならない。要するに、日本の近世とは江戸時代のことで、それを英語に訳せば、やはりearly modernである。

中国の歴史では、こういう呼称・概念の問題は、いささかややこしい。一七世紀までの時期を近世という人もいれば、中世という学者、あるいは、古代とする学説もあった。その詳細を語り出すと、キリがないし、最近では、そうした意見のちがいは、やかましくいわれなくなったので、いっさい省略しよう。いまは欧米や日本とあわせて、近世と呼んでも、もはや誰も怪しまない。もっとも、それが唯一の定説だというわけでもなく、学問的にはまだまだ検討の余地がある。

ともかく洋の東西を問わず、一七世紀・一八世紀はいずれも「近世」である。そのうち一七世紀は、東西同じく混沌の時代といった印象が強い。けれども一八世紀に入ると、それが異なってくる。かたや戦争に明け暮れて、変化いちじるしいヨーロッパ、かたや平和と安定、繁栄の東アジアというように、それぞれ別の歴史の道をたどるのであった。

泰平と政権

その東アジアを構成する主要国が、日本と中国である。この場合、国といったり、中国といったりするのは、学問的にみると、決して厳密な、正しい用法ではない。いまのわれわれが「国」というと、とかく近代国家nation-stateを連想してしまうので不適切だし、「中国」ということばも、いまと意味がちがう。そのころの「中国」は普通名詞であり、まだ特定の国家や民族を指し示す意味にはなっておらず、現在の中国と直結する概念ではない。だから誤解と混乱をきたしかねないけれども、ほかに適切な表現もなく、無理に別のことばを使ったりすると、かえってややこしくなりそうなので、以下は便宜的に、国や中国と呼ぶことにする。

だからここで中国というのは、二〇世紀に入るまでは、文化的・地理的な概念である。おおむね漢人が居住する明朝旧領の範囲、欧米人のいうチャイナ・プロパー（China proper）の地域にほぼ相当する、と考えてもらえばよい。国というのも、その中国を指すにせよ、日本を指すにせよ、国境で厳密に区切られた国家ではなく、そうしたひとまとまりの範囲を称している。

日中を主要国というのは、この時代、両者がまず経済的に、それゆえにまた政治的にも、ぬきんでて大きな存在だったからである。東アジアが平和であったのは、要するに日本と中国の「近世」が、ともに泰平の時代だったということを意味している。

その中国に君臨していたのは清朝という政権であり、ほぼ同じ時期、日本で並行して存在したのが、いうまでもなく江戸幕府である。江戸幕府は一七世紀の初頭までに、清朝は同じ世紀の終わりまでに、それぞれ日・中の戦乱を鎮めた。新しい政権が生まれて、泰平の時代へみちびいた経過が似ている。

もっと細かく見ても、両者は共通する面がある。清朝を建てたのは、そもそも遼東《りょうとう》地方で狩猟・採集に従事していた人々で、尚武の気象に富む。かれらの軍事組織、いな社会全体の編成組織を八旗《はっき》という。「旗」というのは、七千五百の男子を単位に編成された軍団を意味する。その軍団が色違いの旗幟を標識としたから、「旗」の称呼がある。この軍団編成はほとんど巻狩りの態勢そのままであって、そこから生まれた軍事力で、政権を樹立するにいたった。

要するに、清朝は軍事政権である。それに対し、日本の江戸幕府が武家政権、軍事政権であることは言をまたない。武力を中心に編成された集団ということで、たとえば支配層中枢部の主従関係などが類似している。そこで、両者を同じ「新興軍事政権」という概念でくくる向きもある。

だからといって、清朝と幕府が同質だった、ひいては日本と中国がこのとき、相似た社会であった、と考えてもらっては困る。以上は主として、「軍事」力で組織された政権集団のありように着眼したみかたにすぎない。

まず「新興」の「軍事政権」という側面では同じであっても、その「軍事」力をなりたたせた基盤が異なっている。清朝はその元来の出自からして、狩猟・遊牧的な武力組織である。しかもそれが複雑な中国社会を、いわば外から支配した。それに対し、江戸幕府は日本の農業社会の内から自生した武力組織であって、はじめからいわゆる領主支配である。それだけをとってみても、両者はたとえ外貌は似ていようと、やはり性質を異にするもので、具体的な「軍事」力の内容が同一でないのみならず、それぞれの社会との関係、社会に対する権力支配の形態や行為そのものも同じだというわけにはいかない。われわれはそうした差異がもたらす結果にも、目を向ける必要があるだろう。

「新興軍事政権」のもとで享受した同じ泰平でも、日中それぞれの内容はどうみても、同じではなさそうなのである。そのあたり両者をつきあわせて、スケッチをはじめてみよう。そうすれば、くっきりと特徴がうかびあがって、いまのちがいを理解するにも役立つであろう。

第2章　統治のしくみ

日中の比較

日本と中国の歴史の比較、とりわけ両者の近代化のそれは、今にいたるまで、日本人の大きな関心を集めるテーマのようで、いろんな関連の書物がでている。ここでもよく似た試みを、ささやかながらやってみたい。そう思って、最近のそんな書物をひもといてみると、日本についても中国についても、ともに流行《はやり》のように見えるのは、「開発独裁」になぞらえて分析説明する手法である。

「開発独裁」というのは、主として一九六〇年代から八〇年代にかけて、当時アジアの開発途上国だった台湾の蔣介石《しょうかいせき》・蔣経国《けいこく》政権、韓国の朴正煕《パクチョンヒ》政権やフィリピンのマルコス政権、インドネシアのスハルト政権などがおこなった政治のスタイルである。内外の危機に直面しながら経済発展・工業化を実現するには、国内資源を一元的に管理して計画的に経済開発へ投入しなければならず、そのために強力なリーダーと少数のエリートが権力を独占して国家を運営した。政策実施には効率的だったものの、権力の独占には利権の独占をともなうので、腐敗が起こりやすい。経済発展が実現すると、そこで育ってきた中間階層が政治参加・民主化を求め、「独裁」に批判的になり、いまはいずれも「開発独裁」の形態はとらなくなっている。

こうした政治形態を、一九世紀後半期の日本と中国にあてはめて、その歴史的な経過を性格づけようというわけである。たしかに両国は当時、欧米列強という先進国の圧力を受けていた、という点で途上国に類似するし、またその政権が経済発展や工業化への志向をもっていたことでも共通している。そこでたとえば、時を同じくする日本の明治維新と清末の「洋務運動《ようむうんどう》」をならべて、ちがいはありながらも、いずれも「開発独裁」による近代化政策だ、といってみたり、あるいは、明治維新の藩閥専制や富国強兵は、「開発独裁」とは異なる、といってみたりするわけである。

「開発独裁」はもともと政治学者がつくった概念であるから、このような論の立て方は政治学者、あるいは主として政治過程に注目する向きには、一見わかりやすく思えて、それゆえに受けがいいのだろう。

しかし現実に「開発独裁」がおこなわれたのは、そもそも列強の植民地となってから独立を果たした国々であり、日本と中国は同じ時代、ともかくも植民地にはならなかった。それだけでも、植民地化と「開発独裁」を経過した国々と同じ政治体制や社会構成を、当時の日中両国がとっていなかったことは、火を見るより明らかであって、たがいに比較の対象となりうるかどうか、はなはだ疑わしい。その異なる政権と社会に対し、表面的な政治過程にたとえ類似の点はあるにせよ、「開発独裁」という同一の概念を用いて分析理解しようとするのは、総体的・歴史的にみて、正鵠《せいこく》を射ているとは思えない。

そんな遠回りをしなくても、当時の政治体制や社会構造をそのまま説明したほうが、むしろ直截明快だろう。現在の研究水準は、さかのぼって一八世紀くらいまでであれば、日中それぞれの政権や社会のありようを、かなり簡明に説明できるところにまで達している。もちろんまだまだわからないことも多く、すべてが完璧にわかるわけではないし、日本と中国では、明らかにしうる水準や範囲も、互いに同じレベルにあるとはいいがたい。それでも、両者の異同を浮き彫りにするくらいは可能である。

日本の公権力と社会

政治社会というのは、その役割分担として最小限、支配者と被支配者が存在しなくてはならない。一八世紀という同じ時代の日本と中国のそれをながめてみて、すぐに気づくのは、その支配・被支配の関係がずいぶん異なることである。比喩的にいうと、日本は両者の距離がすこぶる近く、中国ははるかに遠い、という印象を受ける。しかしこれだけでは、いかにも舌足らずなので、少し説明しよう。

江戸時代の農政として、いまも人口に膾炙《かいしゃ》するのは、「生かさぬように殺さぬように」、あるいは「財の余らぬように不足なきように」農民を治める、という科白《せりふ》である。前の引用は幕府を開いた徳川家康本人、後のそれはその家康につかえた知恵袋、関東惣奉行にもなった本多《ほんだ》佐《さ》渡守《どのかみ》正信《まさのぶ》のことばだと伝えられてきた。いずれも農民から最大限の搾取をしようという趣旨である。本多正信のほうは『本佐録《ほんさろく》』という書物から引いた一節で、これは最近では、藤原惺窩《ふじわらせいか》が書いたとする説が有力となっているが、誰の筆になるにせよ、文意がかわるわけでない。

さらに時代がくだって一八世紀のはじめ、財政危機の幕府をたてなおした英主、八代将軍吉宗《よしむね》の時代の勘定奉行神尾《かんお》春央《はるひで》の発言に、「胡麻《ごま》の油と百姓は絞れば絞るほどとれるものなり」というのがある。やはり同じことを、いな年貢増収の要請もあってか、いっそうひどいことを述べていて、かれはそのためか、江戸時代の勘定奉行のなかで、最も民を痛めつけた、とたいそう評判が悪い。

現代人の感覚からすれば、一見すると、血も涙もないような苛政にみえなくもない。でもよく見てみれば、「殺さぬように」「不足なきように」「絞る」ことを求めている。『本佐録』もこの文章の冒頭に、「百姓は天下の根本」だと断言したうえで、「不足なきよう」な条件を整えるべきことをくりかえし説くのである。「絞」られても、その一定部分は治水など、再生産の原資となってもどってきた。曲がりなりにも、民生に配慮するということは、徳川の統治に一貫していた。

技術的なことをいえば、まず年貢のとりたて方がそうである。収穫をあらかじめ見積もってとりたてる率を決める検見法《けみほう》はもとより、吉宗のころ、幕府領で安定的な徴収をめざして、一定期間一定量をとりたてる定免法《じょうめんほう》に切り換えたことにしても、それらが生産者に密着した年貢の徴収法であったことにかわりはない。作柄の綿密な調査を必要とする点は、同じだからである。増収をめざしてあらゆる手をつくした神尾春央も、三五パーセントをこえる年貢はとれなかった。

そうした事情を代表するのが、有名な慶安《けいあん》の御触書《おふれがき》という法令である。三十二カ条にわたるその内容は、役人との関わりや年貢の納入はもとより、農業の技術・経営から、生活の心得にいたるまで、農民に教え諭している。近年の研究でその真偽が疑われているけれども、為政者の側に早くから、そうした姿勢があったことまでは否定できまい。いかに搾取するのが主たる目的だったとはいえ、権力がこれほどに民のことを顧慮し、掌握しようとしていたわけである。

もちろん農民がつくりあげ、暮らしていた村では、それぞれに自らの生活・生産を律する統治が存在した。掟による自治である。「生かさぬよう」なゆきすぎた権力行使や「絞りすぎる苛斂誅求《かれんちゆうきゆう》には、自らの生活維持のため、当然に抵抗を試みただろう。だからといって、抵抗を野放しにしては、権力支配は貫徹しないし、抵抗を抑えつけるばかりでは、円滑な統治が実現できるはずもない。

　そこで為政者の側は村社会に対し、法度《はっと》・刑罰による支配を断行しつつも、その機能の相当部分を掟・自治に委ねることで、社会の抵抗をなくしてゆくことに成功した。逆に村の側では、法度・刑罰の強制力を自らの掟として内在化させてゆくことで、その自律性を生みだす。その基本的な方向性は、生業の異なる町方でも、やはりかわらない。治者と被治者相互の協力と依存が前提条件となっていた。

　江戸時代、権力に対する抵抗といえば、一六三七年におこった島原《しまばら》・天草一揆《あまくさいっき》が、その最たるものである。これはキリシタンの蜂起・反乱でもあったから、これ以降、幕府権力はキリシタン禁令を徹底し、それを国是としてゆく。非キリシタンであることが、日本社会の正規メンバーとしての不可欠な資格、さらには当時の日本人のアイデンティティともなった。

　それを日常的に証明するのが、宗門改《しゅうもんあらた》めである。これにともなうキリシタンの探索・摘発の実務は、町・村という地域社会それぞれに委ねられた。その所産たる宗門人別改《しゅうもんにんべつあらため》帳《ちょう》は、そのゆえに江戸時代を通じ戸籍・住民基本台帳の役割を果たし、権力側の民衆掌握の証拠でもあると同時に、当時の社会の実相をみる史料の宝庫ともなっている。これなど、権力の法度支配と社会の掟自治との相互依存関係をあらわす典型であって、同様の関係はあらゆる局面で存在したといえよう。

権力の支配は自律的な社会の協力をもとめ、社会の自治は強制的な権力の統治なしになりたたない。「近世」日本の支配の「近さ」というのは、およそ以上のような事情を指すものである。

「共和の民」と「一片散沙」

中国には「鼓腹撃壌《こふくげきじょう》」ということばがある。文字どおりには、腹つづみを打ち、地面をたたく、ということだが、意味としては、暮らしの太平無事を形容する表現になっている。伝説の古い昔、帝堯《ていぎょう》の時代に、腹つづみ・地面を打ち鳴らして謳歌した、と伝わるその歌詞に、「帝力、我において何か有らんや」という。つまり「帝力」・権力が自分たちに何も関わらない、というのが、中国の民にとって満足な境遇なのである。もちろんそれが、中国の歴史上、実際にいかほど行われたことなのか、正確にわかるはずもない。しかし長い間、それを理想だと考えてきたことは、注意しておくべきだろう。

それでは、泰平を現出した清朝治下の時代はどうだったのか。ここはぜひ、同時代人に証言してもらおう。中国革命の父、孫文《そんぶん》である。かれの若き日、一九世紀も終わりに近づいた一八九七年、熱烈な支援者となる日本人の宮崎滔天《みやざきとうてん》に話した一節に、次のようなくだりがある。

試みに清虜の悪政に浴せざる僻地荒村に至り見よ、彼らは現にみずから治むるの民たるなり。その尊長を立てて訴えを聴かしむるところ、その郷兵を置きて強盗を防ぐところ、その他いっさい共通の利害、みな人民みずから議してこれを処理するところ、豈《あ》にこれ簡単なる共和の民にあらずや。（宮崎滔天『三十三年の夢』）

孫文は西洋的な教育を受けた革命家で、このころなお健在だった清朝政権の打倒を念願していた。だからこの発言も、清朝・満洲人を非難する趣旨にほかならず、だから異族をさげすむ「虜」ということばはもとより、「悪政」とさえ言っているのだが、みてほしいのは、そこではない。清朝の権力・支配とはまったく無縁の自治を実現している民・社会が存在する、というところにある。あたかも、上に述べた「帝力」のおよばない「鼓腹撃壌」の境遇である。孫文はそうした社会に立脚すれば、皇帝政治の必要はなく、中国にも共和制を実施できる、と説いたのである。では、その認識は正しかったか。

孫文

およそ四半世紀の後、同じ孫文は晩年、「三民主義」の演説をおこなった。その長大な講演のなかに、このような文言がある。

清朝時代、各省ごとに、上には総督・巡撫、中間には知府・道台、下には知州・知県、それにその補佐官がいた。そのため、人民と皇帝との関係はごく小さく、人民が皇帝にたいしてもつただ一つの関係は、租税をおさめることであり、租税をおさめること以外、人民は政府となんの関係もなかった。そのため、中国人民の政治思想は、きわめて薄弱だった。人民は、だれが皇帝になろうと、ただ租税をおさめさえすれば、自分の責任をはたしたと思っていた。政府も、人民が租税をおさめさえすれば、他のことにはかまわず、生きるも死ぬも人民の勝手にまかせていたのであります。(孫文「三民主義」山口一郎訳)

もはや清朝は滅び去って、中国が共和制になってから十年以上たった、一九二四年の発言である。そのいわんとするところ、さきの引用文と比べると、とても興味深い。

やはり清朝政治の批判という、全体の論調はかわらない。けれども孫文は、さきに「清虜」・皇帝との関係がないのを「僻地荒村」の範囲に限っていたのが、今度はほぼ中国全土、一般的な状態とみるようになった。しかも、その状態を理想実現の好材料とみていたのに対し、「三民主義」では、それが障碍になっている、という認識にかわったのである。これは三十年近くの時間が経過するなかでおこった、かれ自身の政治思想の転換にともなう変化だとみてよい。

当時の中国は軍閥混戦のさなかにあって、孫文が理想とする「革命」は、なお達成できていない状態だった。かれはその根本的な原因として、中国の人民には「家族主義」と「宗族主義」はあっても、「国族主義」つまりナショナリズムがないことを指摘する。その由って来るゆえんこそ、「清朝時代」の統治形態にあった。当時の人民が政治と切り離され、「なんの関係もな」い立場、境遇におかれたため、「人民の政治思想は、きわめて薄弱」になったわけである。中国の民は国家のもとに結集、団結しえない「一片散沙」、一面にひろがるバラバラの砂とさえ形容され、そのために中国を外国に伍する国家にできないとみなされた。

国家と社会の遊離

孫文ひとりの証言ばかりでは、主観・偏見とみなされかねないので、ほかにも意見を聴いてみよう。なるべく対立する立場の人のほうがよい。「三民主義」の演説とちょうど同じ、一九二四年に出た日本人の書物から引用する。当代きっての「支那通」、孫文と同い年の内藤湖南《ないとうこなん》が著した『新支那論』の一節である。

> かくの如く郷団自治は支那《ママ》人民の生活にとつては最も大切なる事である代りには、郷

団自治に至る迄の人民の訓練は余程よく行き届いてゐる。或る地方では郷団は全く宗法、即ち家族制度の関係から来て居るものであつて、……家族相互の救助、家廟を中心とした義田義荘といふ様なものもあり、家族が厳然たる小さい国家を象つて居る。全く家族ばかりから成り立たない郷団でも、幾分か家族の集合と、それからそれに附属した纏《まと》まらない人民とから成り立つて居る様なもので、矢張《やは》り家族を主とした郷団と組織は変らない。……あらゆる統治に必要な機関は各々自分等の力で具備して居て、何等政府の官吏の力をかる必要がない。

内藤湖南は一代の碩学、中国学の泰斗だが、中国の歴史・文化に対するその学殖は、このころはいわば、中国における日本帝国主義の勢力拡大を正当化する役割を果たしており、この文章もその一環だといえる。「何等政府の官吏の力をかる必要がない」ので、中華民国を支配する目前の軍閥政府、無能貪欲な「政客」たちは、有害無益な存在にすぎない。中国は政治に「興味を失」い、文化に優越する老成国なので、どうしても中央政府が必要なら、「幼稚な」外国（日本）が効率的な政府をつくって統治すればよい、そのほうが中国のためにもなる、というような見通しが出てくるわけである。

時に中国では、「反日」の感情と運動が真っ盛りだったし、日本でも中国に対する蔑視・嫌悪は、一般庶民のレベルにひろがっていた。中国人の民族主義にもとづく国家の創成をめざした孫文と、当時の中国ナショナリズムに一貫して不信感をいだいた内藤湖南。二人は当時の「反日」と「嫌中」を代表していた、といえるかもしれない。

このように、二人はそれぞれの立場から、一八〇度正反対の方向を向いていた。しかしその中国社会に対する現状認識としては、一読してわかるように、期せずして同じことを言っている。内藤湖南の言で端的にまとめるなら、それは「支那の政治といふものと社会組織とは、互に関係を持たなくなつてゐること久しい」ということ、中国史の研究でよくいわれる、国家と社会の遊離構造である。

孫文にしても内藤湖南にしても、西洋の学問をおさめた人物であり、かれらの眼にそのように映ったということは、当時の中国を考えるうえで重要である。

中国の政府統治は二〇世紀になるまで、われわれの一般にいう政治をほとんどしていなかった。実地におこなわれた行政とはつきつめていえば、「刑名」と「銭穀」にほかならない。これを現代日本語に訳すと、刑罰と徴税にあたる。人の生命と財産を、強制的かつ合法的に奪いうる、という権力の最も権力らしい根幹の部分しか、統治が存在していなかったわけである。

そのやり方も、理解しづらいものである。たとえば「銭穀（徴税）」をごく簡略にいうと、当局からみるなら、必要とする額さえ税収として入って来さえすれば、納税者がだれであろうと、あるいはどれほどの金額を納めていようとも、さしつかえない。もっと極端にいうなら、現実に最終的に税を負担する民がどんな暮らしをしていようが、権力の側はどうでもよかったのである。だから、「他のことにはかまわず、生きるも死ぬも人民の勝手にまかせていた」という孫文の評言が出てくる。税は取ったら取りっぱなし、もちろん民生に還元されない。いわば一方通行だった。

「刑名」も一方通行という点では、同じである。さきに刑罰と訳して、裁判と訳さなかったのは、厳密にいうと、当時の中国に裁判はなかったからである。裁判は事件の当事者から訴えがなされてはじめて成立するものであり、その当事者と判定者は別個の存在である。たとえば捜査をおこなう警察が、判決を下す判事を兼ねてはならない。また裁判の審理とは、当事者が必ず参加し、その主張・反論にもとづいて判決を下すものである。ところが中国の「刑名」はそうではない。行政官がすなわち捜査官であり、裁判官でもあった。当事者が判決に至る審理の過程に参加することはなかったし、そもそも審理そのものが、存在しなかった。要するに、捜査が終われば即、有罪が決まって量刑の段階に移行してしまうのであり、「刑名」とは司法裁判ではなくて、あくまで「行政」だったのである。こうした「刑名」の性格から中国社会をみると、次のようになる。

> 所詮、治者と被治者とが一つの法共同体をなすという関係——何がお互の間の法であるかを語る裁判官、その声に耳を傾けて己れらの法意識を確かめ合う民衆という姿

――が帝制中国には存在しなかった。官僚はその治下の民衆にとって外者であった。そもそも「国家」という文字が、古来の中国語では、現王朝を意味する言葉であり、王朝と人民とを含めて、一つの法的・政治的共同体として把握するような言葉そのものがなかった。「国家」が「天下」を領有している、というのが中国人の世界像であった。そして法はそのような意味における「国家」のものであったのである。したがって法を解釈適用する行為、すなわち司法も、王朝が天下を治める行為――天下の管理《フエルワルトウング》――すなわち行政の一環でしかなかった。そのような法が量刑の基準たることを主眼として発達したことも故なきことではない。けだし刑の量定は本質的には行政に属することだからである。（滋《し》賀《が》秀三《しゅうぞう》『清代中国の法と裁判』）

「治者と被治者とが」「一つの法的・政治的共同体」をなさないのが、「帝制中国」少なくとも清代の特徴なのであって、それはすなわち遊離構造のいたすところだった。日本のように、為政者が民衆の生業・生活に関知することはほとんどないし、「殺さぬよう」に「不足なきよう」に、民生の面倒をみることもなかった。法度と掟を有効ならしめる、被治者との相互協力・依存の関係も存在しない。民生のケアや統制は、まったく「家族」「郷団」、地域社会まかせということになる。「小さい国家」と内藤湖南が呼び、「みずから治むる」「共和」と孫文も称したゆえんであった。

こんな情況では、たとえば庶民一人ひとりを把握する宗門人別改帳のような記録など、存在のしようがない。「近世」中国の支配の「遠さ」は、日本とはおよそ異質であることが、ここからもみてとれるであろう。

第3章　明から清へ

明朝の現物主義

それではなぜ、日本と中国の権力統治のあり方に、こうしたちがいがでてくるのか。この問いを考えるにあたっても、日本の場合はわかりやすく、中国は理解しづらい。われわれが日本人である、というばかりではない。学問的な研究でも、日本はかなり明らかなのに、中国は不明な点が多いのである。そこで以下では、主として中国をとりあげて、具体的にその様相をみていこう。それには、この時期に先だつ明朝の体制から知っておく必要がある。

現代のわれわれからみると、それはきわめて特異なものであった。政治が皇帝独裁の専制体制だったことはいうまでもない。ただ歴代の中国王朝とは、きわだってちがっている面がある。明朝の始祖である太祖朱元璋《しゅげんしょう》、およびその息子の成祖永楽《えいらく》帝が偉大にすぎて、後世の子孫を強く束縛しつづけた、という事実である。明朝の始まった一四世紀末から一五世紀の初め、太祖・成祖がさだめた制度・政策は、祖法としていわば神聖視されて、以後いやしくも明朝がつづくかぎり、みだりに改めてはならぬものとみなされた。経済面でその最たるものが、一種の現物主義である。

これは貨幣を介在させずに、政府の財政活動を実現しようとするもので、穀物なら穀物、飼料なら飼料というように、税を現物で人民から徴収して、政府もそれをそのまま消費した。官庁の必要とする労働力も、同じく現物で徴発され、いわゆる徭役《ようえき》制度が整ったのである。

明朝が建国早々、こんな現物主義をとるようになった最も大きな要因は、当時の経済情況と政治方針にある。両者ともに、前代のモンゴル帝国と深い関係があった。まずその経済情況とは、モンゴル政権が実施してきた、紙幣を主とする通貨制度の崩壊にほかならない。一四世紀後半の大乱でその信用が失われて、紙幣の裏づけをなした金銀などの貴金属は退蔵されて、流通から逃避、払底してしまった。紙幣は紙屑同然となり、とりわけ生産力が低く、紙幣に流通を依存していた中国北方の経済的後進地域で、時代の進行に逆行するかのような物々交換が出現する。

この中国北方地域は、モンゴル帝国以前から久しく、中国南方と事実上の分立状態にあった。少なく数えても、一二世紀前半の金・南宋の南北対峙からそうである。中国全土を併呑《へいどん》したモンゴル帝国も、北と南で同一の統治をおこなわなかった。二百年以上そうした状態が続いたため、北方地域は政治的には南方よりもむしろ、北隣の遊牧民政権と結びつきやすくなっていた。

明朝はもともと中国南方、江南《こうなん》地域にできた政権である。多元的な種族と地域の複合で成り立っていた、遊牧民のモンゴル政権に取って代わるため、漢人・中国の統一と自尊を自らの正統性のあかしとしようとした。それを実現するには、従前ずっと分離の状態が続いてきた中国の北方を、自らの南方と一体化させなくてはならない。これが明初最大の政治方針となる。

明朝は一三六八年、モンゴル政権を万里の長城の北に駆逐して、中国北方を政治的軍事的に併合することに成功した。その統合を実効あるものとし、いっそう強化するために、経済的にも南北の一体化をめざす。そのさい、後進的な経済状態を先進的なそれに合わせるのでなく、北方の現状を基準とした財政経済政策を、南方もふくめた中国全土に適用施行することにした。こうして現物主義の制度ができあがる。

物資・労力を直接とりたてるのであるから、その条件として、まず土地・人を個別具体的に把握しなければならない。その一方で、現物徴収を妨げかねない商業・流通を制限し、厳重な管理統制のもとにおく必要がある。さらにそのためには、貨幣の使用をなるべく忌避し、とりわけそれ自体で流通価値をもつ金銀など、貴金属の使用を禁止しなくてはならない。

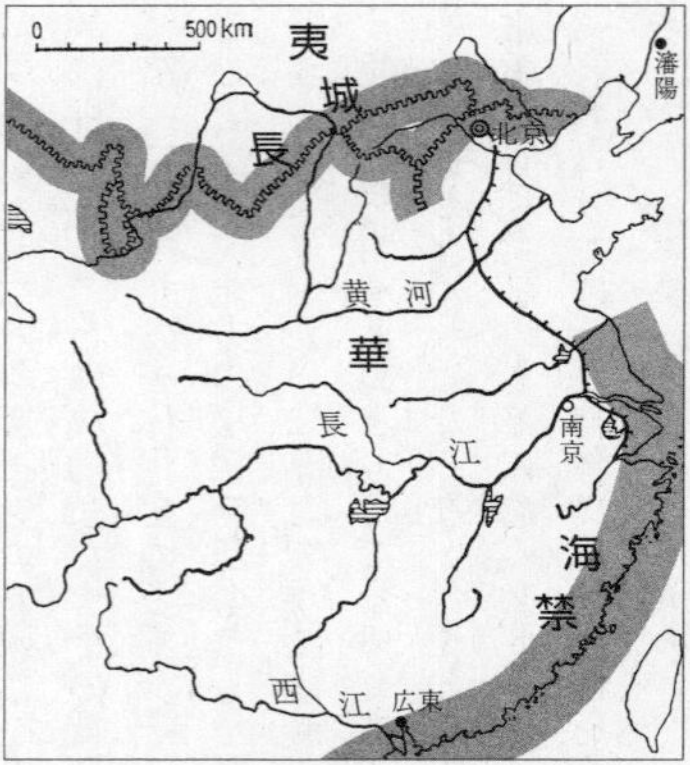

図1　明朝の版図

こうした把握・統制・禁令は、権力・政治力の及ぶ範囲にしか適用できないから、その範囲の内と外で、判然とした境界を画することになり、またそもそも商業を制限する方針なのだから、外国との貿易を原則として禁止することにもなった。中国と外国、当時のことばで「華」と「夷」との区別がやかましくいわれ、物資のやりとりをふくむ外国との交流が、朝貢《ちょうこう》を通じてでしかできなくなったのも、そこに理由がある。

「朝貢」というのは、臣下が君主のところへ貢ぎ物を持参して挨拶にくることである。それだけですでに、上下関係を表明する儀礼行為にほかならない。貢ぎ物には必ずお返しの賜り物があって、一種の経済行為とみなせるので、これを朝貢貿易と呼ぶこともある。ともあれ、朝貢は中華の自尊というイデオロギーにかなう関係のとりむすび方なのであり、そこにわれわれが考える外交というものは存在しない。

いまも残る壮大な万里の長城ができたのは、明朝のときである。さらにこの時代は、海外から船舶で来航することはもとより、中国から出航することもほとんどできない厳重な海禁が布かれていた。いわば長城と海岸線が、中国と外国の往来をはばむ障壁をなし、その内側を「華」として重んじ、外側を「夷」として軽んずる。これで明朝のイデオロギーに合致した世界秩序となるわけで、それは単なる対外政策にとどまらず、現物主義の財政経済体制にも深く関わっていた。

商業化と貨幣

ところがこの現物主義の制度・政策は、さだまった当初からまもなく、破綻に瀕してゆく。そもそも一四世紀後半の物々交換という現象は、いかに広汎に存在していたとしても、当時の異常な情況の所産にほかならなかった。世情が落ち着けば、いわばすぐもとにもどり、貨幣を用いた流通が復活しはじめる。中国の貨幣経済は遅くとも一〇世紀、唐末五代の時代から定着してきたもので、現物主義はそんな歴史経過に逆行するアナクロニズムだったからである。

しかも成祖永楽帝は雄才大略、北京に政治軍事の本拠をうつして、長城以北への親征など、対外的に積極策をとりつづけた。生産力の低い経済的な後進地に、官僚と軍隊が集中する一大消費地ができたばかりか、くりかえし遠方への軍事行動もおこなわれたことで、ますます物資の移動流通の必要性が高まってくる。とくに南方から北方への糧食供給が不可欠であった。

その中国南方で最も高い生産力をもつのは、次頁の図に示した江南デルタ地域である。この地は元末騒乱のとき、太祖朱元璋に最後まで頑強に反抗した張士誠《ちょうしせい》が拠ったこともあって、過重な租税負担を強いられ続けた。蘇州《そしゅう》一府だけで、全国の一割をまかなった、と明末清初の大学者・顧炎武《こえんぶ》もいっている。この推計が正しいとはかぎらない。けれども広大な中国からすれば、猫の額ほどの面積しかない土地が負わされた負担の大きさ、またそれに応じることのできた生産力の高さは、読みとることができる。

一四世紀末から一五世紀初にかけ、北方の物資需要が高まってゆくなか、この江南デルタは、水利条件が変化して産業構造を一変させつつあった。太湖《たいこ》から東方に流れ出る呉淞《ごしょう》江《こう》が涸《こ》浅《せん》して、それまで一面の水田をなしていた稲作地域は、水不足に陥って作付を転換せざるをえなくなったのである。太湖の南では米と桑、辺縁では棉・麦・麻が植えられた。とりわけ著名なのが、棉作に特化した松江《しょうこう》府一帯、養蚕が盛んとなった湖州《こしゅう》府附近であり、のちに前者はいわゆる南京木綿《ナンキンもめん》（nankeen）、後者は湖絲（日本でいう白糸《しらいと》）として、世界に冠たる中国の特産品となる。その生産性をあげるために、金肥《きんぴ》の購入など、多くの資本と雇用労働力の投入を必要とした。

この江南デルタは宋代では、「蘇湖熟すれば天下足る」、蘇州・湖州一帯で収穫をむかえれば、中国全土の食糧がまかなえる、と称された穀倉地帯だった。ところが一五世紀以降、米作が減少して、農業は商業化集約化し、やがて絹・棉を中心に高度な手工業も興ってくる。そのために、増え続ける人口は相対的に過剰となってゆき、主穀の供給を他地域、とりわけ新たに開発された長江《ちょうこう》中流域の湖北《こほく》・湖南《こなん》に仰がざるをえなくなった。

そこで明代では、「湖広熟すれば天下足る」、湖北・湖南で収穫があれば、食糧がまかなえる、といわれる。一六世紀のはじめには使われていたらしいので、そのことばのあらわす実態は、それ以前に成立していたことになる。それは単に穀倉地帯が湖北・湖南に移った、というだけではない。それまでの穀倉地域は変貌し、産業が転換する。農産物は商品化し、新しい地域の開発がすすむ。地域と地域の間の分業と相互依存が進展し深化する。物資が移動するなら、もちろん人も移動し、交通も頻繁の度を高めてゆく。「湖広熟すれば天下足る」は、単なる主穀の生産地・生産量だけをあらわした「蘇湖熟すれば天下足る」とは異なって、一五世紀のそうした様々な経済動向を集約的に表現したフレーズなのである。

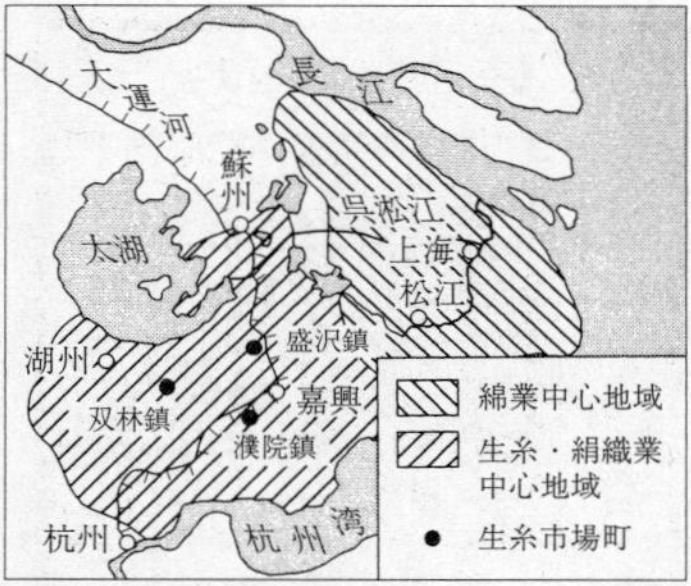

図2　江南デルタ（岸本美緒『東アジアの「近世」』山川出版社、1998年、29頁をやや改変）

この動向を西洋の歴史になぞらえて「商業革命」とよぶ向きもある。それほどに滔々《とうとう》たる社会全体の商業化と流動化は、とどめがたい潮流となった。そこで貨幣需要が増大してくるのも、理の

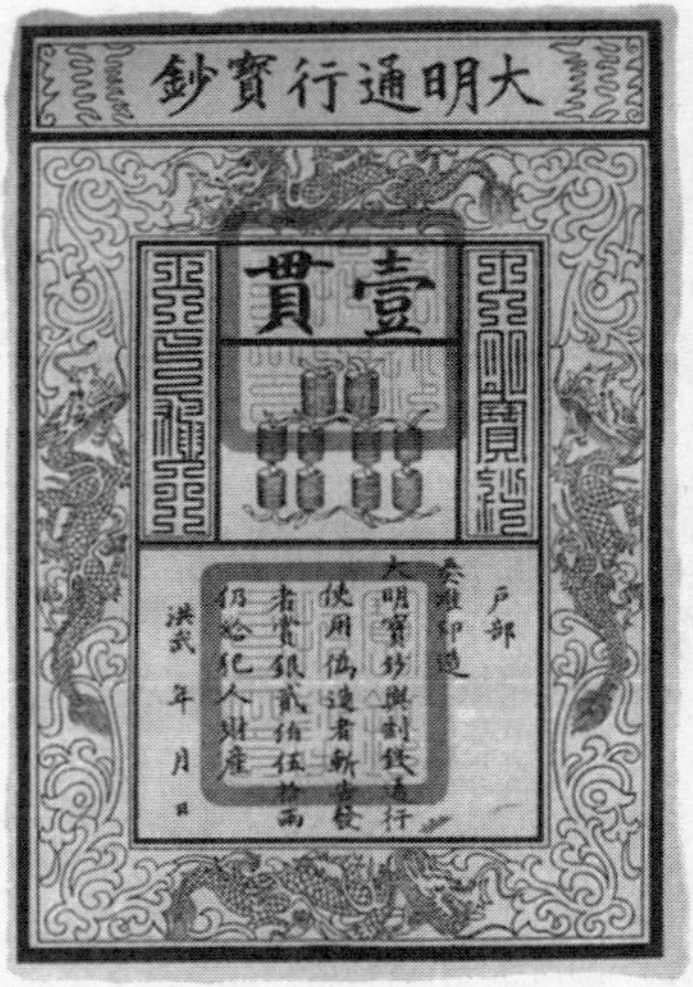

洪武年間発行の大明宝鈔（Hosea B. Morse, *The Trade and Administration of the China*, 3rd ed., London, etc., 1920, pp.160–161.）

必然である。

明朝は貨幣をまったく廃してしまったわけではない。小額では中国伝統の銅銭、高額には元代を踏襲した紙幣を発行していた。日本にも大量に入っておなじみの永楽銭《えいらくせん》は前者の、大明宝鈔《だいみんほうしょう》が後者の代表である。見てのとおり、その額面は銅銭であらわしてある。ところが銅銭の鋳造発行量は、鉱産資源の涸《こ》渇《かつ》もあって、経済規模に比して微々たるものだったし、高額の宝鈔は銅銭のストックが乏しく、金銀の貨幣的使用も禁じていたから、はじめから準備のない不換紙幣にひとしい。いずれも元来が現物主義推進の補完的な措置として、発行されたものにすぎなかったから、大規模に商業化しつつあった経済の需要に、とてもこたえられなかった。

それなら、明朝政府が貨幣制度を実情に合わせて改革したのかといえば、そうはいかない。現物主義の祖法が、鉄鎖ともいうべき桎梏《しっこく》となりつづけたからである。手をこまぬいている間に、銅銭にせよ宝鈔にせよ、政府の発行した通貨は、ことごとく使いものにならなくなってきた。一五世紀前半には、宝鈔の価値は米価比で明初の七十分の一にまで落ち込んでいる。

もはや政府の通貨はあてにならない。そこで民間では、独自に通貨を設定して、日増しに高まる貨幣需要をまかなおうとする動きが顕著になった。小額のごく狭い範囲での取引では、私鋳銭が流行し、大国の高額、遠隔地での交易では、宋元時代から広がりかけていた銀の地金使用がひろまる。われわれの感覚では、いずれもニセ金というべきものだが、そうでもしなくては、経済がたちゆかなかった。それは民間経済が、政府の貨幣制度、あるいは現物主義に不信任をつきつけたにひとしい。国家と社会の遊離は、ここからはじまる。

北虜南倭

私鋳銭は従来からあった銅銭を磨《す》り減らしたり、銅器を鋳つぶしたりしてつくられた。

正規のものからすれば、当然に質は落ちるし、その質の落とし方も、別に定まった基準があるわけではないから、時と場合によって、まちまちにならざるをえない。取引で合意信認された私鋳銭だけが通用することになるけれども、その信認は個々人の自発的な合意なので、どうしても一定の範囲から外には、広がり得ない。その範囲を越えると、別の規格・品質で、別途に信認を受けた私鋳銭が通用しているからである。

こうして銅銭は地方バラバラになってしまい、地域ごとの内部流通には使えても、その外に出て、別の地域とをつなぐことはできなかった。地域間の外部流通には、それ自体に価値があり、しかも誰もが共通して、その価値を信認できなくてはならない。大口の取引も多いから、少量で価値のある貴金属が適している。それが銀であった。

ところがすでに当時、中国内に貴金属の埋蔵はほとんどなくなっていたから、銀を手に入れるには、海外からでなくてはならない。そこで貿易の欲求が強まってくる。しかし明朝政府は民間の貿易を原則的に禁じていたため、それでも貿易をおこなおうとするなら、密貿易にならざるをえなかった。

そもそも明朝が貿易に極端な制限を加えたのは、現物主義・貴金属の使用禁止を徹底させるねらいがあった。海上貿易は地勢上、主として中国南方でおこなわれる。また、海外諸国との共通の価値をもつ貨幣が必要になり、もっとも便利なのは金銀である。つまり、どうしても南方で貴金属を使わねばならないわけで、それでは中国北方との経済的統合を妨げてしまう。南北中国の一体化は、北方を北隣の遊牧民から切り離しただけでは、不十分だった。南方を海外諸国とも切り離さなくては、完成しなかったのである。

したがって、社会の商業化で現物主義が破綻すれば、貿易の制限も意味をなさない。社会の流動化は中国内にとどまらず、海岸線の外にもあふれだす。それでも明朝は、貨幣の場合と同じく、祖法に固執して貿易を公認しようとはしなかった。海外との分断をねらう海禁を乗り越えて、密貿易が盛行したゆえんであり、この密貿易も政府に対する民間の不信任のあらわれといえよう。

実地の事情を知っている、あるいは知らなくても事なかれの官憲なら、この密貿易をみてみぬふりで黙認をした。そのようないわば違法の状態が、むしろ常態だった。それでも違法は違法なので、まさに違法として、取締・弾圧が実践強化されるときがある。そうなれば、密貿易業者は武力に訴えてでも、抵抗せざるをえない。だから沿海では、大なり小なり紛争がたえなかった。

こうした密貿易も、やはり一五世紀にはおこっていたけれども、本格的な隆盛を迎えるのは一六世紀になってからである。中国内の経済構造の転換、それにともなう絹・棉・茶・陶磁など、魅力的な特産品の生産が定着し、やがて国内市場から溢れて、外国側の渇望をかきたてる。それと同時に、中国の側もあくなき銀需要を有していた。ときに世界は大航海時代、新大陸から産出した銀が、西から東から、地球をめぐって、中国に殺到する。

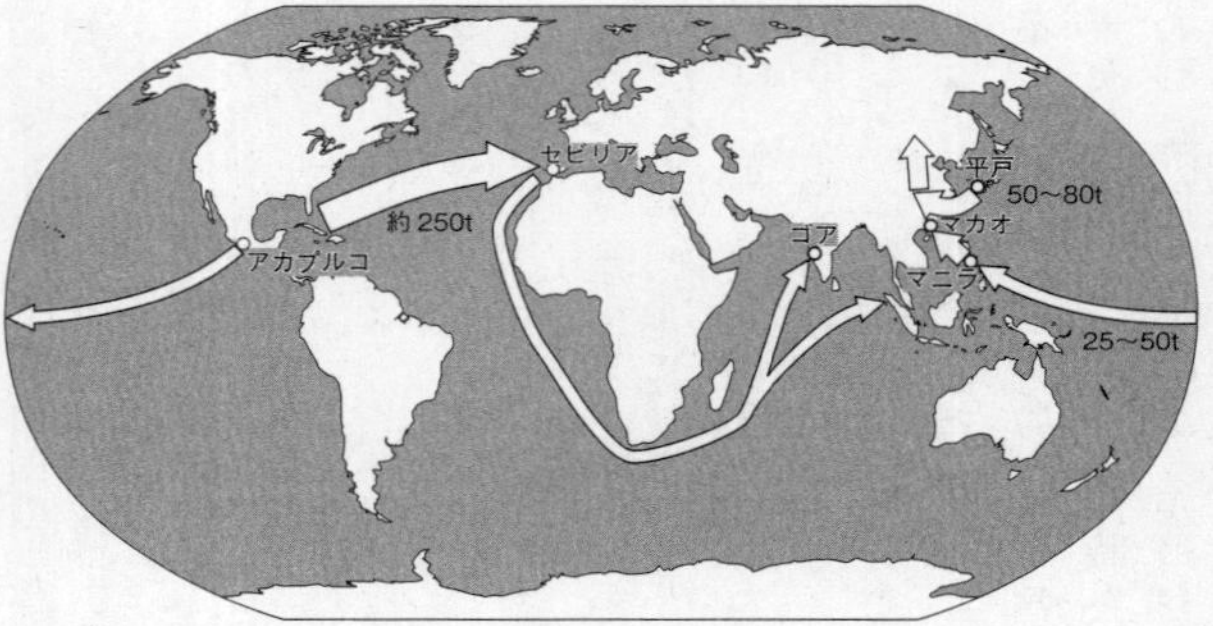

図3　1600年前後の銀の移動（当時、世界全体の輸出銀の三分の一が中国に流入していたという推計もある）

あたかも地球の裏側での鉱山開発が、中国貿易のために行われた観すらあった。

新大陸に限らない。中国からすればもっと身近に、潤沢な銀を供給してくれるところがあった。それがすなわち、日本列島である。あまりにも有名な戦国時代の金山・銀山の開発・採掘ラッシュは、こうした中国の貴金属需要に喚起されたものだった。一六世紀に日本が急速に富強となってゆくのは、大航海時代という世界史の環境を欠かせない要件としているが、その最大の動因は中国にある。

こうして日本は、中国にとって第一の密貿易相手国となった。だから沿海での紛糾も、日本との関係が主となる。それを称して「倭寇《わこう》」という。密貿易が増していけば、それだけ頻繁な取締を加えざるをえず、大がかりな弾圧も起こりかねない。それに対する抵抗も、組織的・強力になってゆく。

一六世紀なかば、「嘉靖《かせい》の大倭寇」とよばれる、明朝当局と密輸集団の一大武力衝突事件は、そうした帰結であった。

「倭寇」とは直訳すれば、日本人の海賊という意味になる。しかしその命名は、きわめて実態からかけ離れている。「倭」と称される人々は、日本人ばかりではない。中国の沿海民・貿易業者も多く含まれていた。そんな実情をほとんど無視し、日本の内情にもほとんど無知のまま、「倭」を日本と決めつけて敵視する思考様式が、このネーミングを導いている。「反日」思考のプロトタイプが、ここにあるともいえよう。

あまり時を隔てない豊臣秀吉の朝鮮出兵を考えあわせると興味深い。秀吉は「唐入り」・明朝の服属を豪語して、組織的に軍事侵攻したのだから、これこそ日本の対中蔑視の原型というべきものである。しかし中国では当時もいまも、往々にしてこれを「倭寇」と同列にみなす。日本から攻めてきたのは、確かに同じかもしれないが、その動機や行動は、「倭寇」とはまったく異なっていた。それをあえてひとしく「倭寇」とよぶのは、相手を知らないままの一方的な類型化である。そのかぎりでいえば、日本の対中蔑視と選ぶところがない。のちにおこる日中の相互認識の齟齬《そご》と対立は、このあたりから始まるとみることもできる。

もっともそうした「倭寇」的な情況は、東南の沿海だけのものではない。密貿易は北方でも、遊牧政権との隔絶をねらう万里の長城を越えて、盛んになっていた。遊牧民の馬と中国産の茶を主要品目とする取引である。こちらも東南沿海と同じく紛擾《ふんじょう》がやまず、対立はエスカレートしていった。一六世紀なかばには、アルタン・ハーンひきいるモンゴル国家あげての大侵攻と、北京の包囲攻撃すら起こったのである。しかもそこには、やはり長城以南の中国の人々もかかわっていて、純粋に遊牧民だけの侵攻ではない。

この大事件も、「嘉靖の大倭寇」とほとんど時期を同じくする。明朝はそこで、こうした南北の外患を「北虜南倭《ほくりょなんわ》」、北方の遊牧民「韃虜」と南方沿海の海賊「倭寇」がひきおこした脅威だと称した。しかしその実態はむしろ、頑ななまでに国初以来の祖法に執着する明朝の財政経済政策・対外政策がもたらした事態であり、その破綻を示すものにほかならなかった。

中国の民間経済には、もはや貿易はなくてはならないものだった。しかし明朝政府はその民意にこたえた措置や対策をとらないばかりか、往々にして弾圧を加える。ここでも、社会と国家は遊離しており、それはとりもなおさず、経済と政治の乖離《かいり》でもあった。

そこから、経済では結びつきが必要不可欠であるにもかかわらず、政治の次元では反撥敵対する、という二律背反的な現象がおこってくる。たとえば、日本との貿易、「倭寇」はその典型だった。「倭寇」という現象を一つだけの因果関係でとらえるのには、もちろん無理がある。しかし日本との経済的関係を不正な密輸にしたて、騒乱を生み出した最も根本的な原因として、中国側の社会と国家の遊離構造があったとはいえよう。

明清交代

北方から明朝を脅かしたのは、「北虜」のモンゴルばかりにかぎらない。のちの歴史を決定づけたのは、むしろその東方に存在した。朝鮮半島に北隣する遼東地方からロシアの沿海州にかけて住んでいたのが、ジュシェン（女真《じょしん》）という種族である。かれらは狩猟・採集の生活を営むツングース系の人々で、一二世紀には勃興して金王朝を建て、契丹《きったん》と北宋を滅ぼし、中国北方を領有して、南宋と対峙した歴史をもつ。モンゴル帝国に滅ぼされたのちは、独立の勢力や政権をたてることなく、明朝に帰服していた。

そんなかれらも、一六世紀には例に漏れず、商業化の波に呑み込まれてゆく。ジュシェンの居住地域では、高麗人参《こうらいにんじん》や貂皮《ちょうひ》が特産であった。それらの（密）貿易が遼東地域で繁栄し、とりわけ南に明朝や朝鮮と、西にモンゴル人と隣接する部族が、（武装）貿易集団をかたちづくるようになってきた。そこにあらわれたのが、英雄ヌルハチである。

一五八三年、わずか百名の勢力で挙兵したヌルハチは、およそ三十年をかけてジュシェンを統一し、自らの集団をマンジュ（満洲）とよび、一六一六年にハンの位についた。のちの清朝がここで成立する。

清朝政権の性格は、もちろん一口ではいいつくせない。さきに述べた「新興軍事政権」というのも、そのひとつである。しかしここまでの関心からみて、その最たるものは、多種族からなる武装貿易集団として始まった、ということだろう。

貿易取引をはたすには、どうしても外国・異種族との交渉が必要である。その貿易が弾圧を受けかねない情況では、対抗する軍事力を保持して、貿易相手の異種族とも団結し、集団の組織化を高めねばならない。ヌルハチはもとより、息子のホンタイジが一六三六年、皇帝に即位してからも、この論理にしたがって勢力の拡大をはたしている。清朝ははじめから、満洲《マンジュ》人を中核として、漢人・モンゴル人を包含する多種族の混成政権を志向していた。

ヌルハチは即位して二年後、一六一八年にはじめて明朝に対する全面的な対決姿勢を鮮明にした。これ以後、明朝が滅亡して清朝が北京に入る一六四四年まで、両者の対峙が続く。しかし明と清の対立は、このときだけに限った現象ではない。武力の行使をも辞さない貿易集団、漢人をふくむ多種族が構成する政治勢力。このような体質をもつ清朝は、商業を忌避し、異種族と漢人・外国と中国を分断しようという明朝の志向とまったく相反する。要するに、清朝の存在じたいが、明朝の政治体制と世界秩序に対するアンチテーゼなのであった。

このころ満洲人の総人口は、いかに多く見積もっても、五十万ほどでしかない。かたや長城以南の明朝中国は、一億を下らない。それだけで、たがいの勢力がいかに隔絶していたか、明らかである。明朝が流賊・内乱で自滅するという事態がなければ、清朝が長城を越え、北京に乗りこんで、中国に君臨することは、とても不可能だった。しかし一六四四年、明清の交代という、そのいわば奇跡が実現しえたことは、やはり偶然ではない。明朝のアンチテーゼともいうべき清朝政権の体質が、より時代の趨勢にふさわしかったといえよう。漢文調にいえば、まさしく「天命」をうけたわけである。

清代の体制と経済

清朝は以後、三百年におよぶ支配を樹立し、東アジア全域にわたって、前代に優越する治世を現出した。その善政は中国だけに限ってみても、康熙《こうき》・乾隆《けんりゅう》の盛世と称せられたとおり、内憂外患が絶えなかった明朝をはるかにしのぐものである。もっともそれは、善意によるとばかりはいえない。清朝じしんの生存に、不可欠な要件でもあった。

清朝は多種族の政権である。清朝の皇帝はごく初期から、満洲の族長がモンゴルの大ハーン・漢人の天子を一身に兼ねていた。清朝が支配の範囲をひろげて、厖大な版図を現出できた要諦は、異なる種族それぞれに、ただ一人で君臨したところにある。

モンゴル人にはあくまでそのハーン、漢人にはあくまで中華の天子。同一人物ながら種族が異なる複数別個の君主を一身に兼ねている。そうである以上、ひとつの種族に対する統治が失敗したら、別の種族にもそれが波及して、支配がゆらぎかねない。だから清朝皇帝のなすべきは、ひとえに被支配民の支持を獲ることにあった。そのためには各々の種族、誰にとっても、前代をうけつぐに足る君主であることを身をもって示し、納得させなくてはならない。さもなくば、自身の滅亡に直結しかねないのである。

したがってその君臨・統治も、自ずから原則が定まってくる。それは各々の種族を治めるにあたり、それぞれ前代の慣行を尊重して、在地在来の秩序には、なるべく手をふれない、ということである。たとえば中国では、科《か》挙《きょ》の試験から中央の六部・地方の直省にいたる明朝の官僚制をほぼそっくり踏襲し、全面的に漢人を登用して統治をおこなった。いわゆる「漢を以て漢を治む」である。

経済はその最たるものである。それまでに形づくられてきた漢人の社会秩序、経済活動に干渉、介入することは手控えて、なるべくあるがままにみとめようとした。それはつまり、すでに発達してきた商業化を容認することにひとしい。そこには、民間経済が政府につきつけた不信任もふくまれており、清朝はそれを強いて撤回させるような政策はとらなかった。けだし、できるだけ無用の混乱をまねかず、迅速円滑に中国支配を安定させようとした配慮だろう。

たとえば、民間でおこなわれてきた、銀地金と私鋳銭の貨幣的な使用も、そのまま承認した。清朝も確かに、政府が銅銭を鋳造し、「制銭」と称した。政府が設定鋳造した正規の通貨という意味である。けれどもそれは、中華王朝の伝統にあわせた建前にすぎない。鋳造して発行したら、それでおわり、その価値や使用をコントロールする意図は、もともと持ち合わせていなかった。そのため、たとえば一八世紀なかば、日本からの銅輸入減少もあって、銅銭の価値が異常に騰貴したり、一九世紀前半にアヘン貿易増大による銀の流出で、銀の対銭比価が急騰したりして、政治にも影響が出てきたときには、その対策に苦慮することになる。

現在の言い方によれば、民間経済への規制、さらには、私法の領域に対する政治の干渉を排除した、ということになろうか。そうしたところに、清朝政権の経済的姿勢が存し、清代中国の経済構造が成立する。だからそれは基本的には、明代以来の構造をひきつぐものだった。よく明清時代というように、明代と清代の中国がひとくくりで呼ばれるのは、主にこうした側面をいいあらわした表現なのである。

財政制度

清朝はもちろん、何もかも放任したわけではない。いかに前代を踏襲するとはいっても、明末の弊政までうけつぐつもりはなかった。綱紀を粛正し、秩序の回復につとめ、現状にあわない制度は改廃せねばならない。謹直厳正な雍正《ようせい》帝の改革はその典型であろうが、いずれの代も、政府権力として最低限、秩序を保つことだけはおこたらなかった。

その代表的な事例が、徴税である。税のとりたてを通じて、経済活動が野放図に陥らぬよう一定の規制をかけると同時に、そこからあがる収入をもって軍隊を養う。両者あいまって治安の維持に役立てた。

しかし清代中国の徴税は、現在のわれわれとは異質な方法をとっていて、当時の財政制度全体を大づかみにでも知らなくてはわからない。理解するためには、明朝の制度から説き起こす必要がある。

明朝の財政制度は現物主義であったことから、大きく分けて三つの特徴をそなえていた。ひとつは、課税対象の確定である。現物を直接にとりたてるのであるから、その対象となる土地・人民を逐一個別に把握管理しておかなくてはならない。土地の調査を丈量《じょうりょう》といい、人民の調査を編審《へんしん》という。その登録台帳がたとえば、史上に有名な魚鱗図《ぎょりんず》冊《さつ》や賦《ふ》役《えき》黄冊《こうさつ》である。

第二には、税収の使途・分配である。とりたてた物資や労働力は現物であるので、穀物なら食糧・飼料、木材なら建築、などというように、はじめから用途が決まっていて、変えようがない。またそれをとりたてる地も、費やす地も、自ずから決まってくる。それなら今日のように、税収があがった地点から、財政部局へ運搬、集中させる必要はない。しかじかの物資を必要とし消費する機関へ、直接に配送したほうが能率的であろう。それを徴収、発送する箇所と、配送を受け、消費する箇所との選択・調整・指示は、全国をみわたせる中央政府が行うしかない。中央の役割とは、全国からあがる税収を一括し、国庫金というかたちで自ら保有管理支出することではなくて、全国各地の税収物資を適切に動かす命令をくだすことにあった。

そこから、第三の特徴がでてくる。そうした各地のおびただしい徴収額や支出項目、支出数などを毎年変えるとするなら、それを中央政府が把握・決定・統制するのは、当時の限られた情報の収集・管理能力では、きわめて困難にならざるをえない。収支・配送の額をあらかじめ一定にきめておけば、はるかにその統御は容易になる。もちろん気候や作柄など、時々の情況でその定額をみなおすのが理想ではあるけれども、必ずしもそうはならなかった。学界ではこれを原額主義と呼んでいる。

ごく簡単にいってしまうと、清代ではこの三つのうち、第一が変化して、第二・第三がひきつがれた。すでに述べたように、明朝の現物主義は一六世紀には破綻していた。現物で物資・労働力をとりたてないのなら、土地・人民を個別に把握する必要はない。台帳はもとより、丈量も編審も不要になる。というよりも、経済構造の転換で人も財も頻繁に動き、社会が流動化して、いくら丈量・編審を実施しても、すぐ実態からかけはなれてしまい、意味がなくなった、とみたほうが正確であろう。

現物主義がくずれるにしたがって、とりたてる物資・労働力は貨幣に置き換わる。全国に通じる税収だから、その貨幣は地域間で用いることのできる銀地金にならざるをえない。明一代を通じ、税収は個別バラバラの物資から同一の銀地金に代わり、現物財政から銀財政に転換していった。

あらゆる収入が銀地金なら、それを集中して一括管理することも可能なはずである。それでも、もともと現物を想定して決められたはずの第二の配送方法は、改められることはなかった。

中国に乗りこんできた清朝も、その情勢に無理に逆らうことはしなかった。この制度については、一九世紀の末から二〇世紀初めにかけて、中国の税関に三十年以上勤務した経験をもつアメリカ人モースの説明がある。坂野《ばんの》正高《まさたか》がそれを「コモン・パース」(common purse)の欠如として、わかりやすい解説を加えてくれているので、以下に引用しよう。

> 税収にはいろいろな種類があり、またそれぞれが各地から徴収されるわけであるが、観念上は、全税収入を国庫収入としていわば一つのドンブリの中に入れて、そのドンブリの中から各種の費目の支出をするというのがコモン・パースのシステムである。清朝の場合はそれとはちがって、どこそこの場所からあがる何々の項目の収入がどこの役所の何の項目に使われるのかが一々あらかじめ指定《イヤマーク》されていた。また逆に、ある役所のある一つの項目の支出のための財源として多数のところの税収入が指定されていた。たとえば、北京の八旗の費用に五二個の異なった財源が指定されていたといわれる。また、たとえば、A省のある収入をB省へ送り、B省の収入をC省の支出にあて、C省の収入をA省へ送るということがあったとしても、それをけっして相殺し

ない。（坂野正高『近代中国政治外交史』）

モースはたとえば、イギリス大蔵省 the Exchequer やアメリカ財務省 the Treasury の機能を「コモン・パース」とするから、要するに近代国家の財政収支制度のことである。当時の「収入」というのは、いずれも銀地金であるから、「コモン・パース」という一つのドンブリに税収を入れることも、不可能でないはずなのに、清朝中国では、決してそうはならなかった。もともと現物の収支であった明代以来の慣行が残っているからである。

収入項目と支出項目の対応関係が「あらかじめ指定されて」決まっていたのも、A省とB省とC省の間で送金を「相殺しない」のも、もともと米穀・木材など、用途・消費地がそれぞれ別個に決まる現物のやりとりだと見れば納得できよう。このように、現物を銀地金にかえただけで、明代の制度の枠組は清代にも続いた。第三の原額主義も、まったく同じである。

請負構造

それなら清代の中国では、政府権力の側は実際に、どのように税をとりたてていたのか。その問いに一言で答えれば、一種の請負制だったといえる。ただ、それを十分に理解するには、少し説明が必要であろう。

請負の前提にあるのは、明朝以来の原額主義である。政府がうけとる税収には「定額」があって、税目それぞれに決まっていた。たとえば、土地税というべき地丁銀の場合、「定額」は全国で銀三千五百万両足らずだが、さらにそれが省ごとにいくら、末端の州・県についていくら、と定まっている。実地に州・県を治め、庶民の相手をする官僚、すなわち孫文のいう「知州・知県」は、その割り当て額をあつめて収めさえすれば、実際にどのように、どれほどとりたてようが、とがめだてられることはほとんどなかった。割り当ての額以上を徴収して、差額を着服してもさしつかえない、ということである。

定額以上をとりたてることは、もちろん違法である。これで私腹を肥やした者も、少なくなかっただろう。しかしそうしなくてはならない現実の要請もあった。その最たる原因は、地方で執務する官僚たちの俸給がきわめて少なかったことである。

これは善政を標榜する中国王朝の性癖というべきもので、政治を行うのになるべく税金を上げない、という美名の建前から、その統治規模に比べて、財政規模は歴代つうじて、驚くほど小さい。今風にいえば、小さな政府、チープ・ガバメントということなのだが、しかしそれにも、限度がある。真っ先にしわよせがくるのが、政府を構成する官僚たちの俸給であって、その消費生活に対して、ほとんど無きに等しい額しかない。すでに宋代の昔からそうであって、王安石《おうあんせき》は「方今の制禄、たいていみな薄し」、下男の給料でもこれほど乏しくはない、といい、明代は「これほど官僚の給料が少なかった時代はない」といわれた。

そこで官僚たちは、収入の不足を補うため、徴税のとき正規の税額に附加して、自分たちに必要な額をとりたてざるをえなくなり、それが慣例化した。あくまで慣例にすぎないから、いかほどが必要な額なのかは、恣意的に変えられて一定しない。「附加」税とはいえ、正規の税よりはるかに多いときも少なくなかった。じじつ、民が納めるうち、政府に入るのは三分の一、ひどい場合は十分の一にすぎない、という当時の証言もある。そこに不正・不公平、ひいては苛斂誅求が生じる余地があった。

一七世紀の末に出た『福恵全書《ふくけいぜんしょ》』という書物は、地方官が虎の巻として愛用した、いわば統治のマニュアル本である。日本でも翻刻が出て、よく読まれた。そのなかに「陋規《ろうき》」という章がある。「陋規」とは文字どおりには、わるい規則、の意味だが、ここでいう附加税を指す語であり、それには三つの種類がある、と述べている。断乎やめなくてはならない「陋規」、やめようと思えばやめられる「陋規」、やめなくてもよい「陋規」であり、すべて同じ「陋規」、附加税と称するので、すこぶるややこしい。時と場合に応じて、その三種を辨別、附加税の額を適正にコントロールして、苛斂誅求を未然に防ぐのが、とりもなおさず統治の要諦だったのである。

そうはいっても、官僚が手づから税のとりたてに当たるわけではなかった。逆にいえば、税を最終的に負担する者が直接に、政府当局に納税したことはほとんどない。両者のあいだに必ず存在したのが、請負業者ともいうべき人々である。

かれらはもちろん、政府の正規な構成員ではないし、また負担者側に立つ人間でもない。土地税の場合なら地主、商業にかかる流通税ならば、仲買商人であることが多かった。しかも地主にせよ仲買商人にせよ、本人ではなく、代理人が出てくるのが一般的だったから、その介在が二重、三重になることも、決してめずらしくない。だから政府権力、あるいは官僚たちは、介在するかれらまでは管理しようとしたけれども、税の負担者を直接に掌握することはなかった。

このような介在は、ひとつには経済構造の転換にともなう社会の流動化に、いまひとつは不正規な附加税をとらざるをえない情況に応じて、発生したものである。とる側にすれば、いちいち税の負担者を指定、把握することは、定期的な点検も必要になるから、煩瑣に過ぎて厖大なコストがかかる。正式な増税ができずに、こっそり附加税をとろうというのに、そんなコストをかけるわけにはいかない。そんな方法はあきらめて、少数大口の納税者を指定して、かれらからの徴税のみにとどめたほうが、よほど効率的である。

またとられる側からみれば、政府当局が清廉潔白、何の非違不正も犯さない無謬の存在ならともかく、そんなことはありえない。だとすれば、自らを政府の眼から隠し、武力を有する権力から遠ざかっておくほうが、財産的にも身体的にも、安全であった。仲介の請負業者を相手にしておけば、自ら官庁へ納税に出かける必要はないし、とりたてに反抗するにしても、官庁に対するよりはやりやすい。

こうして、ほんとうに税を負担する庶民と税をうけとる政府とは、それぞれの利害に鑑みて、間に仲介者をたて、たがいにその請負を通じてしか接点をもちえない、隔たった存在となった。このような動向は、民間内部の既成秩序になるべく立ち入らない清朝の統治姿勢にも合致していたのである。

孫文は皇帝と人民の間が隔たった原因として、多くの官僚が介在したことをあげるが、それほど単純な話ではない。庶民と接触する現場のレベルで、すでにその隔たりは生じている。その上に多数の官職が積みあがったのは、請負を通じた附加税徴収が放恣に失しないよう、監視をくりかえし強めた結果、おこった現象であった。幾重にも重なっていること自体、必ずしも効果が上がらなかった事実経過を物語る。

上述した中国の国家と社会の遊離、地域社会が政府権力からいわば自律的に存立したのは、こうしたいきさつによっている。かれらにとって、政府というものは、必ずしも自らに不可欠なものではなかった。収奪をこととする存在としか見えなかった、といって過言ではない。逆に政府権力にとって、地域社会は搾取の対象として不可欠だったけれども、隙あらばいつでも反抗を試みかねない不気味な存在でもあった。両者のあいだにあるのは、無関心でなければ、相互不信であって、両者はたがいにとって「外者」でしかなかったのである。

第4章　マクロな動向

人口動態

明清中国に対する以上のスケッチを手がかりに、日本とのちがいをあらためて考えたい。ふたたび一七世紀にまでさかのぼって、もう少し巨視的にその様相をみてみよう。

ブローデルもいうように、「物質文明」の進歩を示す第一の指標は、人口変動である。日中それぞれの「文明」形成のありようをうかがうために、ここでもまず、その人口変動を手がかりにしたい。もっとも、学問的にいえば、なお正確な比較をなしうる精密均質なデータは存在しない。けれども大まかな傾向をそこからくみとることは可能であろう。

次頁上のグラフをみてほしい。中国の人口はいま十三億、一億三千万の日本のほぼ十倍だが、この当時も現在と同じく、ほぼ十倍の規模だった。そこで縦軸の人口規模を両者そろえて、同じ時期の変動をごく大まかにたどってみた。

起点と中間点、一七世紀はじめと一八世紀後半の人口は、それぞれ中国一億・日本一千

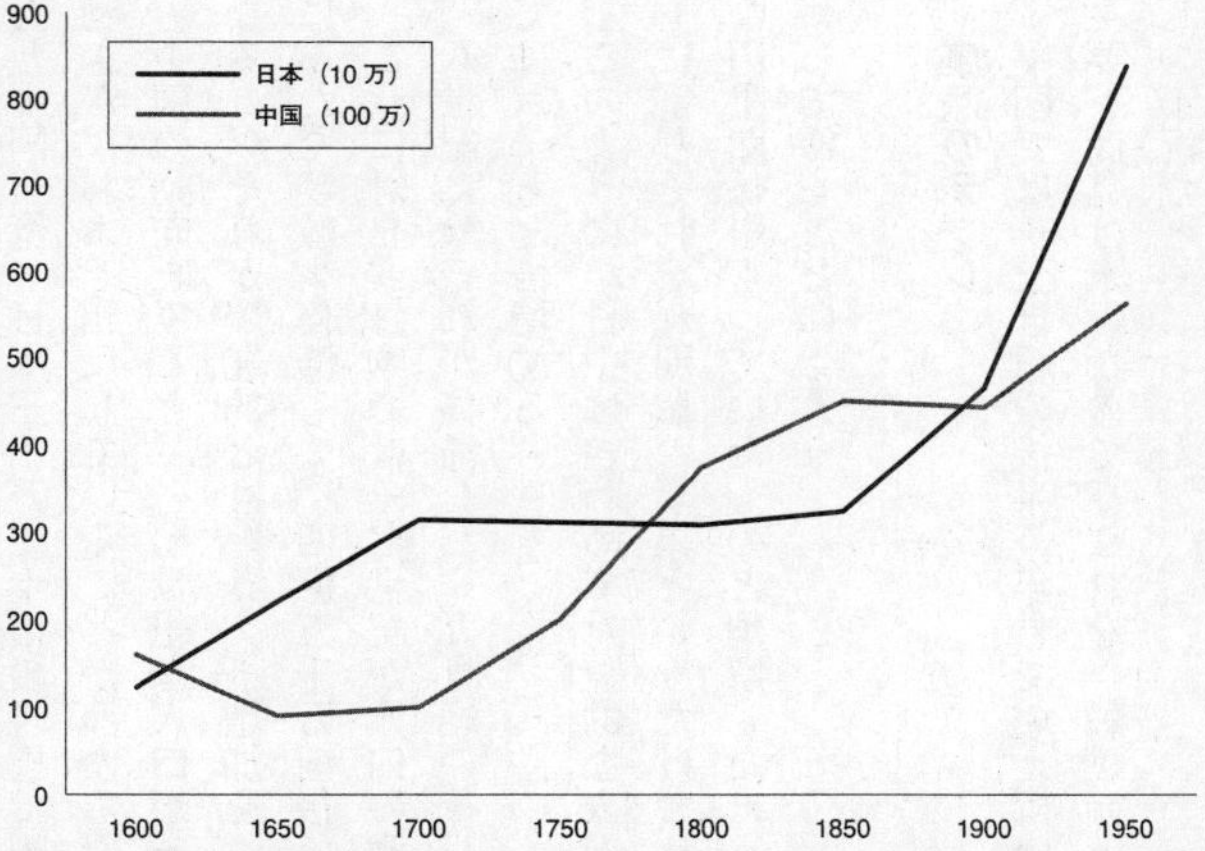

図4　日中の人口動態（鬼頭宏『人口から読む日本の歴史』講談社学術文庫、2000年、16～17頁、姜濤『中国近代人口史』浙江人民出版社、1993年、122頁）

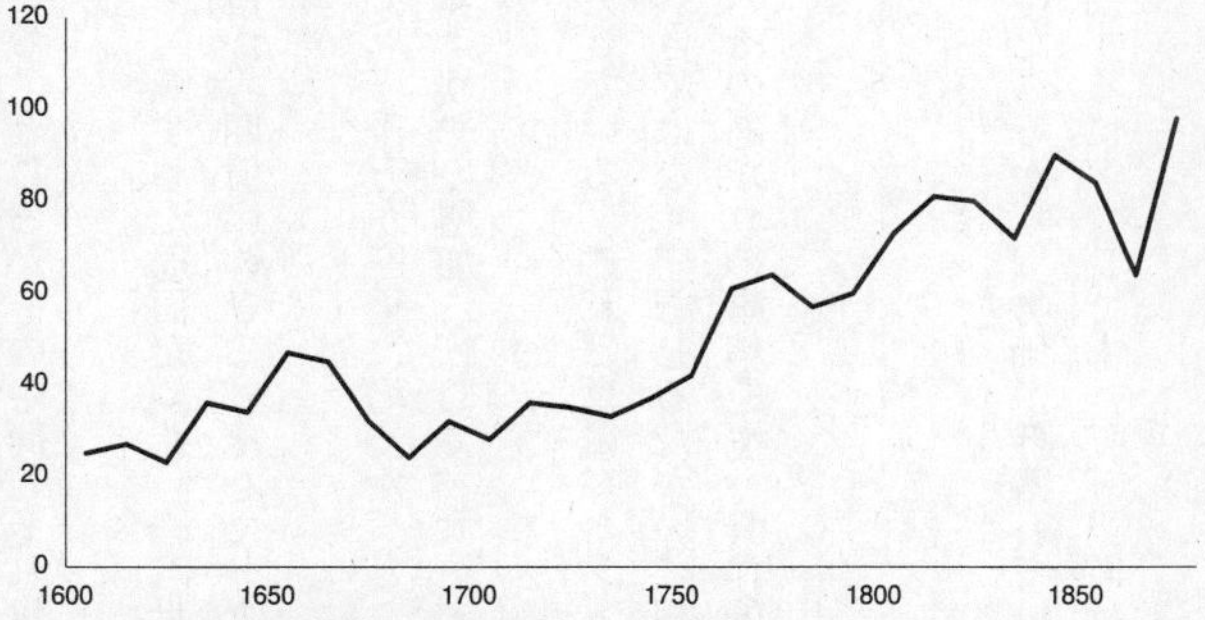

図5　中国の米価変動（米100リットルあたり銀グラム。10ヵ年平均の数値）（彭信威『中国貨幣史』上海人民出版社第2版、1965年、705、850頁）

万と中国三億・日本三千万、十倍の規模で一致している。ところがその中間とそれ以後の動きが、およそ相反していることがわかるだろう。

中国の動向をみると、一七世紀は人口が一億に停滞、減少した局面だった。一八世紀になると、それが爆発的ともいうべき増加を示し、三億から四億にのびる。そして一九世紀にふたたび減少停滞して、四億五千万前後で推移する。

これに対し、日本では一七世紀が人口の激増時期で、一千万が三倍に増えた。ところが一八世紀にはそれが停滞し、一九世紀の後半になってようやく増加に転じて、大正末年までに六千万と倍増する。

このように、日中はきわめて対蹠《たいせき》的な人口変動を見せている。これは単に、コントラストに富むそれぞれ別個の事象というだけで片づけるべきではなく、むしろたがいに相関的な因果関係をもっていたものと理解したほうがよい。そのあたりの事情をやや具体的に観察してゆくことにしよう。

康熙のデフレ

中国では一七世紀の後半、年号でいえば康熙になったころから、物価が低落していった。主要な商品は米穀なので、これを「穀賤」という。要するにデフレであって、当時は底なしの不況だと感じられた。

この時期、一六六〇年代は清朝政権が北京に入ったのち、中国で続いていた戦乱を平定して、ひとまず平和を回復しかけたところである。しかしながら、清朝に敵対する勢力は、なお残存していた。その最たるものが、廈門《アモイ》・台湾に拠った鄭成功《ていせいこう》の海上勢力である。その反抗を封じ込めるため、清朝は海禁を実施し、まもなく沿海に暮らすことさえ禁じる命令すら発した。一種の大陸封鎖令である。もちろん公然たる貿易はできない。

貿易ができなくなると、中国の特産品が海外に売れず、銀が入ってこなくなる。しかも、ときの君主康熙帝はいわば倹約マニアで、その政府は緊縮財政であった。財政黒字といえば聞こえはよいが、税収を増やして支出を減らすのだから、銀は市場から引き上げられる。こうして銀の流通が激減した。

銀はある地域と別の地域との取引を成り立たせていたから、それが少なくなると、地域間の交易も減少し、ひいては地域内部の経済が萎縮する。貿易制限にともなう銀不足、これこそモノがあっても売れないデフレ、「穀賤」の原因であり、その前提として明末以来の経済構造があった。

鄭成功は海上の武装貿易集団の末裔だし、日本人との混血児でもあったから、その攻撃はさながら「倭寇」の再現である。それに対する海禁・貿易禁

康熙帝

止の励行という政策だけをみるなら、当時の清朝政権がやっていたことは、明朝とかわらない。

けれども清朝は、海禁を国是とした明朝とはちがっていた。もともと貿易集団だったからである。この場合の海禁は、政治的軍事的な必要に迫られた、一時的な貿易統制にすぎなかった。一六八三年、鄭成功の孫にあたる鄭克塽《ていこくそう》が降服して、海上の脅威が消えると、康熙帝はまもなく海禁を撤廃して、貿易を公認する。清朝本来の志向にたちもどって、商業に寛容な政策に転じたのである。

その効果は覿面《てきめん》だった。図5のグラフをみてもわかるように、一七世紀の末から物価の下落に歯止めがかかって、安定に転じた。やがて一八世紀の前半からインフレがはじまって、ふたたび変調をきたすのであるが、これは後述に譲ろう。

「大開発」から元禄・享保へ

清朝が中国に君臨したころは、日本は大坂の陣からすでに三十年近く、三代将軍家光《いえみつ》のもと、徳川政権は盤石の支配体制を築いていた。戦国から泰平の御代への転換である。時を同じくして、キリシタン禁令が国是となり、オランダ商館も長崎の出島に移された。清朝に抵抗する旧明の勢力や鄭成功から、援軍を求める動きもあったものの、幕府はそれに動かされることはなかった。いわゆる「鎖国」となりつつあったのである。

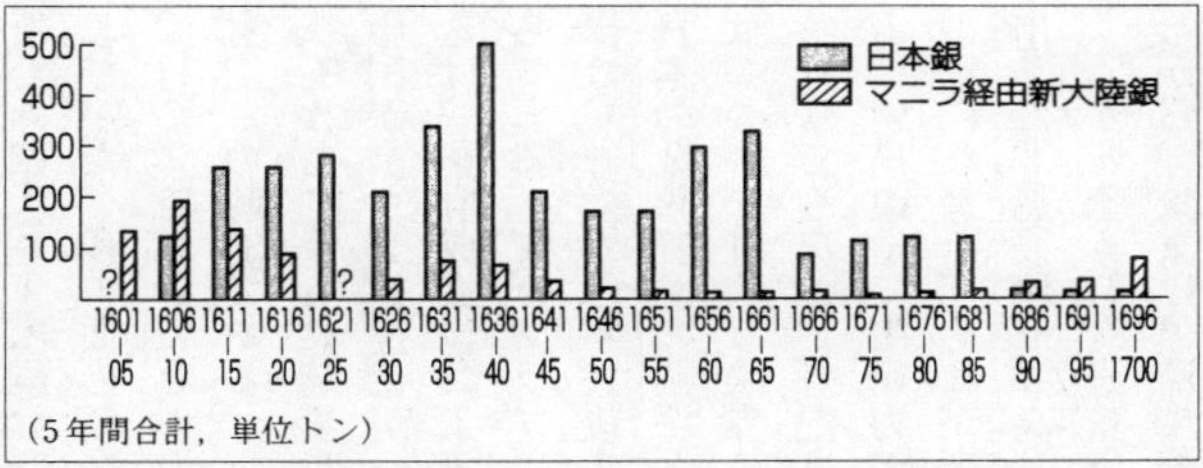

図6　中国への銀流入推計（岸本美緒『東アジアの「近世」』17頁）

戦国は群雄割拠、国内で競争の激しかった時代であると同時に、対外的に大航海時代と重なるゴールドラッシュ・シルバーラッシュの時代でもあった。社会は活性化し、富裕化する。そのなかで蓄積された富とエネルギーは、豊臣・徳川の平和な時代となるや、土木開発事業に注がれた。大河川の治水灌漑工事で、これまで開墾の手がおよんでいなかった沖積平野が、肥沃な水田にかわってゆく。

一五世紀なかばにはおよそ百万町歩だった日本の耕地面積は、一六〇〇年には二百万町歩、一八世紀に入ると三百万町歩と、三百年のあいだに三倍、江戸時代だけでも約一・五倍に増え、新しい村が続々とつくられた。一町歩は一ヘクタール弱である。それを治める大小の領主たちは、争って城下町を建造した。このときあいついで生まれた、この新しい政治経済の中心地が、現代日本の都市の直接的な起源をなしている。

当時の日本はまさしく「大開発」、列島改造の時代であった。このような動きは、一六世紀の末から一六六〇年代、すなわち四代将軍家綱《いえつな》の時代に入るまで続く。戦国以来の貴金属の採掘・輸出も好調を持続していた。多方面の開発は経済成長と表裏一体をなして、生産は拡大し、景気も上昇をつづける。上にみたとおり、日本の人口が一千万から三千万と、ほぼ三倍の規模になったのも、この時期である。

しかしこうした趨勢は、永続しなかった。その転換はちょうど、清朝で康熙帝が即位し、中国がデフレ局面に入ったのと時を同じくして訪れる。「大開発」の時代、土木工事ブームは、幕府成立後およそ五十年で幕を閉じた。開拓すべき未開地がほとんどなくなったからである。またグラフにあるように、かつて「倭寇」の原動力になっていた中国への銀輸出は、一六六〇年代後半から激減し、八〇年代になると、ほぼなくなってしまう。これは日本の金銀資源の涸渇と、それにともなう幕府の輸出制限によるものだった。列島の開発は、ついに量的な限界につきあたる。

それでもなお、好況は持続した。商業資本の活潑な活動が景気を刺激していたからである。列島改造で生産力があがり、社会基盤《インフラ》も整備されて、おびただしい余剰生産物が出るようになった。それが商品化されることで、社会は急速に商業化の様相を強め、豪商を輩出した。越後屋《えちごや》三井高利《みついたかとし》がその典型である。

しかしそうした好景気も、一六八〇年代に終焉した。つまり五代将軍綱吉《つなよし》の元禄《げんろく》時代ころから、景気は停滞に転じて、八代吉宗の享保《きょうほう》には、はっきりと下降局面に入ってしまう。

デフレ時代の倹約マニアということで、徳川吉宗は康熙帝と好一対をなしていた。

乾隆のインフレ

吉宗と康熙は日中同時期にあらわれた希代の名君としても、とかく並び称されることが多い。しかし一八世紀初頭という同じ時間軸で比較すると、その置かれていた境遇はかなり異なることに気づかされる。

吉宗は「米将軍」といわれたように、デフレ不況のなか、とりわけ米価の低落をなんとかおさえようと苦闘せねばならなかった。流通の規制から貨幣の改革にいたるまで、あらゆる手を打っている。

康熙帝も確かにその治世の前半、一七世紀後半はデフレに悩まされたけれども、目だった経済政策の実施はなかった。強いていえば、それにあたるのは、貿易の解禁のみである。しかも吉宗が苦闘した時期は、その在位後半に当たっており、すでに景気はもちなおしていた。このちがいが、日本と中国の全体的な差異を示すものであり、また同時に、以後たどる岐路にもなってゆく。

上述したように、一六六〇年代以降、日本の銀鉱は涸渇し、中国への輸出がなくなっていった。康熙の「穀賤」・デフレ不況は、清朝政権の貿易禁止という政治的な措置よりも、この日本からの銀供給途絶という経済的な情況が、いっそう大きな要因となっていたとみなすべきだろう。日中の貿易じたいは、まもなく日本が主要な輸出品を銅にきりかえ、ひきつづき中国の需要にこたえたため、なお継続するものの、以前の活況をとりもどすことはなかった。

それにもかかわらず、禁令を撤廃して貿易を再開したら、中国は不況を脱した。脱したばかりでなく、空前の好況になってゆくのである。それは日本に代わって、日本以上に銀を供給してくれる相手が、新たに見つかったことを意味する。それが西洋諸国であった。

貿易を再開して半世紀くらいの間、一八世紀の半ばまで、中国にとって最も重要な貿易相手は、東南アジアとインドであった。たとえばシャムとは、米穀を輸入して手工業製品を輸出する貿易をおこなっていて、当時の中国第一の港・広州《こうしゅう》だけで、その量は年三万五千トンにのぼったといわれる。インドからは、南京木綿の原料となる綿花を輸入し、砂糖を輸出した。こうした貿易の主要な担い手が、海上にくりだした中国商人だったことはほぼ疑いない。

イギリスをはじめとする西洋諸国の貿易商人は、一七世紀の終わりころから広州にやって来て、本格的に貿易を営みはじめる。一七〇〇年、かれらが買い付けた商品の量は、五百トンしかなかった。シャムなどとは比較にならない。ところが一八世紀の後半に入ると、大きく購買を増やし、一七七〇年には二万トンと四十倍の増加をみせている。その商品は生糸・陶磁器など、やはり中国の特産物で、とりわけ注目に値するのは、茶である。産業革命の進展とともに、イギリスでは喫茶の習慣が定着し、大量の茶を消費するようになってきたからである。しかも西洋諸国は、東南アジアのような中国が求める物産をもっていなかったから、いきおい銀地金をその対価とせざるをえなかった。

それでもこの時期は、西洋諸国はまだことさら目立つ存在ではなかった。それがにわかに大きな地位を占めるようになったのは、一七八四年、イギリスで減税法 commutation act が施行されてからのことである。それまで一〇〇パーセント以上だった茶の輸入税率を、いっきょにおよそ十分の一にまで引き下げたこの措置で、イギリスの茶買付は、爆発的な増加をみせた。イギリスがもちこめるめぼしい商品は毛織物であるが、中国ではほとんど売れなかったから、茶の対価として、おびただしい量の銀が中国に流入する。

この銀流入によって、中国は未曾有の好況となった。一八世紀の後半から物価は上昇をはじめ、このインフレ好況はおよそ半世紀にわたって続く。これがちょうど乾隆帝の治世の後半期にあたり、「乾隆の盛世」とよばれる清朝の黄金時代を現出した。

長い長い中国の歴史でも、これほど繁栄した時代は稀であって、中国の富力は飛躍的に増大した。最近では、この時期の中国が世界のGDPの三分の一を占めていた、という統計が通説になりつつあって、国際比較に使われたりしている。その基礎となる定量データは、きわめて根拠薄弱なものだから、その数値に無批判でしたがうことはできない。けれども一八世紀後半の中国が、世界有数の経済規模を誇る地域であったのは、否定しようのない事実である。

この好況を受けて、一七世紀には一億で停滞していた人口は、一八世紀に入って増加に転じた。これは康煕末年から雍正年間にかけ、清朝の支配が安定して、平和と生産が回復した、という要因が大きい。好況の持続と拡大は、この傾向をどんどん強めていった。人口は一八世紀の半ばに前世紀の三倍、三億に達し、なおも増加をつづけ、一九世紀には四億を突破する。一七世紀まで中国と深い経済的関係にあった日本が、もはやその動きにほとんど関連をもっていないことにも、注意しておくべきだろう。

輸入代替

その日本は同じ時期、ほとんど人口が増えていない。それは一九世紀に入るまでつづき、三千万あたりで停滞していた。その理由としては、気候の寒冷化や高い死亡率など、いくつも考えることができるし、主因を特定することもできまい。それでも最大の要因をひとつあげるとするなら、やはり日本列島の開発が、当時の環境条件と技術水準では、量的な限界にまで達してしまった、ということだろう。

まず人口を養う糧食の増産にかかわる耕地の開発がそうである。新田の開発は享保の改革、それにつづく田沼時代にもおこなわれた。けれども、著名な印旛沼《いんばぬま》の干拓事業からもわかるように、このときの開発は、多額の資金を要する湖沼や干潟の干拓が多い。こうした事業がことさら計画実施されたのも、河川下流域の新田開発がすでに限界に達していたからである。

もっとも、それだけですべて理解できるほど、事態は単純ではない。さらに重要なのは、貴金属資源が底をついて、海外の物産が輸入できなくなったことである。一六・一七世紀に滔々と中国から日本に流れこんだ輸入商品、生糸・茶・木綿・砂糖などは、すでに奢侈《しゃし》品《ひん》でなかった。上層のみならず下層にいたるまで、衣食の形を一変させ、生活の必需品となっている。もうその需要と供給は、とめることができない。ところが日本には、貴金属以外、海外に輸出できる有力な産物がなかった。金銀が涸渇したあとは銅、それが尽きれば、俵物《たわらもの》と呼ばれた海産物を代替とするくらいで、その額は当然、以前とくらべものにならない。もはや輸入にたよることは不可能だった。そこに輸入産品の国産化をはかろうとした動機がある。

徳川吉宗が奨励した適地適産は、その意味で象徴的である。それまで日本の農業は、米と麦の主穀生産を主としていた。作付の制限までおこなわれていたのである。ところが一八世紀に入って、地域それぞれの特性を生かした特産物の生産に転換する動きが顕著になってきた。吉宗は全国規模で生産物の調査をおこなったうえで、そうした動きをさらに後押ししたわけである。いまも一部が残る『諸国産物帳《しょこくさんぶつちょう》』は、そのプロセスをあらわす記録となっている。

吉宗にちなんでいえば、かれの出身地である紀州《きしゅう》は、みかんが有名な特産である。しかし全国的にいえば、この特産物定着過程は、むしろ中国産品の国産化とみたほうが、より世界史的な意義を把握できよう。砂糖は薩摩《さつま》・讃岐《さぬき》・阿波《あわ》、茶は山城《やましろ》・遠江《とおとうみ》・駿河《するが》、生糸は東北・関東地方、綿花は瀬戸内地方で生産され、国内で自給できるようになった。もはや輸入に頼らなくともよくなったばかりか、生糸にいたっては、幕末の開国ののちには、日本特産の主力輸出品にさえなってゆく。また同じ時期に海外から入ってきた新たな作物として、新大陸原産の甘藷《かんしょ》やたばこがあるが、これも政府の奨励のもと、またたく間に国内で栽培、自給するにいたった。

こうした特産物ははじめから、商品作物である。産地が偏っているから、分配の必要があり、当然のことながら交通・運輸、そして商業の発達をもたらす。もっともいわゆる「鎖国」のなかにあっては、海外の販路はほとんど考えられないため、せまい日本国内かぎりのものだが、それだけに国内の流通市場は、高度に発達した。

しかもその流通には、権力の側もはじめから、深くかかわっていた。幕府も藩もそもそも石高制《こくだかせい》のもとで、米の売却で財政を成り立たせていた存在なのであり、吉宗が物価安定に心をくだいたのも、それが財政に直結する問題だったからである。幕府はそのため、発達した流通機構に管理統制をおよぼすことにした。株仲間の結成がそれであり、官民一体の市場経済化がこの時期に実現することとなった。

「クローズド・システム」と「勤勉革命」

こうした産業転換・市場経済化の根底を支えたのが、農民の勤労である。すでに開発ずみの限られた土地で生産の量的水準を維持しつつ、なおかつ質的な転換をはかるには、一定の土地に労力・資力を集中投下するほかはない。海外から資源やエネルギーを輸入できないから、それも自給しなければならぬ。そうした必要が、一カ所で働くことに生きがいをみいだす百姓の生活モラルと、世界に比類のない自然資源の徹底した循環利用を生み出す。これは近年、87頁の図にあげたような「クローズド・システム」として、理解されている。日光・雨水以外をすべて資源の循環再利用でまかなう経営方式である。こうした江戸時代の自然リサイクルは、最近のいわゆるエコ・ブームもあいまって、高く評価されるようになってきたが、当時の厳しい条件のもと、日本の生産者がなかば強いられた営為にほかならない。

もっとも、そうした徹底的な自然資源の循環利用は、民間だけでは効率的になりにくい。たとえば山林なら、無秩序な乱伐のおそれもあるし、多数の村にまたがっていれば、村のあいだで争いも起こりうる。その管理と調整には、権力の行使がどうしても必要だった。大規模な土木工事を要する時はなおさらである。権力と民間が一体となった自然の開発・維持・活用が普遍的になった。

しかも「クローズド・システム」は、それだけでは完結しない。図にもあるように、まず外部にさし出す年貢があるし、肥料や塩など、農家・農村内部だけでは調達できないものもある。たしかに「封鎖的《クローズド》」ではありながら、それだけで閉じてしまわずに「拡大し」連結するのが、そのもうひとつの特徴だった。それぞれの単位の「クローズド・システム」は相互に補完しつつ「拡大した」ものとなり、日本全国の規模でほぼ完結する市場経済の基盤をなしたのである。

このような社会で、流行したのが間引《まびき》や堕胎である。当時は気候・衛生の条件から、嬰《えい》児《じ》の死亡も決して少なくなかった。だとすれば、庶民がことさら自発的人為的な少子化、人口調節をはかっていたことになる。

その因果関係はつかみにくい。農民の家計、農業の経営に過剰な人員を削減する、口減らしともいうべき意図が、まず考えられよう。それなら、それぞれの家の再生産に不可欠な購買力を維持して、さらには生活水準を高めようとする行為にほかならない。他方でこの時期は、嬰児の死亡率が下がっている。生存率が上がったから、たくさんの子供を必要としなくなったということだが、そうなるには、衛生・育児の条件がよくならなければならないし、それには生活水準の向上が必要である。このように、生活水準向上が目的なのか原因なのか、にわかに判定しがたいのだが、おそらく因果あいまって、少子化の現象をつくりあげていたのだろう。ともかく一八世紀の後半には、農村は豊かになって、旅行に

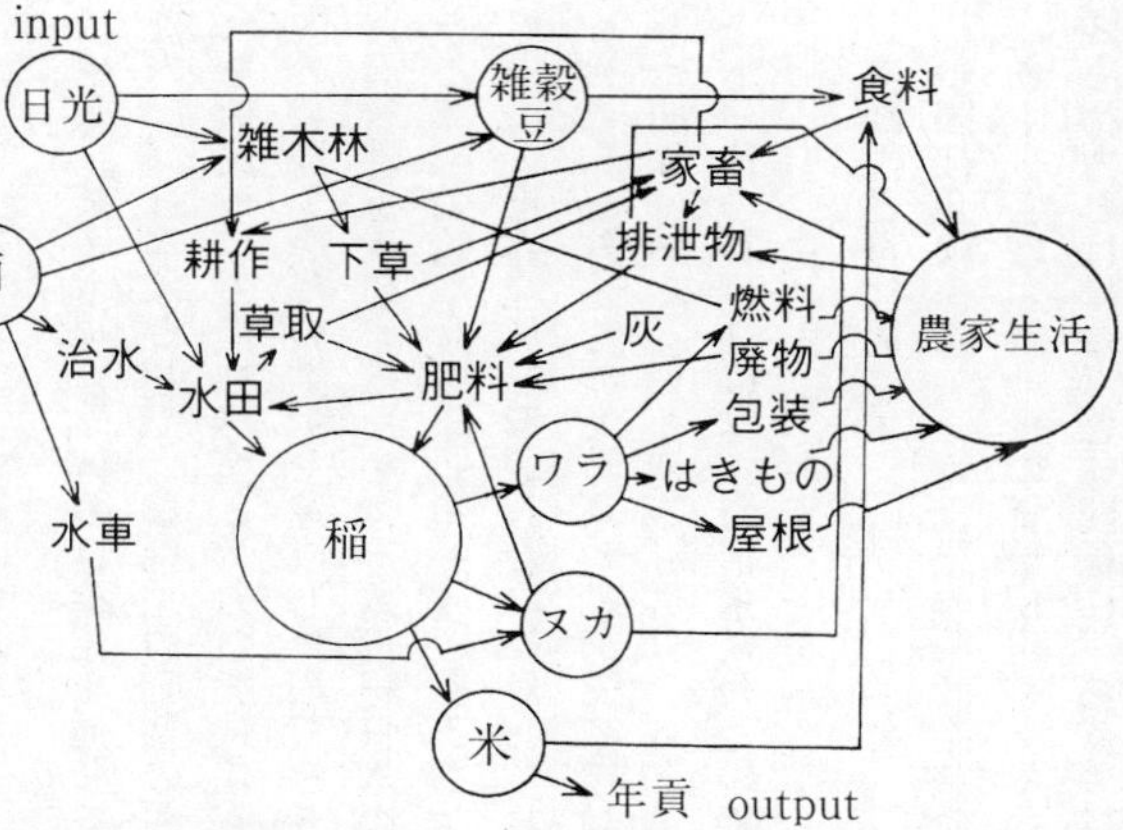

図7　農村のクローズド・システム（内田星美「江戸時代の資源自給システム試論」『東京経済大学人文自然科学論集』第61号、1982年、18頁）

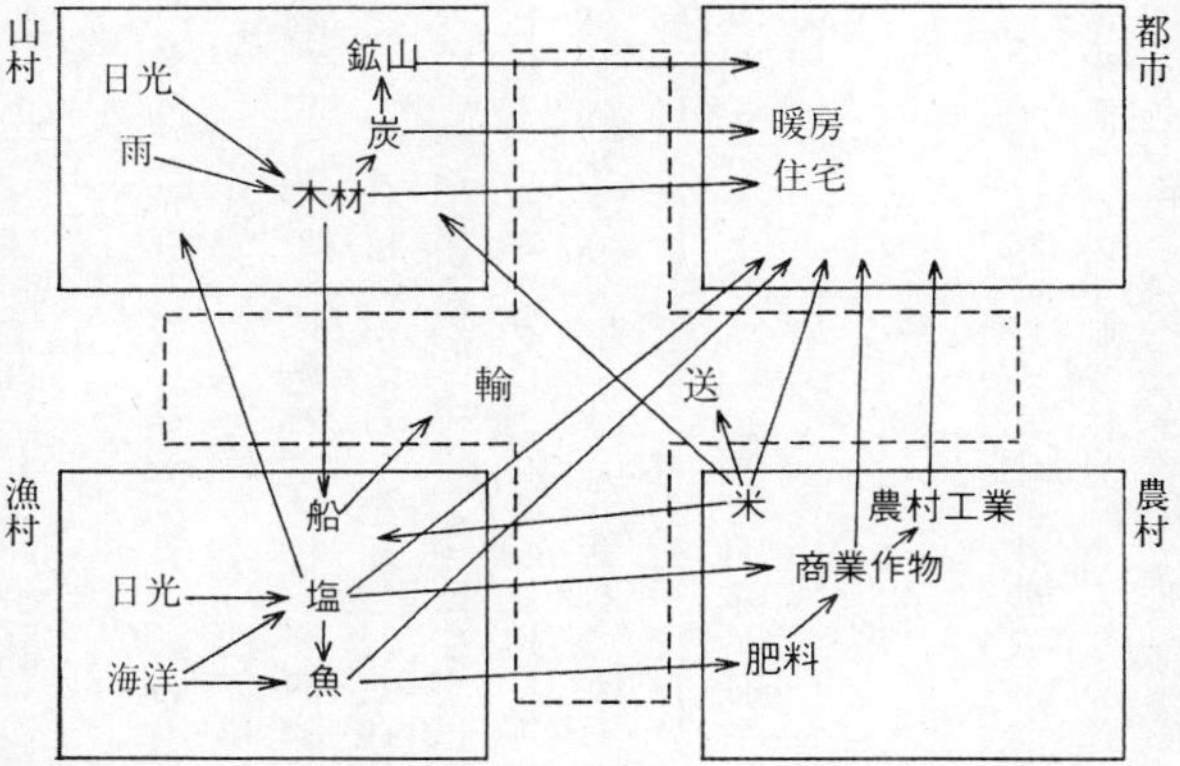

図8　「拡大したクローズド・システム」（同上、21頁）

出かけたり、子弟に教育を受けさせる農民もあらわれたことは、まぎれもない事実なのである。

生糸・茶・木綿・砂糖の自給化を通じて、アジア貿易に依存しない産業構造をくみたてたのは、日本ばかりではない。同時期の西洋でもおこなわれていたことだった。西洋はそれを植民地への産物移植と労力の機械化、つまり産業革命で実現したのに対し、日本は国内の栽培・農民の勤労で達成したのであり、そこに日本の独自性がある。そうした共通性と異質性を表現するため、一八世紀日本の変貌は、「産業革命 industrial revolution」にちなんで「勤勉革命 industrious revolution」ともいわれる。西洋がグローバルな規模で、世界市場・世界経済を形成したのに対し、日本もほぼ国内かぎりで完結する小規模ながら、やはり市場経済をつくりあげた。そこでは西洋と同様に、政治と経済、権力と民間は密着した関係にある。いわゆる「クローズド・システム」を基礎とする「鎖国」日本の社会は、上下一体の凝集性に富んだ構造だったのである。

流動性と移住民

中国社会は一五・一六世紀の「商業革命」を経て、すでに高度な商業化の状態にあった。注意すべきは、銀地金の貨幣使用、あるいは「北虜南倭」という軋轢《あつれき》に見られるように、政府権力とはほとんど無関係に、あるいはそれに反抗する形で、その商業化が進行していたことにある。モノの動き・ヒトの動きは、権力の統制にかかわらず活性化する、というのが明代に定着した行動パターンであり、中国は移動の盛んな、きわめて流動的な社会構造になっていた。

これを下手に統制しては、かえって支配を危うくする、とみたのが清朝政権であって、なればこそ、かれらは中国社会の流動性をなるべく妨げないように配慮、わるくいえば、放置して、無用の騒擾《そうじょう》を起こさない、開放的な政策方針をとった。民間の経済活動に介入しようとしなかったのである。人々の職業選択や移動を制限する法令制度もなかったし、徴税にさいしても、先に述べたように、納税負担者をいちいちイヤマークせず、流通過程から、それもなるべく大口のところでとりたてた。いずれも政権の性格を物語る事例であり、それが一八世紀までは、概してうまくいったのである。日本と比べると、官民密着した閉鎖的な凝集性とはおよそ正反対の、官民乖離した開放的な流動性を中国の特徴としてあげることができよう。

そうした開放的な清朝の態度は、もちろん海外貿易にも向けられて、民間の貿易取引を妨げなかった。そこで明代の「北虜南倭」でできあがった貿易構造、すなわち中国産物の輸出と貴金属の輸入が、一八世紀を通じて継続増大していった。それまでの貴金属供給先の日本とは手が切れて、一七世紀の一時的な不況をもたらしたが、一八世紀には西洋諸国・イギリスという新たな供給先が登場して、乾隆時代を未曾有の好況たらしめた。

そのなかで、爆発的な人口増加がすすむ。その主因はなおはっきりしないけれども、厖大な貨幣供給による需要の喚起、それに刺激された生産の増加が、それを支えていたのはまちがいあるまい。それでも既存の耕地と作物だけで、増加した人口すべてを養うことは不可能であった。そこであらわれたのが移住民とその開墾であり、清代中国社会の流動性を示す典型的な動きである。

すでに開発された土地からあぶれた人々は、なお未開だった江西《こうせい》・湖北・湖南・四川《しせん》の山地に向かい、そこで粗末なバラックを建てて暮らした。このバラックを中国語で「棚」というので、かれらを棚民《ほうみん》とよぶ。この移住には、先にも言及した新大陸原産の新たな作物、煙草・トウモロコシ・甘藷の普及が大きくかかわっている。これらは傾斜地でも栽培可能であって、とくに後二者は主穀の代替になりうる作物であった。山林を伐採して木材を生産する、あるいは耕地にかえて煙草などの商品作物をつくるかたわら、トウモロコシ・甘藷で飢えをしのぐ。そのような棚民の生活が、まさしくこの時期の開発と人口増加、いいかえれば、中国経済の量的な拡大を支えていた。

社会構成と中間団体

このように清代中国では、政府が政府として民間の経済活動に介入しようとしなかった。したがって裏返せば、政府権力として経済活動に対し、法制的な保障や保護を与える、ということもなかった。貨幣はその典型である。通貨管理のない民間まかせの銀地金と銅銭の使用であって、たとえば政府は、税収としてうけとる銀地金の純度成分を決めたにすぎない。流通や生産に対しても、全国を通じた保護統制の施策はほぼ皆無であった。

それでも経済には、一定の秩序が必要である。自らの財産を外部の暴力から保護しなくては、また売買の約束を履行するという保証がなくては、経済活動そのものがなりたたない。権力からそうした保護保障が十分に享受できなければ、自分たちでそのしくみをつくりあげるほかない。

そこで当事者どうしで結束して、ルールを定めて財産を保護し、約束履行を保証して、そこから逸脱した者には制裁を加えることのできる団体をつくることになった。それが同郷同業団体である。こうした団体を中国語で一般に、幇・行・会といい、その施設を会館・公所という。しばしば同郷は同業を意味し、上海の寧波《ニンポー》幇といえば、金融業者である。大家族である宗族も、経済上はその一種と数えてよいだろう。

これを単なる相互扶序組織とみてはならない。経済紛争の調停・仲裁・解決など、むしろ政府権力が手を出そうとしない私法の制定・行使の役割を担っており、流動性に富む社会を秩序づけ、治安を守るのに不可欠な存在だったからである。そのため同郷同業団体は、その構成員からみれば、まさしく権力にひとしかった。これこそ、内藤湖南が「小さい国家」だと評した「郷団」にあたる。

政府当局が接触するのは、この同郷同業団体の上層部だけで、徴税もそこから行う。それ以下、団体内部のことには、原則として関与しない。逆にいえば、当局が接触して税をとりたてる商人や地主の経済行為しか、正式で合法的な取引だと承認されないのである。そこに起こる現象が、いわゆる独占だった。清代におこなわれた一部商人による塩の専売、貿易の独占、あるいは有力地主の土地兼併などは、すべてその例に漏れない。中国を観察した西洋人は、自らの歴史に照らして、この現象をギルド独占とみなしたけれども、西洋中世のギルドとは、法・権力との関係など、やはり似て非なるものである。

この団体は当局が認可するものばかりとはかぎらない。国内で経済活動が政府の保護を受けられないのだから、海外はなおさらである。同郷同業団体はしたがって、海外のいわゆる華僑《かきょう》の間にも普及して、いわゆるチャイナ・タウン（唐人町・中華街）の中核をなした。今でも各地の中華街に必ず会館があるのは、その名残である。本国の政府当局はこうした華僑の団体を、一九世紀の末になるまで認知しようとしなかった。

また国内外を問わず、当局が禁ずる商品をあつかったりすれば、もちろん官憲の弾圧にあう。それに対抗反抗するため、当事者は団結し、甚だしい場合には武装する。いわゆる秘密結社であり、中国史上もっとも有名なのは、専売品であるはずの塩を密売する私塩商人の集団で、それが蔓延していたこと、清代も例外ではない。のちにはアヘンの密売集団が有力な秘密結社となる。

そうした団体は、いわば仲間うちで結成するから、何よりも個々人間の信用関係でなりたたざるをえない。信用はその仲間うちの範囲にしかひろがらないから、金銭を貸借する対象も、自ずから限られてくるわけである。だから清代中国の生業資本は、われわれが想像するよりも、はるかに小さい。もっとも富裕なはずの独占商人も、たえず運転資金の欠乏に苦しんでいた。清代で屈指の財閥といえば、塩商の徽州《きしゅう》商人や貿易商の広東《カントン》商人だが、いずれもその好例である。

そのような限界をこえた信用を創出するには、見ず知らずの人に金銭を貸しても、確実に返済してもらえる保証制度が必要である。また現代の会計監査や破産手続などのように、投下資本に対するリスク回避の制度も構築しなくてはならない。その実現には、政府権力による広域的な金融の管理・市場の規制・背任に対する制裁が不可欠なのであって、それがあってこそ、散在する遊休資金を不特定多数の人から集めて、大資本を形成することができる。たとえば、当時の西洋で発達しはじめた株式会社は、その典型であって、政治と経済が乖離する同じ時期の中国では、およそ考えられないことだった。国家と社会の遊離は、こうしたところにも作用をおよぼしていたのである。

日中の聚落形態

こうして、一八世紀の日本と中国とでは凝集性と流動性、ほとんど対蹠的な差異が存在

	中国	日本
Ⅰ	1	1
Ⅱ	9	2
Ⅲ	100	20
Ⅳ	200	60
Ⅴ	700	250
Ⅵ	11,000	400
Ⅶ	24,000	1,000

図9　日中の中心地（19世紀）（Gilbert Rozman, *Urban Networks in Ch'ing China and Tokugawa Japan* Princeton, 1973, p. 103を修正）

していた。その概略をつかむには、日中両社会の聚落《しゅうらく》形態をみるのが便利だろう。

表は都市史の研究成果にもとづく、清代中国と徳川日本の「中心地」数とその階層をあらわしたものである。「中心地」とは地理学の概念で、政治的・経済的な中枢性をもつ聚落のことであり、その中枢性の程度に応じて、上位下位の統属関係が生じる。表を手がかりに、当時のそのありようをみよう。

Ⅰは全国を統《す》べる行政機能をもついわゆる首都で、人口は百万人規模。日本は江戸、中国は北京である。Ⅱは全国的な行政・経済機能を有する三十万人以上の大都市で、日本なら大坂と京都、中国は南京・蘇州・武漢《ぶかん》・広州などである。Ⅲが地域を統べるレベルの都市で三万から三十万人、日本は大藩の城下町、中国は省都およびその他の代表的な都市である。Ⅳは人口一万から三万、日本でいえば十万石から三十万石の城下町、中国ではおおむね府という行政官庁が置かれた都市にあたる。Ⅴは人口三千から一万、日本は小さい城下町や在郷町、中国ではおよそ千百ある県のほぼ半数である。Ⅵは三千人から五千人の規模、日本は三万石以下の藩の城下町と在郷町、中国は残り半数の県と、その十五倍以上の数にのぼる鎮という行政機能をもたない市場聚落とが占めている。Ⅶは五百から三千人の市場町であり、ほとんど行政機能を有さない。

表に示していないⅧより下は、村落ということになる。一九世紀のはじめでいえば、人口規模はおよそ二百五十人以下、数は日本が六万五千、中国が八十万である。一対十の人口規模にほぼ見あった比率であり、単純計算すれば、要するに日中ともに人口のおよそ半分は、村落に住んでいた、ということになる。だから問題は、その村落の上にたつ聚落のありようの相違なのである。

この表からわかる聚落の階層構造を図式化すると、図のようになる。図の横軸・ローマ数字が、聚落の行政機能と人口規模をあらわす。右にいけばいくほど、いずれも高度だということである。縦軸の太線の長さが聚落の数を示している。日本を中国の三倍のスケールで記したのは、Ⅱ～Ⅴがおおむね中国が日本の三倍の数だからで、同じ形にしてみやすくしたからである。

これで日中のちがいが、一目瞭然である。鋭角三角形と底辺の広い三

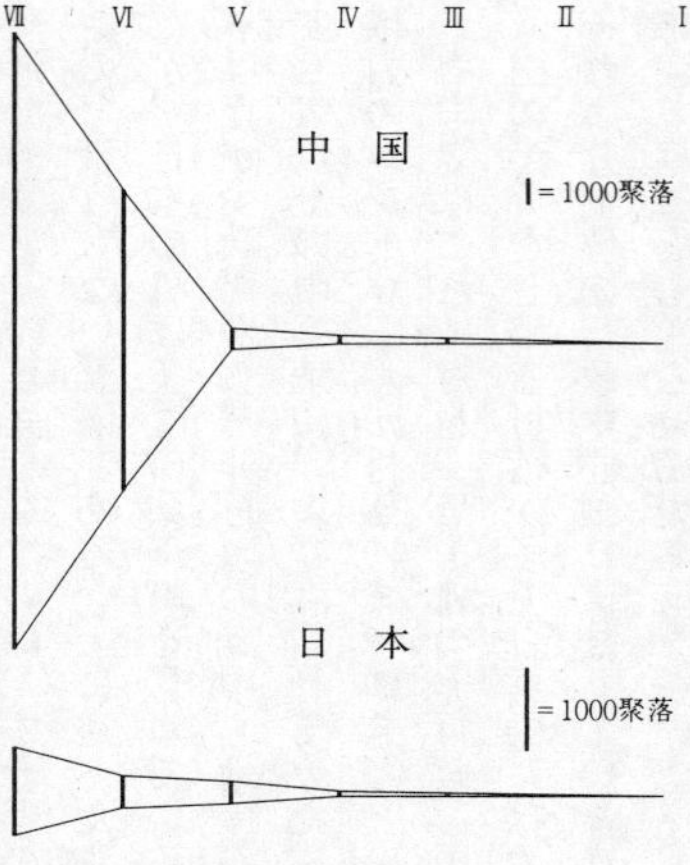

図10　日中の中心地（19世紀）
（Rozman, *Urban Networks*, p. xv を改変）

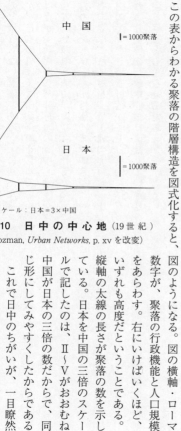

角形であり、その差異をなすのは、すそ野のひろがりのちがい、すなわちⅥ・Ⅶの市場町数のとほうもない懸隔である。上に述べたように、Ⅵ・Ⅶは行政機能の希薄な「中心地」だが、日本のⅥは多くの城下町を含んでいるので、一概に非行政とはいえないし、また日本はⅦが少数だから、非行政の「中心地」が少ない、つまりそれ以下の村落は、行政経済ともⅥ以上の中心地に、より直結していた、ということである。それはとりもなおさず、権力のコントロールが村落にまでゆきとどいていたことを意味する。

中国ではこれに対し、Ⅵ・Ⅶの非行政「中心地」が、ぶ厚い層をなしている。要するに、人口の半分をしめる村落が多く日常的に接するのは、権力と関係の希薄なⅥ・Ⅶであり、それより上位の行政中心地に直結していなかった。官民の乖離・同郷同業団体の介在に対応する構造ともみなせるだろう。

中国ではⅤ以上に居住する人口は二千万で、全人口の五パーセントにすぎない。江戸時代後期の日本では、武士が二百万人前後で総人口比七パーセント、それを含め、Ⅴ以上に居住する人口は五百十万、全人口の一七パーセントにのぼる。それに比べれば、中国ははるかに都市化率が低く、権力のコントロールもゆきとどいていないわけである。

行政が関与しない経済活動には、このありようは便利である。というより、実際の因果関係は、政府権力が経済活動に干渉しようとしなかった、あるいはそもそも、民間の経済活動が政府権力の干渉を信任しなかったため、こうした聚落構造となり、規制のない、きわめて自由な市場が生まれた、とみたほうがよいであろう。いったんこういう構造・形態になってしまうと、あらためて政府が経済活動に関与し、これを統制、統合しようとしても、困難にならざるをえない。

逆に日本の場合は、政府の関与に便利な構造だった。殖産興業の近代化は国家権力が関わる経済活動に代表的なものだから、のちに日中の近代化がたどる道のちがいというのは、こうしたところにも起因している。同一物が同じ目標に向かった進展の遅速では、決してありえない。また単に別の道を歩んでいっただけではなく、それが互いの運命を左右するのである。

第二部

「近代」の幕開け

第5章　一九世紀をむかえて

「一治一乱」の中国史

清代の中国を観察するにあたり、徳川日本とくらべてみることにしたのは、何よりも日本人のわれわれにわかりやすい、という便宜があるからなのだが、そればかりではない。両者に対し、一九世紀のなかばというほとんど同じ時期に、西洋列強が開国を迫ってきた、という共通の歴史経過をもつからである。いずれも西洋の圧力に応じながら、その行動様式はたがいに異なっていた。それも「近世」日中のあり方を前提とする。まずは「近世」以後の中国の姿を追跡してゆこう。

一八世紀に中国が享受した空前の好況と繁栄は、永続しなかった。すでに同世紀の末には、暗い影がしのびよっている。それを感得して、警鐘を鳴らした人々もいた。乾隆末・嘉慶《かけい》初めの学者官僚・洪亮吉《こうりょうきつ》は、耕地の増加が人口増加のスピードに追いつけず、社会が全体として貧困化し、治安の悪化をもたらしかねないことを指摘している。一七九三年の著述だから、マルサスの『人口論』に先んずること五年、その憂慮は不幸にも、的中する。まもなくおこった白蓮《びゃくれん》教徒の乱、そして半世紀のちの太平天国《たいへいてんごく》などの内乱である。

中国の伝統的な史観では、そうした歴史過程を王朝の隆替、「一治一乱」とみなしてきた。騒乱のなかから社会を安定させる力量をもつ勢力・政権が勝ち抜いて、長期の平和を実現し、やがて内外の矛盾が蓄積されて、騒乱のなか亡んでゆく、というのである。中国史では確かに否定しがたい現象であって、これを社会経済史的に裏づけようとした学説もある。そこに人口論も、大いに関わってくる。

たとえば、一〇世紀の唐から宋への王朝交代期は、中国史上屈指の社会変革と重なっていて、経済もこのとき一変した。上でも述べたような江南デルタで水田稲作が普及して、多くの人が養えるようになり、人口が増加しつづけたのちに、元末明初の大乱が起こる。明朝のもとでは、一四・一五世紀に「湖広熟すれば天下足る」の産業構造の転換と密貿易の発展で、やはり富力・人口が増大するが、一七世紀に大きな動乱をむかえて、一時的に人口も激減する。それを鎮めた清朝治下の中国は、一八世紀に貿易拡大による銀流入で繁栄し、新大陸作物の導入が爆発的な人口増加を支え、やがて一九世紀の内乱時代がはじまる。

要するに、新たな物産と産業構造によって、より多くの富が生産できるようになると、それに乗じて人口が増える。そして養いうる限界を越え、過剰が生じると、そのたびに貧困・疫病、さらには内乱で、死亡率が一時的に急上昇し、結果として経済・社会の規模にみあう人口規模への調節がなされた。それが「一治一乱」のしくみだというわけで、いま見ようとするのは、まさしく第三にあげた、一九世紀のそれにあたる。

「移住民の秩序」

上にも述べたとおり、一八世紀の人口急増には、移住民とその開墾が大きな役割を果たしている。しかしその移住民の生活は、決して楽ではなかった。すでに開発をへた生産力の高い有利な場所は、移住入植できる余地は少ない。移住民が暮らせるのは、必然的に不利な地理環境となる。山林を切り開いて焼畑とし、商品作物と救荒作物とを組み合わせて農業を営んだ。こうした略奪的な農法は、安定的永続的な収穫がみこめるわけではなかったし、自然環境を破壊して、災害のリスクも高まる。また先住民のいる地域では、かれらとの軋轢も生まれる。そうした条件のなかで生存競争は激化し、既成社会での成功はいよいよ難しくなっていった。前途に失望した人々が、既成社会とはちがう、自分なりの規範や秩序を作ろうとするのは、いわば当然のなりゆきだった。

そうはいっても、こうした人々の行動様式が、特別にかけはなれていたわけではない。一言でいうなら、上でみたような中間団体の結成であって、それ自体は通例の経済活動と同じである。しかし既成社会の秩序から逸脱した、一種のアウトローが中間団体を構成したところに、重大な相違があった。そうした団体は、既成社会を擁護する権力と対立し、地下組織となって反政府的な色彩を帯びざるをえない。

日本の東洋史学草創期の碩学・矢野《やの》仁一《じんいち》の著述に、以下のような一節がある。

支那は数千年来徳治主義の政治であつたから、法治主義の政治の国と違ひ、必ず政治の及ばぬ範囲があるのであつて、其の範囲は相当に広いのであるから、土匪《どひ》群盗の様な政治に反抗的の不逞分子は所在に潜蹤《せんしょう》逃匿し、或は横行跳梁することが出来るのである。……土匪群盗や游民ばかりでなく、土着の人民も随分政治の及ばぬ範囲にある様に考へなければならぬ場合がある。……仁政が行はれて、地方官に苛派《かは》勒索《ろくさく》のことがないからと言つて、必ず叛乱が起らないと云ふ訳ではない。盛世だから叛乱がなく、衰世だから叛乱があると云ふ訳ではない。何時でも又何処でも機会があり隙があれば蜂起萌生せんとして居るのである。（矢野仁一『近代支那史』）

主として清代、とりわけ嘉慶年間の中国を念頭に置いて、「徳治主義」と「法治主義」の政治のちがいを、「叛乱」という現象から説明した叙述であり、いわゆる「法治主義」とは、西洋近代国家と近代日本の謂である。これを以上に述べてきた社会構造と照らし合わせると、とりわけ一八世紀中国の世相がよく理解できよう。端的には、「徳治主義」と

「法治主義」とは、図10「中心地」図の三角形の形のちがいであらわせるといってもよい。それが権力の浸透度、いわゆる「政治の及ばぬ範囲」の大小に直結するからである。その「範囲」に「土匪群盗」「游民」はもとより、「土着の人民」も属していた、というのは、各々いずれも中間団体を結成して、独自の秩序を打ちたてていた一方で、権力に従順かどうかは、それぞれに相違があったことを意味する。しかも時と場合によって、その従順さは転換しうるものだったのである。

おなじみの表現なら、秘密結社といってもよい。そうした「政治に反抗的の不逞分子」の叢生というべき情勢が、一八世紀の末から一九世紀にかけての中国社会がむかえた新たな局面にほかならない。それは一八世紀の好況と人口増加で、拡大深化した社会矛盾の所産でもあった。

白蓮教徒の反乱と「地域の軍事化」

こうした秘密結社は、秘密なのだから、当然その実態はわかりにくい。しかし確かなのは、アウトローなのでその結束の紐帯は、通常の中間団体とは異なっていた、ということである。通常の団体なら、体制教学である儒教や合法的な生業などがそれに相当するのに対し、秘密結社のほうは、儒教とは異なる宗教・風習、あるいは禁制品の取引がその紐帯となった。当局から邪教・禁教とされた白蓮教・キリスト教、ムスリムや客家《ハッカ》などの別のエスニシティ、私塩やアヘンなどの密売がそれである。

このように、形態がさまざまであるので、当時の呼称もたくさんあって一定しないものの、まったくのバラバラというわけでもない。有名なのは、長江以南の天地会・三合会・哥老会などで、そこで「会党」と総称したりする。太平天国を起こした上帝会は、さしづめ移民・キリスト教で結集した会党ということになる。ほかにも、やはり著名な青幇《チンパン》・紅《ホン》幇《パン》などは「幇」だから、こうした命名から見ても、通常の中間団体と共通していたことがわかる。

一九世紀の中国では、ほぼ五十年ごとに、三つの大乱が起こった。一八〇〇年前後の白蓮教徒の反乱、一九世紀半ばの太平天国、一九〇〇年の義和団《ぎわだん》事変で、ここでいう秘密結社が、その中核となっていた点で共通する。そこから一九世紀を通じて、中国の社会構成の基本的な原理に、ほぼ変化がなかったことがみてとれよう。もっとも、それぞれに起こった経緯も、有した歴史的な意義も大いにちがっており、そうした変わらぬ面と異なる面とを見きわめなければならない。

白蓮教徒の反乱は一七九六年、四川・湖北・陝西《せんせい》三省の境界地域でおこった。この地域は山岳地帯で、主として湖北湖南からの移住民が多く入植、居住していて、そこに白蓮教信仰とそれを紐帯とした結社がひろまった。白蓮教は世の終末を説き、無生老母《むしょうろうぼ》を信じることで救済されるとの教えである。歴代王朝政府はこれを邪教とみなしており、清朝もその例外ではない。その弾圧に遭って、教徒たちが蜂起にいたったわけである。

清朝政府はその平定に、十年近くを費やさねばならなかった。もともと清代中国の治安維持は、八旗と緑営《りょくえい》という二系統の軍隊が担っている。前者は少数の要所に集中して駐屯し、後者は多くの地点に少数づつ散在していた。だから、より軍隊らしいのは前者であって、緑営はむしろ警察というべきものである。ともかくこれらの常備軍と秘密結社以外は、大した武装をしていないというのが、一八世紀までの情況だったわけだが、それがこの白蓮教徒の反乱を機にかわることとなる。

清朝政府はこの白蓮教徒の反乱で、数千万両の財政支出を余儀なくされ、それまで北京の財庫にあった貯蓄がほとんど尽きた、というのは有名な話である。もちろんその銀は軍費として投入され、大量の軍隊を動員したわけだが、では、その緑営・八旗という常備軍が、反乱軍を平定したかといえば、そうではなかった。

反乱が起こったときは当然、この常備軍が戦闘にあたった。しかし各地の緑営は役に立たず、派遣された八旗も役に立たなかった。平和に慣れ、武力としては半ば使い物にならなくなっていたのである。そこで現地の住民に、自衛をはからせるようになった。たとえば、「堅壁清野」の策である。住民たちをことごとく城壁のなかに収容し、壕を深く掘って守り、城外の土地は焼き払って反乱軍の補給を断つ、という方法だった。そしてその住民たちには、少数の反乱軍なら対抗、撃退できるように、武器をもたせ、訓練をほどこした。一種の自警団・義勇兵を結成させたわけである。これを「団練《だんれん》」という。

反乱のおこった地域はもちろん、それに与する人ばかりだったわけではない。より多くはアウトローにならずに、既成秩序をよしとし、守ろうとする人々である。こうした人々を結集、組織し「団練」とするにあたっては、通常の行政と同じく、やはり既存、あるいは新規の中間団体を通じておこなわれた。それまで中間団体で武装していたのは、反権力的な秘密結社だけだった。ところがこれ以後は、一般の団体もそうなったわけである。極端にいえば、戦場になった地域では、中間団体どうしが戦うという様相を呈した。こうした現象を「地域の軍事化 local militarization」と称する学者もいる。

ともかく、対策が効を奏して、一八〇四年に反乱の終結が報告された。しかしこれ以後、中国は明らかに、新しい時代に入ってゆく。白蓮教徒の反乱は、それまで繁栄のもと潜在的に蓄積されてきた社会の矛盾が爆発し、しかも従来の治安維持のしくみがそれに対処できなくなった事態をしめすものだった。だから、それを収拾するために始まった「地域の軍事化」も、このときだけでは終わらない。むしろそれが復活し、拡大してゆく過程が、歴史を動かす要因の一つをなすのである。

日本の曲がり角

徳川日本も清代中国も、一八世紀は泰平を謳歌していた。中国ではその末から一九世紀の前半までは、乾嘉《けんか》（乾隆・嘉慶）時代といって、考証学が最盛期を迎え、清朝独自の文化が花開いた時期である。一九世紀に入った日本も、十一代将軍家斉《いえなり》の治世前半、化政《かせい》（文化《ぶんか》・文政《ぶんせい》）時代にあたり、江戸独自の文化がようやく成熟してきた。ここでもやはり、日中は共通の様相を呈している。

文化が発展するには、富力の向上が必要条件なので、政治・社会が安定し、経済が繁栄に向かう時期と一致するとは限らない。むしろやや、タイムラグをともなう現象になる。この場合、一九世紀はじめの文化の隆盛には、日本も中国も一八世紀の蓄積をへなくてはならなかった。だからその時期は、政治・社会に不安定さが増した時期と重なっている。中国ではすでにみたように、大きな危機に見舞われた。そして日本でも同じように、社会不穏の情勢が顕著となりはじめたのである。

このように、徳川日本と清代中国は並行した推移をたどっている。一言でいってしまえば、日中ともに一九世紀のはじめは、従来の体制が曲がり角にさしかかっていた。しかしその動因、過程、そして結果はそれぞれ、大いに異なる。

そもそも一九世紀中国の変動は、前世紀の爆発的な人口増加によるところが大である。日本では、そのような人口増はなかった。一八世紀はほぼ一貫して、人口変動は停滞的だったのであるから、その点でまず、中国と同じ条件ではありえない。

一八世紀の日本はさきに述べたように、少子化によって人口の調節を行っていた。しかも同じ時期は、気候が寒冷で、衛生条件も良好ではなかったから、飢饉も多発し、嬰児をはじめとして、死亡率が高かったのである。それが人口の増加をさまたげる条件となっていた。ところが一九世紀に入ると、気候は温暖に転じたため、疫病や飢饉は減少して、長らく停滞していた人口は、増加傾向に転じる。それにより需要は増大して、やはり停滞基調にあった物価も、上昇をはじめた。明らかに前の世紀とは、異なる時代に入っていたわけである。

すでに一八世紀に定着していた商品作物の生産と市場経済が、そのためにいっそう進展することになる。財政危機を救うため、文政元年（一八一八）に幕府がはじめた貨幣改鋳は、その動きに拍車をかけた。貨幣の質を落として改鋳益金を出すと同時に、通貨供給量を大幅に増加させたため、インフレが進行したのである。

また一八世紀に数々の商品作物の生産・流通が定着したことで、諸藩は新たな財源にするため、そうした産物の専売制を施行しはじめる。そこで、新制度の導入をはかる当局と既得利益を守ろうとする商人・農民との間で、紛争がおこってきた。それに物

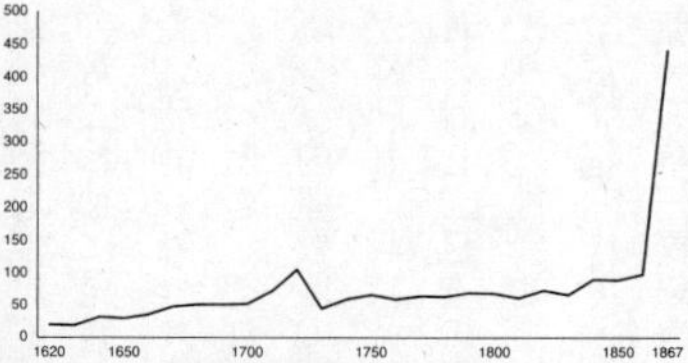

図 11　日本の米価変動（石あたり銀匁。1700 年までは広島、1701 年以降は大坂。1860 年までは 10 カ年平均、1861-67 年は 7 カ年平均の数値。ただし 1866 年は、約 1,327 匁まで騰貴）（岩橋勝『近世日本物価史の研究』大原新生社、1981 年、239、274〜276 頁）

価の急激な変動がくわわり、紛争がエスカレートして、農民の一揆や富裕な商店に対する打ちこわしに発展した。一揆・打ちこわしの多発が一九世紀に入っての特徴であり、騒然たる世相になってきたのは疑いない。

もっとも、それが同時期の中国とまったく違っていたことは、一目瞭然である。中国の場合、白蓮教徒の反乱はすでに内乱だといってよい。またその後、一八一三年、天理《てんり》教徒が蜂起し、紫禁城《しきんじょう》に侵入する事件もあった。いずれもあからさまな反政府活動である。これに対し、日本の農民一揆や都市での打ちこわしは、とても内乱とはいえないし、中国のような反社会的・反権力的な武装秘密結社も存在しなかった。強いていえば、一八三七年(天保《てんぽう》八年)に大坂でおこった大塩平八郎《おおしおへいはちろう》の乱は、政治的な意図もはっきりしており、島原・天草一揆以来、旗本が出動したということで、日本史の軌道でみるなら、深刻な事件ともいえようが、同じ時期の中国と比べれば、規模・期間ともに比較にならないほど、軽微である。

それでも日本社会は、次第に混迷の度を増す。そうならざるをえなかったのは、一八世紀の日本で確立した「クローズド・システム」の生産様式と、それを「拡大し」て組み上げた市場経済のサイズと性質にあろう。

「クローズド・システム」は、資源の循環利用としては農村内部でほぼ自給完結しながらも、「拡大し」て流通・権力と相互に依存しなくては、やっていけないしくみになっていた。人口三千万くらいの市場規模と、人口比七パーセント、およそ二百万人の武士支配層による権力管制とで、安定的に作動できていたこのしくみは、人口増・物価高・専売制という変数が入ったことで、にわかに動揺をきたしたわけである。一八世紀の社会経済とそれをコントロールする制度機構は、その当時の規模にみあうだけの許容量《キャパシティ》しかなかったのかもしれない。だとすれば、それを超過すれば動揺が生じるのも、いわば当然のなりゆきであって、おそかれ早かれ、新たな制度構築が必要になってくる。あたかもそのときに、そうした動揺をいっそう激化させる事件が起こった。いうまでもなく、黒船の来航と開国である。

第6章　西洋近代との邂逅

「西洋の衝撃《ウエスタン・インパクト》」

平和だった東アジアとは対蹠的に、一八世紀中ずっと戦争に明け暮れたヨーロッパ。その競合のなかで、変化と進歩は著しかった。そのうち最も激しく、かつ後世に甚大な影響を与えたものを、われわれは通例「革命」と呼び慣わしている。すなわち、産業革命と市民革命である。

経済と政体の革新はいうまでもない。個々のそれよりはるかに重大なのは、その総体として近代国民国家が誕生し、隔絶した財力と武力を保有した点にある。欧米はそれに依拠して、世界を制覇する準備をととのえた。

数百年さかのぼった大航海時代が、そもそもヨーロッパ世界拡大の第一段階であった。すでにみてきたように、その影響は探検・貿易・布教など、さまざまなかたちで東アジアにも及び、その社会の形成に一定の役割を果たしている。ヨーロッパの存在がなければ、一七世紀以後の東アジアは決して、あのような歴史をたどることはなかった。その意味で、一九世紀より前の西力東漸を軽視してはならない。

それでも、東アジアの立場からみて、一九世紀に入ってからの西力東漸は、やはり以前とは段違いであった。ともなっていた武力の強さといい、こうむった影響の大きさといい、すべてにおいて史上空前、圧倒的である。まさに「衝撃」というにふさわしい。

しかしその「衝撃」の評価は、なかなか定まらなかった。東アジアそれぞれの国によって、「衝撃」を受けた経過もちがえば、その対処のしかた、さらにはその結果も、異なっているからである。たとえば、中国と日本でいうなら、一方は戦争をして、敗れて西洋列強と新たな関係に入り、他方は戦争をせずに、平和裡に関係をむすんだ。中国は一八四〇年前後のアヘン戦争・一八五〇年代後半のアロー戦争、およびその結果としての南京条約と天津《てんしん》条約である。日本はいうまでもなく、一八五〇年代の黒船来航、安政《あんせい》条約の締結であり、こちらは西洋諸国と戦火を交えていない。

このように経過が異なるので、それぞれに結んだ条約の内容にも格差が生じる。戦争に敗れた中国のほうが、不利で従属度の高い条約を強要され、交渉のみで調印できた日本の条約は、たとえ不平等であっても、それはなお軽微であった、そこでその格差が、両国の以後の針路・発展を左右した、いっそう直截にいえば、両者の近代化の遅速を決定した、という解釈も出てくる。

しかしそれは、いささか皮相なみかたである。まずなぜ戦争になったのか、ならなかったのか、という問題意識が薄い。さらに、締結した条約が日中それぞれに対して、現実にいかほどの効果をもったのか、という視点も欠けている。そうなってしまうのは、東西たがいの相手側に対する理解のしかた、それをもたらす内的な事情や条件を見ようとしないからである。

それでも、西力東漸のありよう、西洋の侵攻の具体的な内容は、早くから明らかになってきた。その解明は極端にいえば、ほとんど同時代人のマルクスあたりから、はじまっている。そして現在にいたるまで、世界市場・自由貿易帝国主義、あるいは世界システム論など、さまざまな理論、枠組が考案されてきた。時代によって、研究者によって、概念操作は各々異なっても、いずれも対象とするのは同一の歴史経過であり、いかにそれを正確に把握理解するか、その追究は一貫して深化している。

だから問題なのは、むしろ東アジアのほうである。西洋の侵攻と「衝撃」がわかってしまえば、それをうけた側のありようは、自ずから明らかであって、あまり仔細に考えなくとも理解できる。どこかそのように、思い込んではいなかっただろうか。

たとえば、上にあげた日中の条約締結にしても、どんな条約を、どのように結び、それがいかなる効果をもったのかは、西洋の勢力の性格や強弱におとらず、日本と中国それぞれの対外的な姿勢に左右される。その姿勢はいったい、どのような事情によって構成されるのか。「西洋の衝撃」の意味を理解するには、そこまで問わなくてはならない。そしてその答えは、日中双方の世界認識、それがもとづく社会構造を知らずしては、決して導きだすことができないであろう。

対外姿勢と社会構造

そうした意味で、開国・明治維新に先だつ江戸時代の研究が、長足の進歩をとげ、従来の暗黒的なイメージを一新したこと、それを近代の前提としてみる視座が定着してきたことは、日本と世界の歴史を理解するうえで、すこぶる望ましい傾向だといえよう。本書も簡略ながら、随処でその成果を紹介してきたのは、このような問題意識にもとづいている。

それに比べれば、中国史の研究はやはり遅れていて、日本史のような視座はまだ定着していない。いわゆる明清史研究と中国近代史研究との論点や問題意識にかけ離れたところが多く、たがいが相手の研究成果を知らないことも少なくないのである。ゆゆしき現状ではあるけれども、すぐにはどうしようもない。したがって本書の叙述は、日本史の研究を意識しつつ、中国史の範疇で自分なりに描いてみた試案である。

社会構造は対外的な態度や姿勢、ひいては体制それ自体を規定する。たとえば、ここまで論じてきたように、貿易の存在形態は、日中ともに社会経済の編成と密接な関わりがあった。対外的な体制と社会の構造は、因果あいまった表裏一体のものだといったほうが正確である。

日本は凝集的な社会と国内完結型の市場を構成し、その対外的な接触はごく限られていた。「鎖国」ともいわれるゆえんである。われわれは従来、そのアナロジーでこの時期の中国も、日本と同じく「鎖国」的だとみなしてきた。しかしその見方は、ある特定の西洋の国からみた偏見を、客観的な歴史事実とはきちがえたものにほかならない。事実としては、清代中国の取引や交渉のやり方が、その国にとって納得のいかない制度だったにすぎないのである。外国との貿易・交流そのものは、すこぶる活潑におこなわれたから、対外的な接触にも恵まれていた。海外に渡航した華人も、おびただしい数にのぼる。中国のこうしたありようは、流動的で開放的な社会構造によるものであり、やはり日本とは対蹠的だった。このようなちがいをつきつめて考えることが、「西洋の衝撃」に対する両者の姿勢、ひいては以後の日中関係の理解につながる。

「鎖国」と海外情報

日本のいわゆる「鎖国」とは、経済的にいえば、埋蔵貴金属の涸渇によって、中国からその特産品を輸入しえなくなったことを意味する。こうした中国産物の輸入途絶にともなって、それを国内でまかなうことを可能にする、集約的な生産・流通の機構をつくりあげる必要が出てきたのであって、貿易動向と国内の社会経済は、やはり密接に関連していた。

中国産物の国産化の達成で、中国との貿易に依存せずともよくなり、その経済勢力圏から離脱する結果となったから、「鎖国」の経済過程を「脱亜」と表現する向きもある。離脱はしても、まったく縁が切れてしまったわけではない。そもそもが海外のものを採り入れて、離脱できた、という事実経過がある。それが前提になっているから、海外の事物に対する好奇心はおとろえなかった。いかにその好奇心が強かったかは、黒船で「鎖国」の門戸をこじあけたペリーも、特筆しているところである。

艦隊を訪れると、役人とその従者達は決して休むことなく、あらゆる隅々を覗き廻り、大砲の砲口をのぞき、珍らしさうに小銃を検査し、索をいぢり、ボートをはかり、機関室を熱心にのぞき、巨大な蒸気汽罐を動かすために機関士達や、労働者が忙しさうにあちこちと働くのを注視してゐた。彼等は単に眼で観察するだけで満足せず、ゆるやかな上衣の左胸の中のポケットに何時でももつてゐる書き物をする材料、即ち桑樹皮製の紙と墨及び毛筆を絶えずとり出して筆記をし、スケッチをした。(『ペルリ提督《ていとく》日本遠征記《にほんえんせいき》』土屋喬雄・玉城肇訳)

このような好奇心はいいかえれば、海外情報の収集意欲である。ペリーの記録に見えるように、それは政治のレヴェルでも、民間のレヴェルでも、旺盛であった。その様相をとら

ペリー

えるには、まずは政治権力の海外情報に対する態度から見てゆくのが、便利だろう。

「鎖国」といって、いっさい外への門戸を閉ざし、そのために世界の動きから取り残された、という江戸時代像は、もはやアウト・オヴ・デートも甚だしい。そもそも「鎖国」という術語概念にすら、強い疑念が出されている。「鎖国」ということばをどう使うかにちがいこそあれ、当時の日本が海外・世界から、目も耳もそむけていたわけではない事実は、すでに研究者共通の認識であろう。

国家規模の制度をみても、窓口が少数ながら存在していた。中国・オランダと通商していた長崎、薩摩藩が征服した琉球、朝鮮との貿易・通交の事務を独占的に担っていた対馬・蝦夷地《えぞち》（北海道）のアイヌに通じる松前《まつまえ》。これを研究者は「四つの口」と呼んでいる。

こうした限られた窓口ではありながら、しかし徳川体制下での海外情報収集は、すこぶる熱心であり、またその実践も組織的ですぐれていた。むしろ窓口を限ったために、組織的・系統的な収集になったというほうが、正確なのかもしれない。

情報収集とそのひろがり

中国での明清交代、旧来のポルトガルに取って代わったオランダの進出など、一七世紀前半の東アジア情勢は、激動というにふさわしく、その帰趨を見とおすのは、すこぶる難しかった。そうしたなかで、日本の徳川政権が非キリシタン化を通じた国内の統合に舵《かじ》を切ったことは、すでにみてきたとおりだが、その施策の実効をあげるために、情報の収集も徹底していた。その徹底ぶりは、宗門改めをはじめとした、国内・治下の民衆に対するものにとどまらない。

たとえば、「四つの口」のひとつ、長崎をみよう。長崎は旗本が任命される長崎奉行が治め、その町政のみならず、九州全域におよぶ対外関係、とりわけキリシタンの取締も管轄した。奉行所にはほかと同じく、与力《よりき》・同心《どうしん》がいたのにくわえ、貿易業務にあたる長崎《ながさき》会所《かいしょ》と外国語の翻訳を担当する通事《つうじ》・通詞《つうじ》が所属していたのが特徴である。

外国との貿易といっても、日本人の海外渡航は禁じられていたから、中国とオランダの貿易船が来るのを受け入れただけである。そのうち長崎に入港する中国船は、出帆地・出帆日・航路・乗組員数・日本への渡航経験など、自らの身許のほか、他の船舶の様子とあわせて、国際情勢についても、唐通事に情報を提供するよう、義務づけられていた。通事がそれを一定の様式にととのえた報告書を唐船風説書《とうせんふうせつがき》という。この報告は入港の直後におこなわれ、長崎奉行が検閲したのち、二、三日の間に風説書を浄書させ、飛脚《ひきゃく》で江戸に急送した。

唐船風説書の内容は、情報の提供者たる中国の商人じしんが「仔細はわからない」というものもあったから、信憑性ではいささか疑問符がつく。よく知られているように、当時は清朝と政府間の交渉はなく、中国船の来航はいわば、商業ベースだった。各々の商人は必ずしも、緊密に組織だって行動していたわけではないし、情報の提供も取引を円滑におこなう手段にすぎない。そうした事情もあって、自ずから多くは、立ち入った系統的な観察にはなりえなかったのである。それでも風説書を閲覧できたのは、老中など幕閣の要人のみで、重要だと判断されると、将軍にも披露された。現存する唐船風説書は一七世紀半ばから一八世紀初頭の二千通あまりが、まとめて『華夷変態《かいへんたい》』という本に収録されている。内容にそぐわない奇妙な書名だが、それについては、後述に譲りたい。

オランダの場合も、中国船と同じように風説書がつくられて、オランダ風説書とよぶが、こちらはさらに性格がはっきりしている。その作成はオランダ商館が長崎の出島に移転した後、一六四一年から始まった。幕府はオランダ側に、今後もながく通商したいのなら、ヨーロッパでキリシタンの新たな征服地があるか、など重要情報をただちに長崎奉行へ伝えよ、と命じて海外情報の提供を要求したのである。つまり基本的には、徳川日本の国家体制に反するキリシタンの対策徹底化がその目的だった。なればこそ、いよいよ情報の収集・管理を厳にしなくてはならない。

唐船風説書が各船ごと、個別に作られたのに対し、オランダ風説書は出島のオランダ商館長の部屋で、その立ち会いのもとに、幕府側のオランダ通詞が風説書の原文を作製した。商館長はいわばオランダ人を代表して、事前に各船から情報を収集し、それに点検、整理をくわえていたわけである。内容は西ヨーロッパ諸国の政治情勢を中心とするが、唐船風説書よりはるかに系統的で、信頼のおける情報だった。

このほかにも、一八世紀の終わりまで、ほぼ毎年おこなわれたオランダ商館長の江戸参府や、一九世紀の半ばまで都合十八回を数えた、琉球の謝恩使《しゃおんし》・慶賀使《けいがし》派遣、いわゆる「江《え》戸《ど》上《のぼ》り」なども、海外の情報をとりいれる貴重な機会であった。政治ばかりにとどまらず、ひろく科学・文化の知識も、積極的に摂取されている。

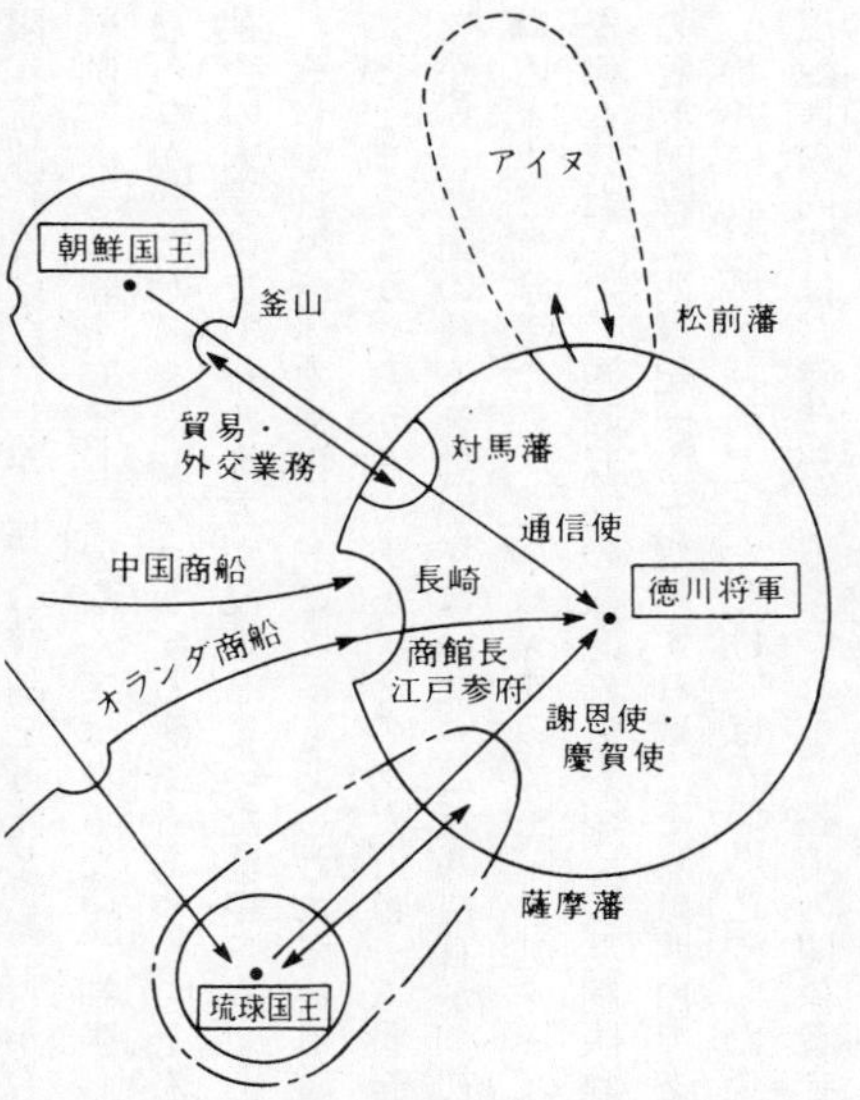

図12 「四つの口」概念図（荒野泰典『近世日本と東アジア』東京大学出版会、1988年、8頁を改変）

たしかに徳川幕府は、外国との交流を厳しく制限、統制していた。しかしその統制を可能とし、しかも有効ならしめつづけるためには、統制すべき情報を知悉していなくてはならない。制限しているからこそ、確実に知らねばならなかったし、また知ろうとする意欲もあった。そんな情報の収集と管理ができたのは、社会の末端にまで行政権力が浸透していた徳川日本であったればこそなのである。

そして官民一体の様相は、ここにもあらわれている。海外情報の獲得は、政権内部だけにとどまらなかったからである。そのあたりは一八世紀のはじめ、在野の学者出身でありながら、一国の政治を動かすにいたった新井《あらい》白石《はくせき》が、初期の典型的な例であろうか。かれはもとより儒学者だが、その政策をみても、著述をみても、決してその枠におさまりきらない人物だった。国際収支の観念にもとづく貿易制限政策や、イタリア人宣教師シドッチの聴取記録『西洋紀聞《せいようきぶん》』を想起すれば、それは明白である。

新井白石だけが特別だったわけではない。こうした姿勢は以後、より一般化してくる。風説書の内容は、時代が下るにつれて、長崎の関係者を経て流布してゆき、幕閣の独占物ではなくなってきた。それとともに、外国の学問もさかんになる。江戸時代の漢学隆盛については、もはやいうまでもあるまい。蘭学は漢学にやや遅れて発達しはじめ、一八世紀後半の『解体新書《かいたいしんしょ》』の翻訳刊行は、そのひとつのピークを示すものといえよう。医学のみならず、地理学・天文学も活潑で、地動説も流布した。

こうした知識の拡大は、自然科学にとどまらない。同じ時期には、工藤平助《くどうへいすけ》の『赤蝦夷《あかえぞ》風説考《ふうせつこう》』や林子平《はやししへい》の『海国兵談《かいこくへいだん》』なども出て、ロシア事情の紹介や海防の必要性まで語られている。それが蝦夷地の調査や樺太《からふと》・千島《ちしま》探検の実践につながり、また政治と不可分であったために、しばしば弾圧の対象になったこともいうまでもあるまい。一八世紀末、松《まつ》平定信《だいらさだのぶ》の寛政異学《かんせいいがく》の禁《きん》や、一九世紀に入ってのシーボルト事件、蛮社《ばんしゃ》の獄《ごく》はあまりにも有名な事例である。

こうした知識人たちのほとんどが、下級であれ武士・藩医など、社会の指導層に属していたことにまちがいはない。けれどもかれらが獲得した知識は、さらに下層にひろがってゆく。その動因として、全国に設立された藩校・寺小屋による、「士農工商」の身分をこえた教育の普及があった。それを基底で支えていたのが、上にみた農村の富力増大にほかならない。当時の日本の識字率は、世界有数のレヴェルであり、それが当時の海外の情報・知識の習得ばかりではなく、来るべき開国以後の洋学の摂取と活用を支えてゆくのである。

琉球謝恩使（1832年、16回目の江戸上りの様子。時の琉球国王は尚育王、将軍は家斉）（「琉球人行列図錦絵」）

日中のちがい

近年の日本近世史研究は、徳川体制でのこのような海外情報の収集・管理・普及をみなおし、高く評価している。そうしたことを研究の題目として、ことさらとりあげ、また注目が集まること自体、日本史の特殊性だといえるのであって、同時代の中国では、ほとんど問題にならない。そのような事例が希少だからである。

もちろん中国に海外情報が、まったく入ってこなかったわけではない。西洋の文物でいえば、いわゆる「南蛮渡来」は、中国のほうが先んじていたし、明清の政権交代がおこっても、その摂取がとだえることはなかった。『坤輿万国全図《こんよばんこくぜんず》』『幾何原本《きかげんぽん》』などのマテオ・リッチの事蹟が示すように、一六世紀末から一七世紀にかけては、地理学や数学など、ヨーロッパの学問の紹介と受容は、質量ともに中国が日本をはるかに凌駕していた、とみてよい。

その後も日中は、似た推移をたどっている。時間的なずれはあるものの、双方ともキリスト教の禁止に転じるし、それでもなお、政府為政者が西洋事情に関心をもちつづけたことでも共通する。清朝の康熙帝は、さきにあげた新井白石、あるいは徳川吉宗とほぼ同時代人であって、その海外情報・西洋事情に対する関心・知識は、白石・吉宗に勝るとも劣らない水準だった。

マカートニーと乾隆帝（熱河の離宮でマカートニーとの謁見に臨む乾隆帝。右端にマカートニー一行がいる）（Susan Legouix, *Image of China: William Alexander*, London, 1980, p. 65.）

それでは、日中は何が異なっていたのか。まず、海外情報に強い統制を加えた日本とくらべると、清朝の場合は権力によるさしたる統制はなかった。あるいは、必要なかった、といってもよい。同じくキリスト教を禁止していたのに、これは興味深い現象である。そこで、政権当局者たちの海外に対する関心を手がかりに考えてみよう。

日本では享保以後、曲折はあったが、海外情報・西洋事情に対する関心が持続、増大していったのに対し、中国では時期的に重なる乾隆時代、それは逆に減退してゆく。この時の清朝の西洋認識としては、やはり一七九三年、乾隆帝がイギリス国王ジョージ三世に下した勅諭の右に出るものはないだろう。

これを受けとった特命全権大使マカートニーは、イギリス史上初の中国派遣使節で、乾隆帝にも拝謁し、貿易の拡大と国交の樹立を申し入れていた。それに対する、にべもない拒否の回答である。物知らずな要求にあきれて、諄々《じゅんじゅん》と教え諭すかのような口吻にもみえる。

……天朝《われわれ》は物産が豊かで満ちあふれ、ありとあらゆるものがある。不足を補うために、外夷の貨物に頼る必要など、さらさらないのである。だが、天朝所産の茶葉・磁器・生糸は、西洋各国と爾《なんじ》の国で必需品だから、恩恵を加えて優遇して、港に専門の貿易商人を設けて、日用に困らないようにし、利益もあげさせてやっている。それなのに今、爾《なんじ》の国の使者が、既定のきまり以外のことをたくさん求めてきたのは、遠人に恩恵をあたえ、四夷を撫育する、という天朝の道義をないがしろにするものである。しかも天朝の万国統馭は一視同仁、広州で貿易する者も、爾《なんじ》イギリスだけではない。つぎつぎに悪例にならったなら、みだりに無理な要求をしてこよう。だから断じて受け容れるわけにはいかないのだ。……（『高宗純皇帝実録《こうそうじゅんこうていじつろく》』乾隆五十八年八月己卯の条）

下手に現代日本語へ置き換えると、原文に横溢《おういつ》する中華観念がそこなわれてしまう語句もあるので、そこはなるべく原語を残した。要するに、いわんとするところは、地大物博である中国は自給自足できるから、まったく外国貿易を必要としないけれど、相手国が困るだろうから、恩恵として貿易をさせてやるのだ、貿易を許してやるのだから、従順でなくてはならぬ、ということである。遠来の外国人に対する思いやりにはちがいないけれども、その意思や希望はおかまいなし、独善的、自己中心的な観念と論法にほかならない。

すでにみてきたように、当時の西洋諸国、とりわけイギリスの中国貿易は、量的にきわだって大きくなってきたのみならず、質的にも劣らず重要であった。イギリスは茶をはじめとする中国の産物を求め、その対価として銀をもたらす。その銀が中国の各地に流れて、それぞれの地域経済を活性化させていたからである。

だから客観的にみれば、貿易が当時の中国経済全体におよぼす影響は、決して小さくなかった。イギリスとの貿易こそが、一八世紀後半中国の好景気拡大、乾隆の盛世を支えた原動力だといっても過言ではない。

それにもかかわらず、当時はそうした対外貿易の価値をみとめない、アウタルキー的な経済観念に染まっていた。自給自足・アウタルキーというなら、「クローズド・システム」を形成確立した同時代の日本にこそ、あてはまることであって、貿易が経済景況を大きく左右する中国は、むしろ逆だろう。いわば、客観情勢と主観認識がかけ離れていたわけである。

そうした観念の形成が、中国古来のいわゆる中華思想なる自尊意識と不可分だったことは、おそらくまちがいない。しかしその一世紀前、デフレ不況にみまわれた康熙時代では、貿易が中国経済の好転に不可欠だとする意見も、少なからず見られたのであるから、単なる中華思想というだけでは、説明がつかない。一八世紀当時の好況によって、富力が増大したという自信が、伝来の中華思想を通じて、自尊意識に転化定着した、という時代的要因を考えたほうが、肯綮《こうけい》に当たっているだろう。

もちろん乾隆帝じしんが当時、文面どおりのことを本気で考えていたかどうかはわからない。真意は別にありながら、それをあからさまにいわずに要求を拒絶するための方便的、建前的な発言だったかもしれない。しかしそうだとしても、一九世紀に入れば、ほぼまぎれもない本音になるのだから、同じことである。

またこれは、皇帝という至尊の最高権力者が示した、独り善がりな感情ではない。おそらく当時の為政者・エリートも、多かれ少なかれ共有していた感覚だった。官僚一般も外国の事物を軽視して、それに対する関心が希薄だったことは、当のマカートニーも記している。

それに対し、イギリスの側は同じこの機会に、中国の情況をくわしく調査記録した。実地調査はそもそもマカートニー使節団が派遣された目的のひとつでもあった。つぶさに実情を観察したマカートニーは、繁栄をきわめた当時の中国にひそむ危機の徴候を見のがしていない。「ささいな衝突で散った火花から、中国の端から端にいたるまで、叛乱の焔《ほのお》が燃えひろがるかもしれない」、「自分自身が死ぬまえに、清朝の瓦解が起こったとしても驚かない」とまで書き残している。かれが歿したのは一八〇六年、清朝は亡びこそしなかったものの、白蓮教徒の反乱がおこり、すでに変質をはじめているのだから、透徹した洞察力だというべきである。

　イギリスばかりではない。北方で国境を接し、条約を結んで、通商関係をもっていた隣国ロシアとの関係も、やはり同じである。同じく一八世紀の後半、ロシア側が満洲語を自在に操る人材を養成してまで、清朝側の事情を立ち入って調査し、情報の収集と分析につとめたのに対し、清朝側はロシアのことには、ほとんど無知だった。ロシア語を運用できる人材の養成もはかばかしくなく、そもそも知ろうとする意欲が乏しかった。

　遠国のイギリスにせよ、隣国のロシアにせよ、こうした海外への関心と情報収集への意欲の低さは、危機意識の欠如にもとづいており、それはやはり当時の社会に瀰漫《びまん》した、過剰肥大ともいえる自信・自尊がもたらしたものだったであろう。

　同じ時期の日本では、本多《ほんだ》利明《としあき》が『西域物語《せいいきものがたり》』を著している。多くの植民地を有するイギリスを、一種の理想国家、富国強兵のモデルに描き、また蝦夷地よりいっそう北方にあるカムチャツカの開発をとなえた。客観的にみれば、現実ばなれした議論であり提案であるが、中国の西洋軽視とは逆の方向を向いていたことだけははっきりしている。それはやはり林子平を典型とするような危機感が、当時の知識人に大なり小なり、共通してあったことによろう。自尊心と危機感、まさに好対照といってよい。

差異の所在

中国の為政者・指導層たちの意識が以上のようなものだったとすれば、これをさらに下層もふくめた、社会全体のありようで考えると、どうなるであろうか。

当時の中国は、日本のように自国人の海外渡航を禁止していたわけでもなければ、貿易・通交の相手を制限しているわけでもなかった。清朝側の制度・原則にしたがうという条件は厳然としてあったものの、そのかぎりにおいてなら、かなり自由な貿易・交流ができた。だから海外の人々・事物、そして情報に接する機会は、日本よりも格段に恵まれていたはずである。西洋の情報をキャッチし、知識を習得した人の絶対数でいえば、中国のほうがはるかに多かったかもしれない。しかしそれは、ひろく社会全体に伝播し、影響を及ぼすようなものではなかった。

たとえば、ピジン・イングリッシュなるものがある。これは一八世紀以来、中国南方をはじめとする貿易港でひろく使われた、現地語と混淆したブロークンなことばであって、ほぼ貿易取引の場でしか通用しなかった。そもそもピジン pidgin というのが、business の現地訛《なま》りともいわれる。

お箸のことを、英語で chopsticks という。その形状をみれば、stick というのはよくわかる。では、その上に冠せられるchopとは何か。chopsticksは『ポケット・オクスフォード』を引くと、"pair of ivory &c. sticks held in one hand as folk in China"と説明があって、要するに、chopは中国をあらわす接頭辞だといえる。それがピジン・イングリッシュの語彙にほかならない。

chopは辞書をみると、ヒンディー語のchhāpを語源とすることばとあるが、記録や書類を意味する中国語の「冊chǒ」(現在のピンインではcè)に由来する、という説もある。言語学者でない筆者に判断はつかないけれども、それほどにこのchopが、中国貿易の現場で頻用された、ということだけは確かなのである。

この一語で、皇帝の命令・官僚の布告・許可証など、当局から下される書類、請求書・受取・支払義務など、取引上の行為、また商品にかかわる商標・品質や等級、あるいは商品そのものをさす場合もある。税関の出港免状をgrand chopと称し、最高品質の品物はfirst chopといい、荷物を運ぶはしけをchop-boatとよび、使い走りを急がせるときに、"chop chop"といってせきたてたりしたのである。

このように、すぐれて具体的な事物・行為に対し、多義的に常用されたわけで、chopsticksはその一類型、かつ名残だというべきだろうか。中国のお箸も書類も、西洋には存在しないものだから、chopに代表されるピジン・イングリッシュは、中国・海外それぞれにない語彙表現を相互に補って、日常業務・現実生活に役立たせた言語だといってよい。逆にいえば、体系的な文法構成や抽象的な概念把握にはならなかったために、社会的な汎用性はきわめて限定される。これでは当事者はともかく、一般の英米人も中国の人々も、もちろんわからない。そうした言語の存在が、当時の海外情報に対する中国の態度を如実にあらわすともいえよう。

つまり、海外に接する機会はいかに多くとも、そこで入手した情報は、当座に必要な実用にしか使われなかった、ということである。いわば、現場の実用に特化した情報受容にほかならない。したがって、たとえば日本で見られたような、組織的・体系的な知識や学問の移入は、きわめて少なかった。それが先にみた官僚・当局者など、社会上層部の無関心と呼応する動きであったことは、贅言《ぜいげん》するまでもないだろう。いいかえれば、政治と社会の「遊離」が、海外情報においては、一方での無関心と他方の実用特化としてあらわれた、ということであり、これも中国の政治・経済・社会構造の発露なのである。

当局による体系的な知識摂取の動きが、絶無だったわけではない。それがようやく顕著になるのは、一九世紀の前半、アヘン戦争前夜の、イギリスをはじめ西洋諸国と貿易関係があり、かつ緊張が高まっていた広州においてであった。その一部として、史上に特筆される林則徐《りんそくじょ》の洋書翻訳事業、その成果としての、友人魏源《ぎげん》の編纂にかかる『海国図志《かいこくずし》』をあげることができよう。

しかしそれは、いわばごく一部の有志の自発的な試みにすぎない。政府機関の体系的な事業でもなければ、後継の事業も発展しなかった。社会全体に及ぼした影響は、さして大きくはなかったのである。アヘン戦争の情報や『海国図志』は、長崎・琉球経由で日本に伝わったのち、むしろ日本社会にとって大きな衝撃となった。

けっきょく、西洋など海外の情報や知識に対する日中のちがいは、そのはじまりの遅速や分量の多寡などが、問題だったのではない。むしろそれを取り入れる側の政治社会構造の問題である。接触の機会は少なくとも、組織的体系的に受容し、知識伝播に結びつける構造もあれば、接触は多くとも、その場かぎりの実用本位の利用に収斂し、社会全体にひろまらない構造もあった。それぞれの構造を前提としておさえたうえで、「西洋の衝撃」を語るべきであろう。外に対して閉鎖的か開放的か、というだけでは決しない。まさに歴史は、一筋縄では理解できないのである。

第7章　開港と開国

アヘン戦争とアヘン問題

中国近代史はアヘン戦争から説き起こすのが通例であった。とりわけ対外関係という観点からみれば、それはたしかに合理性がある。アヘン戦争は中国が西洋とはじめて深い政治的な関係をもち、西洋的な近代国家となろうとする歩みをはじめた出発点だからである。もっともそれで時代を区切ってしまうのは、中国の政治・経済・社会を総体的に考えると、一概に支持できない。「近代」という以上、それ以前とは何かが大きく変化した、という事実経過がなくてはならず、このときはイギリスと戦争をし、西洋諸国と条約をむすんだ、という対外関係以外に、そうしたことが考えにくいからである。いな、近年は対外関係でさえ、それほど変化していない、という説が有力になっている。出発点のひとつにはまちがいないけれども、それ以上のものとはいえない。したがって、アヘン戦争で中国近代史を説き起こすことは、ほとんどなくなった。

日本でアヘン戦争は起こらなかった。あたりまえの歴史事実であり、あたりまえすぎて、中国と対比しないと、気づくことすらない。では、なぜ中国で起こったものが、日本でおこらなかったのか。こうしたことのほうが、歴史学としては難しい問題である。

その答えをたとえば、西洋諸国の意図・戦略の異同や、法律・条約による禁令の有無などに帰する見方もあるけれど、見やすいところしか見ていない皮相な見解であろう。日清ともに、麻薬のアヘンはずっと禁制品だった。にもかかわらず中国では、アヘンが社会に蔓延し、それが戦争の原因になっている。それに対し、日本では禁制品が禁制品でありつづけた。そのちがいは重要である。

時あたかも、産業革命の時代である。国内での資金需要が高まったイギリスでは、輸入する茶の対価として、大量の銀をもちだす貿易はもはやできなくなった。そこで目をつけたのが、植民地化を進めていたインドに産するアヘンである。これを中国にもちこんだところ、売り上げが伸び、茶の支払いを相殺できた。つまりインド・中国貿易はインドの黒字、中国・イギリスの貿易はイギリスの赤字で、それらを結び合わせて相殺する三角貿易が成立した。

さらに綿工業が興隆すると、アメリカからいよいよ多くの綿花を買い付けなければならない。そこで、その支払いをもアヘン輸出の黒字でまかなえるような貿易構造に変え、最終的な決済をロンドンの国際金融市場に集約させるグローバルな多角的決済網をつくりあ

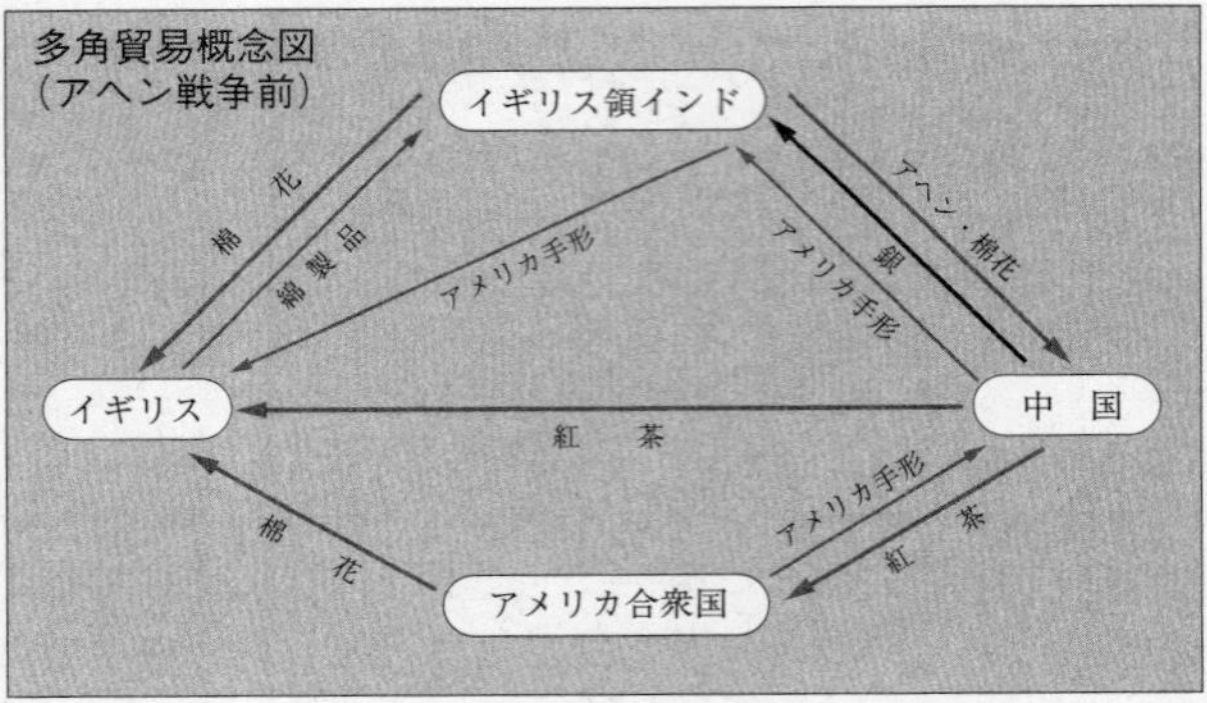

図13　多角的貿易決済概念図（アヘン戦争前）（並木頼寿・井上裕正『世界の歴史　19　中華帝国の危機』中央公論社、1997年、49頁）

げた。つまり産業革命がすすめばすすむほど、より多くのアヘンが中国に入る、というしくみになった。一八世紀末中国のアヘン輸入は、わかるだけでおよそ四十万人分の消費量だったのが、一八三八年には、十倍の四百万人分に急増した、といわれる。アヘン貿易がなくなったら、産業革命のイギリス経済のみならず、世界経済もたちゆかなくなる。そこにアヘン戦争が起こらざるをえない必然性があった。

　このように西洋の資本主義がアヘンを売りつける、その動因をなした世界市場形成の意義と構造が、世界史的には何よりも問われなければならない。それは当然である。しかしそうした国際的な契機だけで、すべてが説明できるわけではない。

　貿易が現実におこなわれ、しかもそれを必

要とした中国には、また禁制品を禁制品たらしめないしくみもそなわっていた。政府権力がいかに禁じようと努力しても、その無力さをあざ笑い、禁令を骨抜きにしてしまう厖大な領域が横たわっていた。イギリスの売りつけにも劣らないほどに強力な、受け入れ体制が中国側にある。さもなくば、あれほどアヘンは蔓延しなかったであろう。そのしくみはいまだ、よくわかっていない。一九世紀前半の報告書からごく一部の概略を復原すると、以下のようになる。

広州城内に「窯口《ようこう》」とよばれるブローカーがいる。アヘンを求める者は「窯口」の仲介で、外国船もしくは外国商館にいる外国人に引き会わされて、代金を支払い、その領収証をうけとる。ついで海岸で快速船をチャーターし、広州の沖合に停泊する倉庫代わりの蠆《とん》船《せん》に赴き、そこで領収証とひきかえに、アヘンをうけとる。この快速船は百数十人で漕ぐ高速武装船なので、取り締まる当局の兵船も近づくことすらできない。

こうして輸入されたアヘンは北上し、広東省北辺の分水嶺を越えて、まず湖南省・江西省に入る。こちらも大がかりな密輸武装団が結成されて、塩の密売業者と同じく、死をも恐れぬ「会党」の集団だといわれている。かれらが長江流域一帯に販売するばかりではなかった。密売のルートは、そこからさらに北方、河南《かなん》、陝西・山東《さんとう》・山西《さんせい》・直隷《ちょくれい》の各地にまで及んでいる。もちろんアヘンの陸揚げは、広州からばかりではない。広州に近い潮《ちょう》州《しゅう》・廈門一帯を第二の中心としながら、なおかつ北方の沿海にも及んだ。海陸ともに、文字どおり蔓延の情況だったのである。

「窯口」にしても「会党」にしても、先の言い方にしたがえば、政府権力の把握しきれない、非合法的な中間団体にほかならない。これが沿海から内地にいたるまで、牢固なネットワークをはりめぐらせて、アヘンを密輸密売していた。いくたびも禁令が発せられたにもかかわらず、そこにまで権力の手がおよばなかったのは、当局のサボタージュというよりも、そもそも取り締まる有効な手段を持たなかったからである。それは民間の経済活動に対する権力の不干渉という清朝統治の体質に根ざす現象であった。中国におけるアヘン問題の核心も、じつはそこにある。

こうした密輸取締の無効性によるアヘンの密売が、吸引と中毒をはびこらせたのみならず、中国内の銀地金を流出させて経済変動をひきおこし、一八世紀のおわりに顕在化をはじめていた社会不安をいっそう深化させた。一八三〇年代に入って、さすがに清朝政府も坐視できなくなる。そうした事実経過じたい、西洋との貿易がいかに大きな影響を中国に及ぼしていたか、にもかかわらず、政府権力の側がそれをいかに過小評価してきたか、を雄辯に物語っている。

事態を重くみた道光帝《どうこう》は、一八三八年末、有能な官僚・林則徐を起用して、イギリス人からアヘンを没収、焼毀させるに及んだのである。それがアヘン戦争につながったことは、もはやいうまでもないだろう。そこで注目すべきは、戦争になってもイギリスに荷担した、

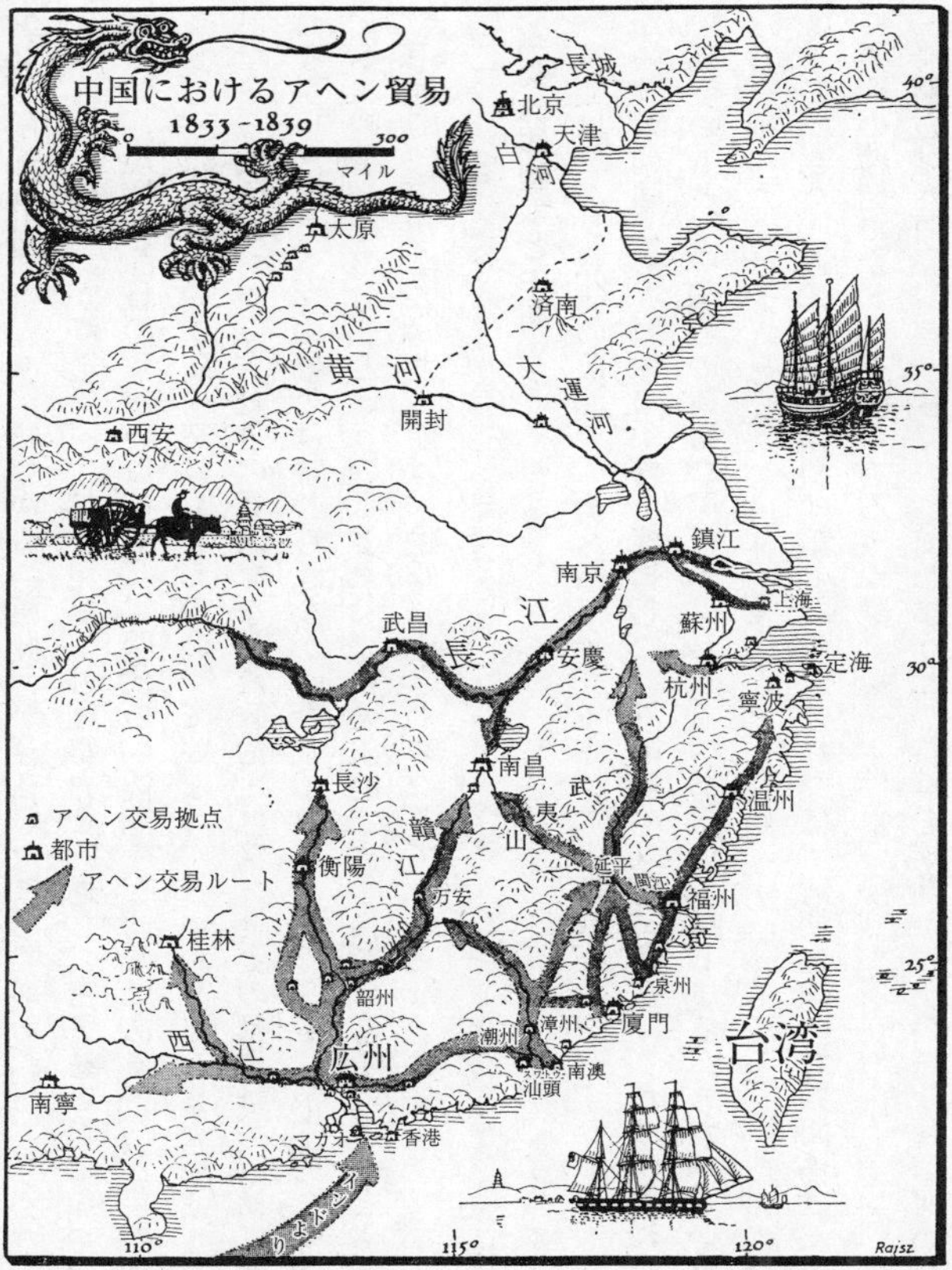

図 14　国におけるアヘン貿易（Chang, Hsin-pao, *Commissioner Lin and the Opium War*, Cambridge, Mass., 1964, p. 25. より）

少なからざる中国の人々、いわゆる「漢奸《かんかん》」が存在したことである。

政府当局の権力が浸透せず、禁を犯して外国勢力と内通し、密貿易をおこなったという点では、規模と品目のちがいこそあれ、明代の「倭寇」と同じである。三百年の時をへだてても、政治社会の基層構造は、なおかわっていない、といわざるをえない。

だから戦争をへても、戦争の原因をなした政治・経済・社会の構造は、容易に変わりはしなかった。アヘンの輸入は禁じられなかったし、貿易のしくみも、根本的な変化はない。アヘン戦争とその敗北というのは、たしかに歴史的な大事件ではある。けれどもその前後の中国で、何がおこったのかは、慎重にみきわめなくてはならない。

「条約体制」と中国

清朝はアヘン戦争の敗北で、一八四二年、イギリスと南京条約をむすび、まもなく、ほかの欧米列強とも、同様の条約を締結した。外国側の立場・観点によれば、これから新しい制度のもと、中国との新たな関係がはじまる、あるいははじまるべきだ、ということになる。そのため欧米人は、この時期以後を「条約体制」の時代とよぶ。「西洋の衝撃」によってできた、近代的な新体制の謂である。それでは、清朝在来の対外関係は、ほんとうに条約の締結でかわったのであろうか。

清朝の対外関係、と一言でいってしまうと、誤解を招きかねない。それは何かひとつの原則に貫かれて、体系的にまとまったものではありえなかったからである。上にも述べたように、清朝の統治は内外ともに、前代の慣行を尊重して、在地在来の秩序になるべく手をふれない、というところに、その要諦があった。だから、モンゴル人に対する統治と中国に対する統治は、同じ清朝政権でも、まるで異なる。対外関係も同じことであって、西北のモンゴル区域と接する国々と、東南の中国と接触をもつ国々とでは、関係のもちかたが全くちがっている。さらに、同じく中国と接触をもった国々でも、それぞれ具体的な関係は異なっていた。明代以来、明朝に朝貢の儀礼を行ってきた国々は、原則としてそれを継続した。「朝貢国」である。そのほか、新規にそのような朝貢関係をとりむすんだ国もあれば、朝貢をせずに貿易のみ行う関係だった国もある。後者を「互市《ごし》国」という。「互市」とは沿海の商行為というくらいの意味であって、原則として中央政府が関知しないところ、朝貢とはきわだって異なっていた。

だから清朝の対外関係は、大まかに分けると、三種のカテゴリーがあった。一つは北方・西方との関わりである。これはロシア・中央アジア諸国があてはまる。第二に明代の継続としての朝貢で、朝鮮・ベトナム・琉球・シャム・ビルマなどである。第三が「互市」で、日本や西洋諸国である。ただしイギリスは、先にとりあげたマカートニー使節団を、清朝側が朝貢使節だとみなしたために、記録上は「朝貢国」として数えられる。

このイギリス・マカートニーの事例が典型的に物語るように、清朝の側ではとりわけ一八世紀の半ば以降、「互市」の貿易相手国に対し、恩恵的に取引を許してやる、という態度が強まってきた。あくまで自らは「中華」、相手は「外夷」であるから、そこには朝貢とひとしい上下関係が存在してしかるべきである。貿易を中心とするこうした外国との関係を、そうした観念にもとづいて、「夷務」と称していた。

イギリスをはじめとする西洋諸国は、もとよりそうした「外夷」あつかいを望むところではない。自分たちが立脚するルールで、貿易がしたかった。アヘン戦争の戦勝を機に、その実現をはかるべく、条約をむすんだのである。

しかしそれは、西洋側の主観的な希望にすぎない。清朝の側はたしかに条約は結んだけれども、それは戦争をしかけ、暴虐なふるまいをしたイギリスを、なだめておとなしくさせる方便にほかならなかった。ほかのアメリカ・フランスも同様である。あくまで、個別のこじれた「互市」「夷務」の修復にすぎない。

条約は清朝にとっては、武力で強要されたとりきめであるから、その文面は守らねばならない。さもなくば、また痛い目に遭うかもしれないからである。しかしその内容を、西洋の側のねらいどおりに解したわけではない。領事裁判権をみとめたり、関税自主権がなかったり、いまのわれわれの感覚からすれば、不平等な条文がたくさんある。しかし当時の清朝は、それを一方的に不利だとは解しなかった。そのほうが自らにとっても、都合がよい、と評価したふしすらある。

条約はあくまで西洋世界の産物だから、それをなりたたせる世界観・秩序観も、西洋の論理・精神でできあがっていた。やや具体的に限定していえば、対等な主権国家の並立を前提とする国際関係がそれにあたる。

清朝の側に、そこまで受け入れるつもりもなければ、いわれもなかった。条約をむすんだために、国際関係にみあうように、対外的な姿勢そのものを変えたり、主権国家となるべく、国内の統治体制じたいを改めたりする必要は感じなかったし、もちろん実際に、そんなことを試みようともしていない。したがって西洋諸国との条約が、他国との「互市」関係に、ましてや朝貢関係にまで、直接の影響を及ぼすことはなかった。

清朝の態度・言行がかわらなかったのは、イギリスなど西洋諸国も感じ取っていた。そこでふたたび武力にうったえて、「条約体制」の確立をはかろうとする。一八五〇年代の後半にアロー戦争、六〇年に英仏連合軍の北京侵入事件がおこったゆえんである。西洋列強はあらためて天津条約・北京協定を締結し、いっそう西洋的な国際関係を清朝と結ぼうとした。たしかに条約の規定にはそのような記述がある。けれども実際にそのとおりすんだかどうかは、自ずから別の問題であった。それが以後の史実経過とも、密接な関係をもつようになる。

条約と貿易

貿易の実務に眼を転ずれば、こちらも原理的には、それまでと大きな変化はない。西洋商人は株式会社など、大がかりな金銭貸借ができたので、潤沢な資金をもっていたのに対し、中国側の取引相手は資本に乏しいので、茶や生糸などの大口取引では、外国商社から買付資金を前貸ししてもらっていた。南京条約以後も西洋商人は、中国内部の幣制や度量衡・商慣習、もっとひろくいえば、経済構造に無知であり、また積極的に知ろうともしなかったから、外国商品の内地への売り込み、あるいは中国産品の内地での買い付けは、零細な中国商人に資金・商品をあずけて、実務経営を任せるほかなかった。この中国商人がいわゆる買辦《ばいべん》であって、アヘン戦争以前の慣行のヴァリエーションというべきものである。

ただし西洋からみれば、開港場の数は増えた。従来、貿易の大部分をしめるイギリスなどは、広州での取引しか認められていなかったが、南京条約は広州・廈門・福州《ふくしゅう》・寧波・上海の五港を開くことを定めている。数百年にわたる対外貿易の経験を有する広州が、人的組織・物的施設に恵まれて便利だった、ということもあって、ほかの港が開かれても、しばらくの間は、広州が依然として第一の貿易港でありつづけた。それでも、中国経済の心臓部に近く、内地への交通の便もよい上海のほうが、貿易に有利なことでは動かない。一八五〇年代から六〇年代にかけて、それまで広州・寧波にあった人的組織、蘇州にあった財力が、上海に移動結集して、中国最大の貿易港・経済的中心地の地位を奪うにいたった。外国商社と買辦商人の組み合わせからなる貿易慣行は、ほかならぬ上海で定着、発展してゆくことになる。

極言してしまえば、条約を結んでも、政治的・経済的な制度・機構には、何の変化もない。変わったのは、主要貿易港の位置だけだということになる。しかしそのことの影響が小さかったわけではない。むしろ甚大だったといったほうがよいだろう。

広大な中国であるから、主要港が広州から上海に交代したことで、貿易にかかわる国内商業ルートも大きく変化する。その沿線で生業を営むあらゆる組織と人々に、その影響が及ぶ。それは商品の合法・非合法を問わない。茶であれアヘンであれ、新たに栄えるところもあれば、さびれてゆく地域もあった。新しい流動的、競争的な情況が急速に生じたわけである。それは新たな成功者を生みだすと同時に、それ以上のおびただしい落伍者をも生みだした。

すでに一九世紀のはじめに、白蓮教徒の反乱をひきおこすほど、社会不安が鬱積《うっせき》していた中国である。それから半世紀ちかく経過し、対外関係の影響をも受けて、社会不安はいっそう増大していた。破局は時間の問題だった。来るべき一八五〇年代は、清代未曾有の動乱期となる。

柔構造と剛構造

以上のようにみてくると、一九世紀にさしかかって、ゆきづまりをみせつつあった中国は、西力東漸、戦争をふくむ西洋列強との交渉を経ても、その全体構造を変えなかったわけである。制度構成の全体からすれば、ごく小さな、部分的な改変で対処した。対外関係における条約締結にしても、貿易における買辦商人の出現にしても、広州から上海への交代にしても、いずれもそうである。たとえ部分的な変更であっても、大きな中国のことであるから、その広大さに比例して、大きなひずみと化さざるをえなかったのだが、そのいきさつは後述しよう。

一九世紀半ばの西洋の進出を「衝撃」と見立てるのであれば、それに対し、打てば響く「反応」が中国から返ってきたわけではない。比喩的にいうなら、「衝撃」は吸収されたわけである。広大な清代中国の政治・経済・社会は、あたかも巨大高層建築のような、「衝撃」を吸収できる柔構造だった。その柔軟さは、「遊離」した政治と社会のあいだに介在する間隔領域の大きさと、社会にそなわった高い流動性とから生じたものといえよう。西洋の企図どおりに条約を認知しない政権の思考法は、戦争や交渉の現場との大きな隔たりによるものだし、買辦商人は政治から乖離していた清代中国の経済構造の所産であった。また、通商に関係する人々が各地から群がって勃興した上海の発展は、社会の流動性をみせつける事態にほかならない。

これと比べると、日本の場合は、まさしく対蹠的である。日本は「西洋の衝撃」に対し、打てば響くような「反応」を発したからである。黒船の来航とそれにつづく西洋列強の外圧は、二百年以上つづいた徳川体制を終焉させ、十年のうちに明治維新をもたらした。その過程がたんなる政権の交代ではなく、日本全体の政治・経済・社会の一大変革だったことは常識であろう。

政治・経済・社会が一九世紀にさしかかって、ゆきづまりをみせつつあったことでは、日本も中国とかわらない。規模・時期に若干のちがいはあっても、西力東漸に見舞われたことも共通している。それにもかかわらず、「西洋の衝撃」に対する「反応」が、中国は部分的な改変にとどまり、日本では全面的な変革に帰結した。いったい何が異なるのか。何より着目すべきは、流動性と凝集性の差異である。

日本は江戸時代、とりわけ一八世紀を通じて、列島単位で有機的に結合した社会構成を形づくっていた。貿易や対外関係に対するすこぶる有効な統制も、その一面をしめすものである。ところが黒船の来航・条約の締結で、その統制が破綻した。その構成体は緊密に凝集した一体をなしていたから、一部だけ別のものにとりかえる、という部分的変更がきかない。だから対外的な破綻は、ほかの部分にも及んで、対内的な政治・経済も大きな変調をきたす。それぞれの部分だけ改めるわけにはいかず、全体を一挙に変えなくてはならなかった。

外国との通交を受け入れ、条約を結ぶ。それが「鎖国」の体制をゆるがし、条約の勅許を必要とする情勢をつくりだして、朝廷と幕府の力関係《パワーバランス》を大きく変化させ、さらにそれが、幕府と西南雄藩との力関係をも変えた。条約が定めた開港によって、貨幣制度・為替レートは混乱し、一八五八年（安政五年）から一八六六年（慶応《けいおう》二年）までの十年足らずのあいだに、物価が十一倍にもはねあがる、急激なインフレが見舞った（図11「日本の米価変動」グラフ参照）。「クローズド・システム」の循環構造は、もはやそのままでは存続できず、国内完結型の市場構造も、貿易の存在を前提とした、全面的な改編を余儀なくされてゆく。「士農工商」の上下身分秩序にもとづき、権力と民間が一体をなして機能した社会の治安維持も、効力を失いはじめた。にわかに活潑化した草莽《そうもう》の志士の政治活動やテロ行為も、以前をはるかにこえる一揆や打ちこわしの頻発も、そのあらわれである。そうした混沌のなかで、日本という主権国家の創成、いいかえれば、徳川時代の幕藩体制とは異なる政治・経済・社会の一元化の必要性が、つよく意識されるようになる。

東アジアの近代を知る者にとって、幕末維新の日本のきわだった特異性は、条約を西洋の側のねらいに即して解釈したことである。いまのわれわれから見てあたりまえのそのことが、当時は実に希有な例外だった。清朝は上に見たとおりだし、朝鮮もベトナムも、あるいはそのほかの国も、ひとつとしてあたりまえではなかったのである。

日本は不平等条約を、まさしく不平等だと認識した。それを強要された、という屈辱と、それを挽回せねばならぬ、という使命感。そうしたエネルギーが攘夷・開国、倒幕・佐幕と、幕末の時代をつきうごかす原動力だった、といって過言ではあるまい。そしてその屈辱を晴らし、挽回を実現するには、徳川の幕藩体制では不可能で、西洋的な国際関係にのっとった内政と外政の機構が不可欠であった。かくて明治維新が、必然となる。

清代中国を間隔領域の大きい、流動性に富む柔構造だとすれば、徳川日本は凝集的な、間隔の少ない構造、いわば剛構造であった。こぢんまりとした家屋の、すき間のない堅固な建築構造に似て、小さな衝撃にはビクともしないけれども、大きな衝撃に遭うと、全体が根こそぎ動揺し、もろともに崩れ落ちるおそれがある。「西洋の衝撃」はそれほどに大きな「衝撃」だった。だからその「衝撃」を受けとめられるだけの構造をあらたにつくる必要があったわけである。日本は一新しなくてはならなかった。

日本史の用語で、開国という。「鎖国」の対語であり、外国との交際・通商をはじめることを意味する。しかし中国史では、開国とはいわない。「開国」は漢語では本来、建国の意味で、いまの中国語も同じ、対外的に開放する、という意味はないからである。だから一九世紀半ばの条約締結を、中国史では、開港と称する。これは言語のちがい、あるいは、それにもとづく漢字感覚のちがいではあるものの、じつは日中両国のたどった歴史過程のちがいにもあてはまる。

日本史の開国といえば、国全体が開いた感じがあって、維新にいたる事情に適合する。それに対し、中国はあくまで開港だった。つまり、たんに新たな港が外国との貿易に開放されただけであって、国全体のしくみがどこまで直接に、外国の影響を受けたか、もしくは、いかほど外国に対して開放的になったか、はきわめて疑わしい。そうした両者の相違が、開国と開港の一字違いの表現にあらわれていて、なかなか言い得て妙である。それはまた図10「中心地」図の三角形のちがいに相当する。開国が日本の凝集性・剛構造、開港が中国の流動性・柔構造に由来するとみれば、それ以前の、ならびに以後の史実経過とも、うまく接続して考えることができよう。そして、こうした国（全体）と港（一部）のギャップが、やがては日中の対立を深めることになる。

第8章　動乱の時代

太平天国

日本の幕末と同じ時期の中国は、明治維新のような国家体制全体の再編にはならなかった。日本の「明治維新」と同じく、中国でも当時の年号をとって、「同治《どうち》中興」とよぶ。筆者がかつて習った英訳表現では、Meiji Restoration と T'ung-chih Restoration で、同じ単語を用いる。主権者の権力再興という点で共通するからなのだろうが、しかし両者は、明らかに性格を異にする。前者の明治維新が体制の変革なのに対し、後者の同治中興は、いわば内乱の平定にすぎなかった。

同治中興もそれが進む過程で、たしかにそれまでの支配方式と大きくちがったところが生じている。しかし体制の骨格はかわっていない。骨格はそのままに、そこから新たな要素が生まれて、成長を遂げていった、というべきであろうか。その様相を少しくわしくみてみよう。

一八世紀の末から一九世紀のはじめまでつづいた白蓮教徒の乱は、広汎な範囲におよんだ一大騒乱で、潜在していた矛盾があらわになった、という歴史的意義を有する。しかしながらその舞台は周辺地域で、いわば局地的な戦乱にすぎなかった。政局を変えるには、なお力不足だったのである。それからほぼ半世紀。一八五一年はじめ、広西《こうせい》省の山間部、桂平《けいへい》県金田村で、上帝会《じょうていかい》という武装教団が蜂起する。この辺境の一事件が、やがて中国全土にひろがる大動乱のはじまりであった。

広東《カントン》省の客家《ハッカ》出身の洪秀全《こうしゅうぜん》は、キリスト教の伝道書をヒントに、上帝《ゴッド》を信ずれば「天国」に行ける、という新宗教を創始した。この上帝教を信奉する教団集団が上帝会である。この教団は地元の広東省で、思うように勢力をひろげることができず、西隣の広西に入って布教活動に従事した。

金田村附近の地域一帯には、洪秀全と同じ客家が多く、その大部分は虐げられた生活をおくっていた。客家とは新来の移住民であって、言語・風俗・習慣が在来の土着民とは異なる。広東省・広西省でも、一八世紀に移民の入植・開発が進行しており、客家はその過程で、先住民と激しく対立し、当局から弾圧の対象とされたことも少なくなかった。こうした人々に上帝教が浸透し、純粋な信仰のみならず、自分たちの「天国」を地上に建設しようという動きをはじめる。それにともなって、上帝会もしだいに反権力的な色彩を強めるようになり、それがまた、官憲の猜疑と弾圧をかきたてた。上帝会はついに、清朝を打倒して「太平天国」を建てると宣言し、武装蜂起にふみきったのである。
はじめ一万人程度の規模だった太平天国は、北上し湖南省から湖北省に入って、長江の流域に達したころには、兵五十万の大勢力になった。その間わずか一年、軍事的に必ずしも成功していたわけではない。にもかかわらず、ここまでふくれあがったのは、潜在的な支持勢力がおびただしく存在していたからである。

太平天国軍が通過した湖南省は、アヘン戦争以前には、西洋貿易の中心地・広州と国内とをむすぶ主要な商業ルートであった。しかし南京条約以後、広州の貿易が上海に奪われ、このルートの繁栄はにわかにさびれ、厖大な数の社会的落伍者が出てきた。そんな社会不安に乗じて、天地会《てんちかい》・三合会《さんごうかい》などの秘密結社の活動も活潑になる。そのただなかに、太平天国が飛びこんできたのであって、現状では立身出世を望めない人々や地域的な抗争に明け暮れる秘密結社に、新しい飛躍の可能性を提供した。湖南の「会党」は、大半が太平天国に合流して、ともに去った、といわれる。

太平天国はこうして、華南の反権力的な勢力を糾合し、長江中流の要衝・武漢を陥れた。そしてまもなく、一八五三年のはじめには、そこを捨てて長江をくだり、破竹の勢いで進撃して、同年三月に南京を占領、ここを本拠と定めて天京《てんけい》と改称した。このとき太平軍の数は、二百万にのぼったと伝えられる。

天京に腰をすえた太平天国は、清朝を打倒するため、北京へ向けて北伐軍を出し、また実効支配領域をひろげるべく、湖北へ西征軍を派遣した。北伐軍はやがて天津附近で撃破されたけれども、西征軍は武漢を再占領する。長江の中下流域という中国の経済・文化的な心臓部に、清朝の存在をみとめない一大国家が出現した。その興亡が以後の中国のゆくえを大きく左右するのである。

湘軍の結成

太平天国は一八六四年、天京の陥落をもって滅亡する。前後十四年、その進軍がおよんだのは中国十八省のうち、じつに雲南《うんなん》以外の十七省にのぼった。しかもこのとき起こった騒乱は、太平天国だけにとどまらない。その勃興をきっかけに、各地で系統・性格を異にする暴動・反乱が、連鎖的に継起した。淮河《わいが》流域におこって、その南北にひろがった捻軍《ねんぐん》、陝西・甘粛《かんしゅく》一帯、あるいは雲南における回民《ムスリム》の反乱が、とりわけ大規模である。中国全土はあまたの勢力が入り乱れる、まさしく内乱の状態に陥った。矢野仁一のことばを借りれば、潜在していた「政治に反抗的の不逞分子」の一斉蜂起というべく、一八世紀の繁栄と人口急増のなかで、蓄積された矛盾のエネルギーが爆発した現象であるともいえよう。

それがおおよそ終息するには、一八六〇年代の末までかかった。正確な統計数字は入手すべくもないが、最近の学説によれば、この内乱での死者は、内輪にみつもっても七千万人にのぼる、といわれている。それでは、これほど甚大な内乱は、いったいどのようにし

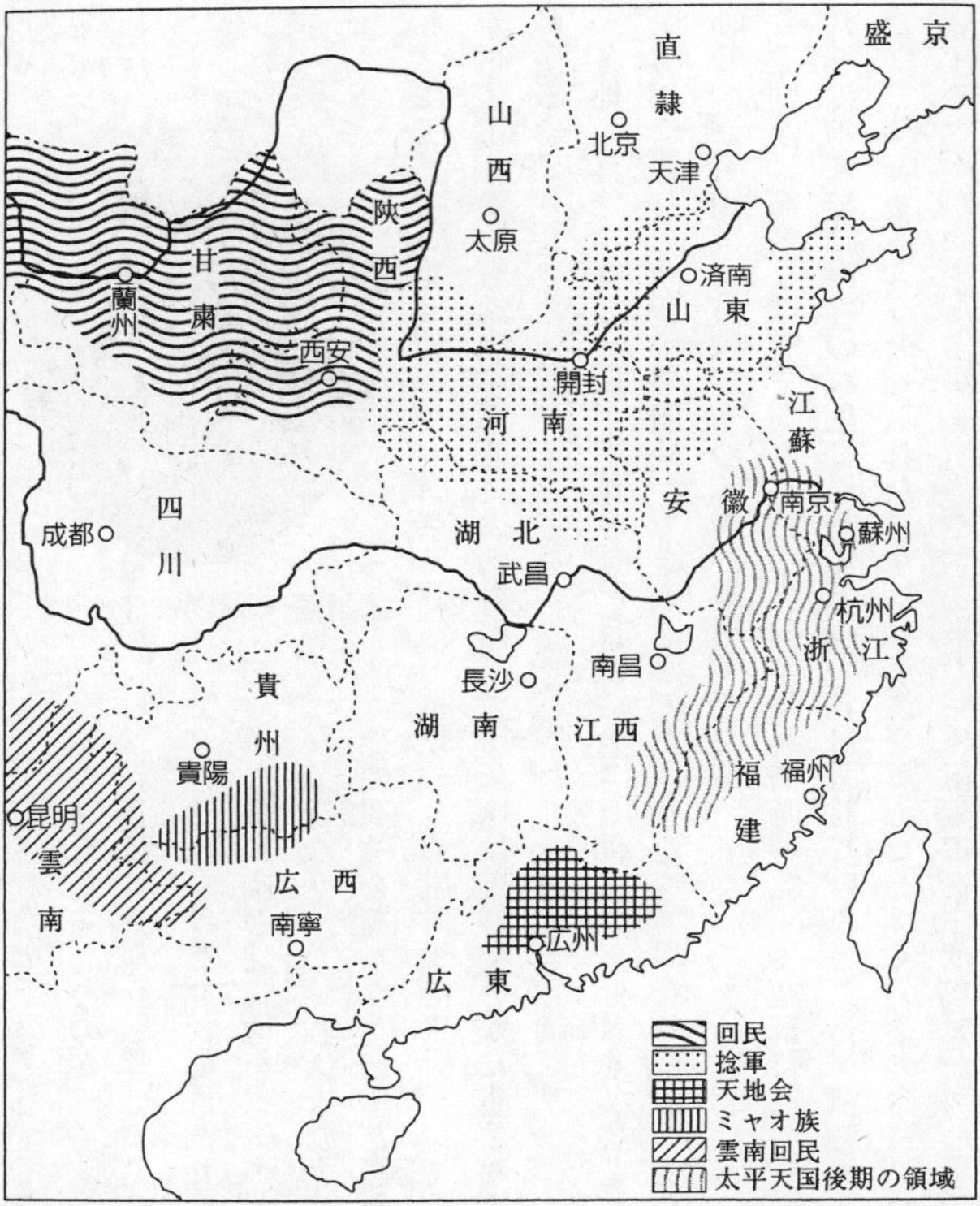

図 15　太平天国期の内乱（岸本美緒『中国の歴史』ちくま学芸文庫、2015 年、98 頁を改変）

曾国藩（近藤秀樹『曾国藩』人物往来社、1966年）

て平定されたのか。そして、それはいかなる結果をもたらしたのか。

太平天国が興った当初は、軍事的にはさほど強くなかった。大都市とりわけ清朝の主力軍たる八旗の駐防地を、一つとして抜くことができなかった。強大な勢力になったのは、その間隙を縫って、転々とした間のことである。長江流域に進出するや、南京・鎮江《ちんこう》・杭州《こうしゅう》の八旗駐防地をあいついで陥落させているから、ここからも湖南・湖北での活動が、太平天国にとっていかに重要な過程だったかがわかる。

各地の官僚・有力者は、白蓮教徒の反乱のときと同じく、団練を組織して太平軍の侵攻を防ごうとした。多くの団練ができるなかで、きわだって異なり、かつまた局面を変えてゆくのが、湖南で曾国藩《そうこくはん》がつくった義勇軍である。

曾国藩は高名な学者であり、太平天国の挙兵当時、北京で礼部侍郎の重職にあった。一八五二年末、湖南省の郷里に帰って母親の喪に服しているところ、清朝政府からその地の団練を統率するよう命ぜられた。かれは逡巡を重ねたあげく、その命にしたがうことを決意する。だがいったん決心するや、在来の団練組織に安住はしなかった。同郷人を中心に自分の友人・弟子などをあつめて、かれらを部下の将校とし、小規模な団練部隊をそれぞれ統率させた。つまり、自身の個人的な人間関係を、そのまま軍事的な指揮系統におきかえ、以前はバラバラに散在していた団練をまとめあげて、未曾有の規模の義勇軍を編成した、ということである。これを湘軍《しょうぐん》という。湘とは湖南省の別称である。

郷土を防衛するだけなら、それまでの団練でもよかったのかもしれない。しかし太平天国は急速に強大化し、清朝に取って代わることを公言し、北京までもうかがおうとする勢力になっている。とても従来の方法でたちむかえる相手ではなかった。ほんとうに対抗して打倒するためには、郷里を離れて転戦でき、なおかつ相応の規模をもつ軍隊組織が必要だったのである。

内乱の鎮圧

そんな軍隊が湖南省でできた、という点も注目すべきである。上帝教というイデオロギーを奉じる太平天国は、この地の「会党」、「政治に反抗的の不逞分子」を糾合して、大勢力になった。かたや曾国藩の湘軍は、儒教を前面に出す。太平天国の勃興を「名教の奇変」、中華文明の「開闢《かいびゃく》」以来の危機だとして、各地の有力者に協力をよびかけた。体制側の儒教的イデオロギーで、政権に与する勢力を結集しようとしたわけである。

要するに、太平天国にせよ湘軍にせよ、いずれも湖南の有力な武装中間団体をリクルートした軍事勢力にほかならない。体制側につくか、反体制になったかが異なるだけであり、武装中間団体という点で、本質的なちがいはなかった。当時の官僚も、義勇兵を増やせば増やすほど、匪賊を減らすことができると漏らしている。旗幟を鮮明にしない、あるいは向背さだまらぬ小勢力も、いたるところに残存していた。

曾国藩を誹謗する向きは、かれを首切り役人と呼ぶ。湘軍の創設にさきだって、審案局という機関をつくり、ひたすら敵対者を弾圧処刑したからである。四十年ほど以前、曾国藩の評価が最低だったころの叙述をみてみよう。

〔一八五三年〕三月から七月までの間に、審案局で斬首された者一四〇名、撲殺された者二名、未決中に息たえた者三二名。しかもこれは審案局が直接とりあつかった七月二十八日現在の数だけで、すでに捕らえてある串子会の九三名や、あるいは地方州・県知事が処理したものや団練の私刑したものははいっていないのである。審案局は臨時裁判所だといったが、今日の裁判のように手間ひまのかかることはしない。判決は三つだけである。即時死刑。これは斬首である。撲殺。撲《なぐ》り殺されるわけだから、これも死刑だが、死んでも首がつながっているだけでも喜べというわけ。そして鞭《むち》一〇〇で釈放、この三つだけである。無罪放免というのはない。突きだされただけでも悪い、というわけであろう。司法権が行政権から分離していなかった当時の中国にあってもこれは裁判の常識を破ったテロリズムである。もともと当時でさえも、死刑囚は中央北京政府の最終判決をまって、はじめて刑を執行するのが定めである。曾国藩のやりかたは裁判ではない。官がおこなった私刑《リンチ》である。（近藤秀樹『曾国藩』）

いささか行き過ぎの表現はあるとはいえ、この叙述に虚偽はない。曾国藩じしん、「殺人を職業とする」と断言した。文人学者のかれがなぜ、そこまでしなければならなかったかは、以上みてきた当時の状況によって、はじめて了解できる。順逆向背の区別がつかない武装勢力を圧伏して、自らに従わせるには、こうするよりほかなかった。情勢はそれほどに流動的で、切迫していたのである。

湘軍が太平天国を圧倒して滅ぼすまで、十年かかった。「政治に反抗的の不逞分子」、反体制的な武装中間団体を、あらためて清朝政権の側になびかせるのに、それだけの時間を要したということである。しかもただ、なびかせる、だけにである。

すでに見たように、反乱勢力もそれを圧殺した側も、同じ社会構造に根ざしたもの、同じ母胎から生まれたものである。だから鎮圧した側が、反乱勢力叢生の温床をなす社会構造を破壊解体して、つくりかえることはできなかった。そんなことをすれば、自らの母胎をも否定することになってしまうからである。

したがって、これほど多数の死者を出した、甚大な内乱であっても、ドラスティックな社会変革をひきおこしたわけではない。既存の社会構造をこわさないまま、治安維持をはかる方式がとられたのである。

李鴻章の登場

以上の経過をあらためてまとめてみると、一八世紀に進行した中間団体の激増、そして一九世紀のはじめに本格化したその武装化は、反乱と団練という対抗勢力を生みだし、それぞれは一九世紀半ばにいたって大同団結し、たとえば太平天国と湘軍という巨大な勢力と化して、両者あい戦い、凄惨《せいさん》な殺戮をくりひろげた。こうしたなかから浮上して、最後の勝利者として残ったのが淮軍《わいぐん》であり、その力を背景にして、清末最大の実力者にのぼりつめた李鴻章《りこうしょう》である。

李鴻章（Jonathan D. Spence, *The Search for Modern China*, New York and London, 1990, pp. 228-229.）

李鴻章は一八四七年、二十四歳の若さで科挙にパスして進士になった俊秀である。その数年前から北京にのぼって、父が同年の進士だった誼《よしみ》で、曾国藩に師事していた。曾国藩が服喪中、湖南で団練組織を命ぜられたのとほぼ同じ時期に、かれも朝廷の命で、故郷の安徽《あんき》省合肥《ごうひ》にもどり、団練を率いて戦った。しかしここでは、一向うだつがあがらなかった。一八五八年には大敗して、一族もろとも、もと師匠の曾国藩のところに身を寄せざるをえない境遇だったのである。

一八六〇年、太平天国は江南デルタを席巻し、中国経済の中心地の蘇州を陥れ、あますところ、わずかに外国人のいる上海のみとなった。この危機を挽回し、孤立した上海を救援するため、曾国藩は一八六一年の末、李鴻章を抜擢して別動部隊の編成と指揮を命じた。ここで結成されたのが淮軍である。

「淮」は淮河という川の名前だが、とくにその流域の安徽省のことをさす。この地域は清朝に反抗した捻軍の活動が活潑で、これに対抗する団練も、戦闘をつづけていた。李鴻章は湘軍の組織にならって、故郷の合肥周辺でそうした既存の団練を引き抜き、組み合わせて、一大軍隊にしたてあげたのである。さすがに慧眼の曾国藩は、不遇の時期も弟子の真価をみあやまらなかった。この淮軍結成と上海救援は、李鴻章にとって、一大飛躍の機会となる。

就地籌餉

湘軍にしても淮軍にしても、元来は義勇軍であって、正規の常備軍ではない。正規軍なら通常の財政措置で活動するけれども、こうした軍隊を動員し、維持するには、特別な財源が必要である。だからといって、政府に何か大きな臨時収入などあるわけがない。そこで採用したのが、「就地籌餉《しゅうちちゅうしょう》」という方法である。難しい漢語だが、簡単にいってしまうと、軍費の現地調達という意味で、義勇軍を結成した当人が、自力で必要な資金を集めよ、政府当局は関知しない、というにほかならない。

一口に「就地籌餉」といっても、さまざまなやり方がある。その最大のものは釐金《りきん》だった。字面からしてわかりにくい術語で、実態もはっきりしないところが多い。ごく概略を説明すると、釐金は本来は寄付金で、とくに商人から募ったものだが、まもなく強制的なとりたてとなった。「釐」は「厘」と同じ、もともと商品の一厘《パーセント》で徴収したところからついた名称だから、一種の内地通行税とみてさしつかえない。もっとも、内地通行税ということなら、やはり以前から「関税」という名で存在している。では、どこがちがうのか。

関税は交通の大道がはしる主要な大都市・要衝で徴収するもので、その納入も大規模な少数の商人団体が請け負っていた。逆にいうなら、それ以外の圧倒的多数の商人団体は、実際には取引にあずかりながら、当局に認知されず、非合法とみなされたのである。その点では、一般の商品をあつかおうが、禁制品をあつかおうが、選ぶところはなかった。そこに商人団体が当局・権力に背きうる余地もあったわけである。釐金はそうした、従来なら認知されなかった多くの商人団体を、軍事力を擁する当局がいちいち掌握して、軍事的政治的な保護を加える代わりに、軍費を拠出させる、という方法であった。

だからその範囲は、従来なら禁制品だった私塩やアヘンにまで及んだ。これらをあつかう商人集団とは、すなわち秘密結社で、反乱軍そのもの、あるいはその温床だった。これらを義勇軍・清朝の側が抱き込むことによって、反乱勢力の人員も財源も切り崩すことができる。釐金にはそんな効果もあった。

湘軍とそれをひきいる曾国藩は、清朝中央政府の要人からは猜疑の眼でみられ、久しく無位無官のまま放置された。独力で編成維持した義勇軍が、政府の既存軍隊よりも有能有力だったのだから、是非もない次第である。

けれども曾国藩ぬきでは、もはや内乱の鎮定はできなかったから、ついに北京朝廷は、曾国藩に地方大官の任を授けた。かれは一八六〇年、長江流域を統轄する両江総督《りょうこうそうとく》に任命された。これでかれの湘軍も、それを維持するための「就地籌餉」も、正式に清朝の制度のなかに組み込まれて機能することになる。そしてそれは李鴻章と淮軍にも、そのままあてはまることであった。

督撫重権

李鴻章は一八六二年のはじめ、江蘇《こうそ》巡撫《じゅんぶ》に任ぜられ、誕生したての淮軍を指揮して上海についた。その周辺の江南デルタは、明代以来、中国でもっとも富裕な地域で、あがってくる収入も莫大である。正規の税収はもとより、このときは釐金が大きな額にのぼった。しかも上海は、当時すでに中国第一の貿易港に成長しており、西洋列強の利害も大きい。李鴻章は外国の当局とも協力して、太平天国の侵攻から上海を死守し、江南デルタに転戦して蘇州を回復、この富庶の地を掌握した。西洋諸国との深い関係と経済上の圧倒的な優位。これがそれまでの湘軍にはなかった、李鴻章独自の財産となる。

李鴻章が上海に到着した一八六二年は、同治元年である。即位した同治帝は、幼少であったため、北京中央では、母后の西太后《せいたいこう》が代わって君臨することになり、権力と責任の所在が判然としなくなった。清朝皇帝の爪牙をなす八旗の指導層と軍事力も、一八五〇年代の内憂外患で打撃をうけ、中央の勢威は自ずから低下した。そのためもあって、義勇軍をひきいる地方大官の発言権が、相対的に重くなった。その地方大官を清朝の制度で、総督・巡撫というので、この現象を「督撫重権」と称する。

この「督撫重権」を歴史的に位置づけるなら、次のようになろうか。一八世紀の繁栄と人口増加で生じた社会矛盾は、おびただしい潜在的な武装中間団体を生みだした。一九世紀の半ば、清朝に敵対する側では、太平天国をはじめとする反乱という形、清朝に荷担する側では、湘軍・淮軍などの義勇軍という形に結合整理されて、後者が前者を圧倒する。両者とも新たにできた武装中間団体という同じ社会構成体でできあがっていたから、内乱の鎮圧は戦闘の終焉にとどまって、それ以上の社会変革をもたらすことはなかった。

そもそも清代の中国支配は、いわゆる「漢を以て漢を治む」である。実地の統治は、以前から総督・巡撫に一任していた。しかし一八世紀に叢生増殖し、一九世紀に武装結集して動乱をひきおこした中間団体は、清代初期には存在しなかったし、政府権力も想定していなかったものなので、それに対処する制度・機構がそなわっていない。統治のコストは必然的に増えざるをえなかった。総督・巡撫が管轄地の治安を維持してゆくには、どうしても個別に自らの裁量で、新しい施策を打ち出し、軍事力とその維持に必要な収入とを掌握しなくてはならない。湘軍・淮軍などの新軍隊・釐金などの新財源は、いずれも管轄領域をあらためて確実に治め、地域の社会秩序を維持するために生みだされたものであり、増大した統治コストをまかなう役割をになったのである。

そうした事業にとりくんだ官僚は、もちろん少なくない。しかしそのなかで、李鴻章が清朝随一の地位についた、という事実は、かれがそうした事業で、もっとも多くの成果をあげたことを意味する。

天京（南京）を陥落させ、太平天国を滅ぼしたのは湘軍である。しかし曾国藩はつとに、その資質劣化に苦しみ、太平天国の滅亡を機に、その軍隊組織のほとんどを解体してしまった。だからといって、中国の治安維持の必要は減じない。その任務を淮軍と李鴻章に委ねたのである。かくて淮軍は以後も清朝第一の軍隊として存続し、さながら国防軍にみまがう地位を獲得する。

淮軍の勇名を馳せたのは、太平天国打倒後も清朝をおびやかした捻軍の平定である。すでにふれたように、淮軍は捻軍がはびこっていた安徽省で、団練を基礎に結成された。捻軍も団練も、ひとしく武装中間団体からできあがったものだから、いわば同じ社会から生まれた双生児的な性格が濃厚である。あたかも、同じ湖南省の社会から生まれた双生児の湘軍と太平軍が戦って、前者が勝ち残った事実経過をくりかえすかのように、淮軍は一八六八年に捻軍を制圧した。

李鴻章は一八七〇年、首都北京にほど近い直隷省の総督に任命され、淮軍もろとも首都周辺に蟠踞《ばんきょ》した。以後、四半世紀ものあいだ、北京の外港にあたる天津を本拠に、清末の軍事・外交の中枢をしめつづける。清朝政府じたいにとっても、なくてはならない存在だった。

だから李鴻章をはじめとする「督撫重権」は、以前と質が異なる地方割拠では必ずしもない。従来にまして、地方大官の裁量・発言権が大きくなったのは事実である。しかしそれは、量的に大きな変化ではあっても、本質的な転換とまではいえない。清代中国の統治構造・社会構造に根ざした動きであり、一八世紀以来の変動に対し、安定を模索して行きついた制度的帰結であった。

清末の出発

中国のこうした動乱の性格は、同時期の日本の幕末維新の動きと対比すれば、いよいよはっきりしてくるだろう。日本では、徳川幕府の打倒をめざしてあらわれる勢力は、西南雄藩、なかんづく薩長軍である。したがって、幕藩体制という旧来の枠組から生まれており、たとえば中国での秘密結社や反乱勢力、あるいは義勇軍などとは当然、まったく性格を異にしていた。

しかも明治維新は、藩閥を生んでも藩を残さなかった。廃藩置県などは革命にひとしい、とイギリス駐日公使パークスもいったとおりである。軍隊ひとつとってみても、それは明らかであって、幕府を倒した薩長の士族の軍事力が、維新後もそのまま存続したわけではない。国民を基礎とする国軍にあらためられた。これは日本人には、あまりにもあたりまえの歴史経過で見すごしがちだが、当時の東アジアにおいては、あるいは、たとえば中国と比較すると、類を見ない重大な事実である。

中国では内乱を鎮定した義勇軍が存続した。義勇軍といっても、正規軍との対比でそういうだけで、内実は旧来の中間団体を基礎とする傭兵部隊である。だから維新の元勲と清末の地方大官、たとえば、のちにあいまみえて、ライバル関係ともなる伊藤博文《いとうひろぶみ》と李鴻章は、ほぼ同時代人であり、動乱をへて第一の権力者になったことでは似通っていても、それぞれの権力基盤や社会背景は、まるで異なっていた。一方は旧体制そのものを転換させ、西洋と同じ中央集権体制をめざす先頭に立っていたのに対し、他方はあくまで「督撫重権」の第一人者であって、自身が好むと好まざるとにかかわらず、その体制の埒外《らちがい》に出ることはなかったのである。

この「督撫重権」は以後、ずっと解消されることなく、最終的には清朝を滅亡にいたらしめ、民国になると、「軍閥混戦」に転化する。だからもちろん、中国は一八世紀以前とまったく同じ情勢でもない。本書はそこで、「督撫重権」の時期を前後と区別して、清末と呼ぶことにする。すでに何度か使ってきたことばだが、意味はまったくちがわない。

この時期が以前と最も異なっているのは、清朝が西洋列強と通交関係をとりむすんで、その存在を軽視できなくなったことにある。それが清朝・中国の運命を大きく変えてゆくのは周知のとおりだから、当時最大の懸案とみても、不思議ではあるまい。しかし時の為政者たちは、必ずしもそうは考えていなかった。

今日の情勢について論じますれば、太平天国と捻軍があいついで圧迫をくわえてくるのが、（生死にかかわる）心腹の害です。ロシアは境界を接する隣国で、わが国を蚕食しようとの野心がありますから、いわば（臓器に近く、重傷になりかねない）肘腋《ちゅうえき》の憂です。イギリスは通商のためなら、人理にそむく暴虐をも辞さない国ですので、制限をくわえないと、こちらが自立できなくなります。肢体《てあし》の患というべきです。ですから、太平天国・捻軍を滅ぼすのが第一であり、ロシアをおとなしくさせるのはその次、イギリスはそのまた次でございます。（『第二次《だいにじ》鴉片戦争《あへんせんそう》』）

以上は同治帝の叔父にあたる恭親王奕訢《きょうしんのうえききん》らが、一八六一年はじめに上奏した文面の一部である。かれらは当時、アロー戦争で北京に侵入した英仏連合軍と難渋な折衝をまとめて、条約の締結にこぎつけ、西洋列強との交渉にあたる新機関・総理《そうり》衙門《がもん》を創設して、以後の対外関係をになう要人であった。そんなかれらにとっても、当面最大の課題は、内乱の鎮定であり、中国の秩序回復であり、治安維持だったのである。

あるいはこうした文面に、清朝中央政府内の党派的な勢力対立がからんでいた可能性も、皆無だとはいえない。けれども以後の恭親王らの内外に対する政治姿勢をみても、要路の共通認識として、内を先とし外を後にするこの優位順位が厳存していたのは、やはり疑えないだろう。

これも日本とのきわだった違いを示す事例に数えてよい。日本は西洋との対外的な関係を第一の国家的な課題として、明治維新を実現し、新たな政策方針をさだめていったからである。時期を同じくする清末中国と明治日本は、めざすものからして、異なっていた。それは各々が直面した課題、すなわち当時の危機の質が同じでなかったこと、ひいては以前からの政治経済社会構造が異なっていたことも、意味している。そのギャップを一身に体現してゆくのが、ほかならぬ「督撫重権」の第一人者・李

恭親王（Spence, *The Search for Modern China*, pp. 228-229.）

鴻章であった。

第三部

近代日中の相剋

第9章　近代日清関係の始動

徳川日本の対外体制

本書はここまで、徳川日本の対外的な体制のことを、便宜的に「鎖国」と呼んできた。もっとも人口に膾炙して、わかりやすいと思ったからである。しかし学界では、その名称に疑いがさしはさまれて久しい。上にも見たように、松前・対馬・長崎・琉球のいわゆる「四つの口」を通じて、外とつながっており、国を鎖《とざ》したわけではないのだから、「鎖国」なる表現はあてはまらない、というにある。それに代わって用いられるのは、たとえば「日本型華夷秩序」という術語概念である。

ごく簡単に説明すると、日本・幕府は自らを「中華」、世界の中心とみなし、琉球や朝鮮など通交関係のある外国や、蝦夷地など周辺の地域を「外夷」と位置づけていた、というもので、当時の対外関係全体を表現しようとしている。

もっともこれには異論もあって、「華夷秩序」は本家本元の中国のそれが厳存しており、日本のほうは現実にあった「秩序」ではない、幕府が一方的に自他を「華夷」だと決めつけていただけであるから、「日本型華夷意識」と称すべきだ、という向きもある。「鎖国」にすっかり取って代わるような決定版は、まだないようではあるものの、ともかく内・自身を「華」とし、外・他者を「夷」とする認識が存在したことだけは、まちがいなさそうである。

徳川日本の自尊意識をあらわすこの「華夷」概念は、いうまでもなく儒教的世界観の所産で、中国から伝来したものである。しかしそれが、何の下地もなく、何の契機もなく、日本に定着したわけではない。そこには当時、少なくとも三つの条件が必要であった。

第一に、近隣の朝鮮・琉球との関係である。豊臣秀吉の朝鮮出兵で断絶していた朝鮮との通交は、対馬宗氏《そうし》の奔走で回復し、朝鮮の側が不定期に、通信使を徳川将軍のもとへ派遣する関係となって落ち着いた。琉球は一六〇九年、薩摩藩に征服され、事実上その従属国となる。ところが薩摩藩も幕府も、あえて琉球を異国と位置づけ、中国に対する貿易・情報入手の窓口とすると同時に、その使節を受け入れた。この朝鮮と琉球を「外夷」、その派遣使節を「朝貢使」と見立てることで、「日本型」の「華夷」がなりたちうるのである。

第二に、日本の中国に対する対等意識である。これはさかのぼれば、「日出づる処の天子」以来の自意識につきあたる。途方もない大国であるはずの中国に対し、屈しない、張り合いたい、という虚勢にも近い態度を、日本は歴史的に持してきた。これがたとえば、地続きで、中国の圧力・脅威、ひいては攻撃をまともに受ける朝鮮半島では、いくらそう考えたくても、現実には困難であろう。しかし海を隔てる日本は、それができた。その自意識が一七世紀になって、あらためて強まったのである。

国内的には、戦国時代以来の日本の富強化と自尊意識の高まりがある。朝鮮出兵という愚行をあえてやった、豊臣秀吉の誇大妄想にも似た世界構想も、その一例に数えられよう。そこに加わったのが、明清交代という一大事件の影響である。

その意味するところは、これまで「中華」であった明朝が亡んで、「外夷」満洲族の清朝が中国に君臨した、換言すれば、夷が華に取って代わった、という世界秩序の転換にほかならない。儒教的な道理として到底ありうべからざるこの事実は、儒教・漢字の文化圏に多大な思想的衝撃をおよぼし、中華が夷狄《いてき》になり果てた、あるいは、夷狄でも中華になれる、という観念を生みだした。上に言及したように、唐船風説書に「華夷変態」と命名されたのも、この観念の産物である。唐船の知らせてくる情報とは、とりもなおさず、「中華」の明朝が「夷狄」の清朝に態（すがた）を変えた中国の事情だった。日本が自身を「中華」と位置づけるのも、この時代思潮に乗じている。

第三は、それと関連する、現実の清朝との関係である。そもそも中華とは、文明の中心・世界の中心の謂であるから、唯一無二のもの、二つあってはおかしい。清朝は明朝の後継だから当然、中華を以て自任している。たとえ「日本型」であろうと、中華は中華であるから、もうひとつ中華があってはならない。論理的には絶対そうなるし、立場を変えて中国からみても、然りである。だからといって、それぞれ国内情勢もなお不安定な折しも、下手に問題をこじらせるわけにもいかない。そこで双方は政治的に、たがいの存在を見て見ぬふりをすることにした。

江戸時代、日本と清朝のあいだに公式な政府間の交渉がなく、中国から商人が長崎に渡来するだけの、一方的な通商関係であったことは有名である。日本側がそうした措置をとった直接的な動機は、キリスト教の流入を恐れてのことであり、しかも経済的に中国との貿易がやめられなかったことによる。けれども、それればかりではない。

典型的なのは、琉球をめぐる対応である。琉球王国は清朝の朝貢国であると同時に、薩摩藩の従属国だった。琉球の政府はそれぞれの関係を維持しながらも、一方との関係を他方に隠蔽している。日清ともにおそらくそれを知りながらも、一貫して不問に付した。「日本型」の「華夷」は、政治的イデオロギー的な中国という存在を、自らの視界から排除しなくては、成立しなかったからである。

日本人が自他を「華夷」と位置づける認識は、上の三条件が成熟するにしたがって定着し、二百年あまりのあいだ、破綻をきたさなかった。幕末に吹き荒れた「攘夷」の観念と活動は、そうした「華夷」認識定着の所産だといってよい。しかしそれが「攘夷」の貫徹とはならず、まもなく「開国」へ転換したのは、その「華夷」観念がしょせん亜流の「日本型」でしかなかったことを示している。

「華夷」の転換

その転換の契機は一八世紀後半にまで、さかのぼることができよう。たとえば松平定信政権のとき、北方から接近してきたロシアを「世界にならびなき強大国」と認識して、その交渉を通じて、対等な国家の対峙という世界観が、明確なかたちで打ち出されてきた。安政から慶応にいたる国際関係への適応と近代国家形成への出発も、こうした認識と世界観を抜きに、考えることはできまい。

そこには、国学と蘭学の成立と普及も、少なからず作用している。日本という自国のありようを探究して、中国至上主義的な観念を批判する国学が出現し、自尊意識の持ち方を変化させた。そしてまったく異なる対外秩序・世界観を背景とする蘭学が、「華夷」という対外的な関係のとりむすび方に疑問をなげかけ、外国を見る眼を変えた。国学にしても蘭学にしても、中国的な思惟の儒学に対するアンチテーゼにほかならず、中国批判であることは共通している。両者の勢力拡大は、形成当初からすでに矛盾をかかえていた、「日本型」の「華夷」という世界観を覆していった。

それでは、従前の「華夷」意識は「開国」・維新とともに、地を払って消滅したのか、といえば、そうはいかない。まず日本人は、日本語の運用に漢字をつかう。その漢字は儒教的な観念、あるいは世界観と切っても切り離せない関係がある。そのため言語表現と思考行動で、「華夷」意識を払拭できない局面もあった。韓国併合にあたって、「朝鮮」という「属国」の旧称を復活させて貶めたのは、その一例である。明治・大正・昭和ばかりでなく、ことによると、そうした思考様式は、いまも続いているかもしれない。

第二に、近代日本の領域的範囲の画定である。つまり、対内的にも対外的にも新たな体制をつくろうとする明治政府が、どこからどこまでを日本国内だと考えたのか、ということである。結論を先にいえば、それは徳川日本が「日本型」の「華」「夷」として意識した範囲にほかならない。その「夷」のうち、より従属的だった蝦夷地と琉球を自国の領土とみなして併合した。通交関係のあった朝鮮にも、特別な関心をいだきつづけ、ついには植民地とするにいたる。

しかしそれは決して、無条件に、何の抵抗もなく、すすんだことではない。琉球も朝鮮も、清朝と関係を有する国だったからである。「日本型華夷」の転換は、日本だけの問題ではありえなかった。好むと好まざるとにかかわらず、清朝中国がそれと関係せざるをえなかったのである。

清朝の対外体制

そこであらためて、清朝の対外関係のありようを、簡単にふりかえっておかなくてはなるまい。それはごく大まかにいって、「朝貢」と「互市」のくみあわせであった。前者は清朝中国と外国との政府間の儀礼通交、後者はそうした通交ぬきの貿易関係である。いずれも儒教的な「華夷」観念と不可分の関係にあって、国家間の対等互恵の観念、交際にはなりえなかった。それを西洋諸国が不満に思って、アヘン戦争・アロー戦争をおこしたわけである。それが必ずしも、所期の成果をもたらさなかったことも既述のとおりで、そのあたりが「開国」日本とおよそ対蹠的な展開である。

これも一八世紀後半の過程に、淵源がある。時期が下るにつれ、日本が蘭学・国学の影響で、「華夷」観念を相対化させたのとは逆に、自らの富強化に自信を強めた中国は、「華夷」意識を強めていった。その傾向はとりわけ、儒教イデオロギーを身につけた知識人エリート層において甚だしい。もちろん政府の為政者、あるいは主権者の皇帝も、その例外ではなかった。

こうした知識人エリート層は大なり小なり、地域社会・中間団体の指導者でもあったから、その構成員を容易に煽動、動員できる。そのため、強まった「華夷」の観念は、容易に「攘夷」の言行に転化し、ことあるごとに噴出した。アヘン・アロー両戦争のときもそうだし、のちにはたとえば、キリスト教布教をめぐって頻発する襲撃事件、いわゆる教案などの排外暴動が、その典型として数えられよう。それは少なくとも、一九〇〇年の義和団事変までつづくから、「華夷」の世界観とそれにともなう「攘夷」、排外の思潮・行動は、すこぶる根強く存続した。二〇世紀になってからの対外的な態度・姿勢を考える場合も、それを前提とみなくてはならない。

さてその「朝貢」と「互市」のくみあわせは、アロー戦争がおわって、西洋列強との平和が回復した一八六〇年以降になっても、基本的には変化はなかった。それまで「互市」だった西洋各国との二国間関係が、条約にもとづくものに置き換わっただけである。それは清朝にとっては「通商」、商を通ずることにすぎず、実務意識の上で「互市」と何ほども変わっていない。西洋人から外務省だとみなされた、新たな総理衙門も、そうした「通商」関連の案件を、首都で個別に受け付ける機関でしかなかった。だから、あらゆる外国との通交全体を専ら統轄する外務省とは、とてもいえない。その傍らには依然として、新規の「通商」とは異なる旧来の「互市」関係をもつ国もあれば、「互市」とは異なる「朝貢」関係の国も存在した。全体をみれば、なおも以前の継続だったのである。

清朝の日本観

日本は清朝からみて、その「互市」国のひとつであった。西洋諸国は中国に来て貿易するのに対し、日本は中国商人が長崎に出かけて行って貿易をおこなう、というちがいがあったけれども、朝貢をしない、政府間の関係をもたない、という点で共通していたから、「互市」のカテゴリーに入っている。

日本は中国にとって当初、きわめて重要な貿易相手であった。明代には銀の供給国として、銀産が減少したのち、清代に入ると、銅銭鋳造の材料となる銅の輸入先として、貿易を続けていたからである。一八世紀の前半、そうした日本との関係について、長崎に渡航する商人の根拠地・浙江《せっこう》省を治めていた総督の李衛《りえい》が、雍正帝に上奏した報告書がある。その一節をのぞいてみよう。〔 〕や取消線の添削部分は、雍正帝が手を入れたものである。

日本は小さな島にすむ夷狄だが、射程の長い銅製の大砲を有し、刀剣その他の武器も精鋭なので、明代にはしばしば沿海に侵入し、東方海上の強敵と称せられた。わが清朝が強盛なので、ずっとおとなしくしており、中国に侵入したことはない。康熙帝が関係官庁の意見を裁可なされ、日本との貿易では、中国商人が渡航しての取引を許しながら、向こうから来るのを禁止されたのは、深きお考えあってのこと。いま向こうで大金を惜しまず、無頼の輩《やから》をよびあつめて、中国の弓術を教練し、目的のわからない兵船建造を行っている。その邪心ははかりしれず、こちらのすきをうかがって沿海を掠奪しようとの企みがあるかもしれない。……日本は平素海戦に不得手なので、もし侵入してきても、となりの江蘇・福建《ふくけん》と連携し、海上で迎撃撃滅するつもりだ。その短所を攻めるので、きっと万全の勝利を獲て、宸襟《しんきん》を悩まさずにすむと思う。ただ厚利をくらわせて、下劣な愚民を誘惑するのが向こうの奸計で、貪欲な者は誰しもその術中に陥るのを免れないため、江蘇・浙江・福建・広東の不逞な輩は、すすんで向こうの腹心となって内通する者が少なくない。向こうがこちらの内情を探るのは容易だが、こちらが向こうの真相を知るのは、ひどく困難である。……愚見では、天朝は夷狄に対し、罪が明らか~~でなければ~~〔→にならないうちは、決して〕征討~~する必要があれ~~〔→してはならぬ〕。行跡がはっきりせず、害意が露顕しないかぎり、籠絡《ろうらく》して騒擾を未然のうちに防ぎたい。……（『宮中檔雍正朝奏摺《きゅうちゅうとうようせいちょうそうしょう》』）

雍正帝

ここからわかるのは、清朝では明代「倭寇」の弊に懲りて、日本とはむしろ直接には交わらない方針でいること、そこで中国商人の渡航取引は認めたけれども、日本からの渡航は謝絶していたことである。それは「倭寇」のような海上の軍事的脅威、さらにいえば、中国沿海民の内通と擾乱《じょうらん》を恐れたからであった。

要するに、日本とはすなわち「倭寇」だというイメージが定着先行し、まずこれを軍事的な脅威としてみる、という思考様式であったわけである。その思考様式を裏づけるものは、「倭寇」の時代にできあがって、なお存続する中国の社会構造であり、なればこそ、沿海民が気脈を通じる危惧を抱かざるをえなかった。

文面だけをみれば、李衛も雍正帝も概して穏健、かつ慎重であって、ことさら事態をこじらせるようなことはしていない。これはこの二人に限らず、先代の康熙帝をはじめ、清朝政府にほぼ一貫していえることで、慌てず騒がず、対日関係に不用意な深入りをしない政策方針だった。それで二百年を平和裡に過ごしたことを考えれば、冷静かつ賢明な選択だったというべきだろう。

もっともそれが、李衛も率直に語るように、過去の「倭寇」イメージに由来する不信の所産であって、当時の日本の実情をほとんど知らない、という事実は看過してはならない。これはやはり、徳川日本と清代中国の相互認識における情報格差を物語っている。中国の産品を輸入して日本の産物の輸出はほとんどない片貿易だったのと同様に、情報においても、いわば片貿易状態であった。中国事情が唐船風説書や琉球を通じて日本に伝わっても、日本のくわしい事情は中国に伝わらない。日本は中国のことをそれなりに知っていたのに対し、中国側の対日知識は、量においても質においても比べものにならなかった。

しかも一八世紀も下るにつれ、日本の銅輸出が急減し、また中国産品の国産化がすすむと、貿易そのものが衰退してくる。明代以来の経済的な日中の紐帯は弱まって、交流そのものが絶えることはなくとも、そのパイプは太いものではなくなった。中国側の対日意識は、いよいよ低くならざるをえない。そうしたなかで、日中双方は一九世紀半ばの「西洋の衝撃」を迎えた。

対日政策の形成

中国に対する「西洋の衝撃」を、当事者ならざる日本は、過敏といっていいほどに感じた。アヘン戦争・アロー戦争・太平天国など、中国内外の動乱に関する情報を、長崎・琉球の窓口からかき集めており、『海国図志』が大きな影響を与えたのも、その一例である。日本はそこで知りえた中国の外政・内政を反面教師にして、来るべき「開国」に臨んだといっても過言ではない。アヘン戦争の情報は、日本の対外的な危機感を高めて、「開国」への準備をうながしたし、太平天国は内乱の勃発を危惧せしめ、紊乱《びんらん》した内政への警鐘とうけとめるとともに、ひいては、外患を派生しかねないことの懸念をもかきたてた。

一八六二年（文久《ぶんきゅう》二年・同治元年）五月と一八六四年（元治《げんじ》元年・同治三年）三月、徳川幕府は海外貿易振興のため、それぞれ千歳丸《せんざいまる》・健順丸《けんじゅんまる》という貿易船を上海へ派遣した。所期の目的は達せられなかったものの、高杉晋作《たかすぎしんさく》・五代才助《ごだいさいすけ》（友厚《ともあつ》）をふくむ同行の人々が、当時の中国を実地に見聞して、かれら自身に、ひいては以後の維新への歴史に大きな影響を与えたことは、周知のとおりである。もっとも、こうした清朝・中国へのアプローチそれ自体は、必ずしも以後に接続しない。日本全体としてみれば、貿易あるいは経済的に大きな利害が、まず中国にあったわけではないからである。

これに対し、清朝の側はどうであったか。この千歳丸・健順丸の来航に、上海当局は少なからず驚いたらしく、前例のない事態に対処しあぐねた、というところだった。当面はひとまず、すでに条約を結んだ列強、およびそれに準じて貿易を行っている西洋諸国の先例に応じて処理することにしたものの、恒久的に日本をいかに位置づけるのか、という態度が、このとき明確になったわけではない。日本の政府当局がひきつづき、上海での接触・貿易・交渉をこころみなかったので、清朝側の対処・方針も、以後に連続するものではなかった。

ただ注目に値するのは、久しく意識にのぼっていなかった日本という存在を、清朝の当局がこのときあらためて認識したこと、またそれ以上に、くわしく知ろうとしたことである。そしてそこに旧来のパターンが、当時の情況と絡み合いながら、復活してきたことが重要だろう。

健順丸が来航したとき、上海を治める地方大官は、江蘇巡撫の李鴻章で、南方の開港場を統轄する通商大臣をも兼任していた。おそらく千歳丸・健順丸の来航に触発されてであろう、かれは日本に関する情報を上海の英字新聞などから収集して、それなりの日本観を形づくるようになった。健順丸が上海を離れたのち、一八六四年六月に、李鴻章は総理衙門に書翰をおくって、次のように述べている。

> 以前にイギリス・フランスなどは、日本を「外府」とみなし、ほしいままに誅求《ちゅうきゅう》したので、日本の君臣は発憤してたちあがった。宗室と大臣の聡明優秀な子弟を選抜して、西洋の武器製造工場に派遣し、各種の技術を学ばせ、さらに武器を製造する機械を購入して、自国で模倣製造を始めた。いまやすでに汽船を動かし、榴弾砲を製《つく》り使いこなすことができるようになっている。去年イギリスが武力で恫喝したさい、その恃《たの》みとする利器は、日本もすでにその長所をわがものとして、あわてふためくことがなかったので、イギリスもどうすることもできなかった。いったい、いまの日本は、明代の倭寇にほかならない。西洋には遠く、われわれとは近い。われわれが自立できれば、日本も味方になって西洋の弱味をうかがうだろうが、自強できなくては、西洋とぐるになってその分け前にあずかろうとするだろう。（『籌辦夷務《ちゅうべんいむ》始末《しまつ》』同治朝）

幕末日本の西洋兵器導入の努力のみならず、生麦《なまむぎ》事件から薩英戦争への経過をもつかんでいる。当時リアルタイムの日本事情をここまで把握していたのは、上海という地の利をえた李鴻章とその周辺の人士しか、おそらくいなかったであろう。すでに清朝随一の日本通というべきだが、しかしそこには、ひとつのパターンがみてとれる。

李鴻章じしんは淮軍の総帥で、当時これをなるべく強力にするため、武装の近代化をすすめていた。そのために日本の軍備の西洋化推進にも、少なからず関心をもった。これは新しい局面である。だがそれと同時に、百三十五年前の李衛・雍正帝のときと同じように、日本を「明代の倭寇」とみて、中国に対する軍事的脅威になりかねない、との危惧をも示している。つまり、新たな西洋との関わりにおける古い「倭寇」。これが清末中国の基本的な日本イメージだったといってよい。

というのも、それが李鴻章という一地方大官のみかたにとどまらなかったからである。典型的な事例をあげよう。一八六七年初頭、香港に滞在していた八戸順叔という日本人が新聞に寄稿した記事のために、日本・清朝・朝鮮のあいだで、一種の外交問題がもちあがった。その記事の要旨は、火器や汽船の導入に積極的で、イギリスへ留学生を派遣している、という日本の国情を述べたうえで、朝鮮国王は以前、五年に一度、江戸の徳川将軍に「朝貢」していたが、これを廃して久しいので、将軍は問罪のため、朝鮮への派兵を計画している、というものである。その情報をえた総理衙門は上奏におよび、清朝から連絡をうけた朝鮮政府が日本に説明を要求、幕府は事実無根だと回答して、事件はそれで落着した。そのさい総理衙門が上奏した文面に、日本は前代明朝のときは倭寇であって、江蘇・浙江の沿海地方をあまねく蹂躙《じゅうりん》したばかりか、朝鮮にも手をのばし、ことあるごとに夜郎自大の心をもち、ながらく中国に朝貢してきたことがない。……最近、日本は敗戦し、英仏の国々と和解した。まもなく発憤し、軍艦製造を学び、各国と交際しているのは、大それたことを考えているにちがいない。……もし英仏などが朝鮮に出兵するのであれば、その目的はキリスト教布教と通商にすぎないし、たがいに牽制しあってもいるので、朝鮮を占領して土地を奪うようなことはあるまい。しかし日本は牽制されることもないから、その土地を貪りかねない。もし朝鮮が日本に占領されれば、日本は中国と隣接してしまい、切実に憂慮せねばならない事態になる。日本にとって布教と通商はどうでもよい。……このように、朝鮮が日本軍に攻撃をうけては、フランスとは比べものにならないほど、ひどい外患になるだろう。（『清季中日韓関係史料《しんきちゅうにちかんかんけいしりょう》』）

とある。「倭寇」を根拠にする脅威の位置づけは、李鴻章の場合と変わらないけれども、ここでいっそう注目すべきは、豊臣秀吉の朝鮮出兵という故事も手伝って、日本を朝鮮半島の脅威ともみなした、という点である。

この前年に、フランスがキリスト教に対する迫害問題に端を発して、朝鮮へ艦隊を派遣して武力行使におよんでいた。いわゆる丙寅洋擾《へいいんようじょう》である。つい最近そうした事件があったなかで、西洋列強よりも日本をいっそう憂慮すべき存在とした。けだし西洋と日本とでは、中国との関係の性質が、歴史的・地政学的に異なっていたからである。

「倭寇」の記憶から、日本を朝鮮半島・東南沿海の潜在的な軍事的脅威と位置づけ、幕末維新の西洋化によって、その脅威に対する警戒感がいやます、という論理だった。それは必ずしも、現実実際の日本の全体像をつぶさに調査理解したうえでのものではない。以後一八七〇年代の清朝の対日政策は、こうした認識と感覚が基礎となっている。

日清修好条規

一八七〇年九月、外務権大丞の柳原前光《やなぎわらさきみつ》を長とする明治政府の使節団が、天津にやってきて、日清間の国交樹立と条約締結を申し入れた。折しも直隷総督に転任した李鴻章が、柳原らと面会協議した結果、その申し入れに賛意をあらわし、北京朝廷につよく勧めたため、清朝の側でも日本と条約を締結する方針が定まる。翌七一年七月末、大蔵卿の伊達宗城《だてむねなり》を全権とする使節団が、ふたたび天津に来て、李鴻章と本交渉をおこない、九月一三日に両者の間で、日清修好条規が調印された。この日清修好条規は最恵国待遇条項がなく、領事裁判権も相互に認めあうなど、日清それぞれが当時、西洋列強に強要された不平等条約とは異なって、対等の関係で結んだ条約である、といわれている。

けれども、ここまでにみてきた経緯を考えあわせると、日清修好条規の締結というのは、日清双方にどこまで経済的・政治的な必然性があったか、たがいにどこまで緊急性を感じていたか、あるいは不可欠とみなしていたかどうか、いささか疑わしい。当時の日本に多くの華人が渡来、居留しており、かれらをいかに管理して不法を取り締まるか、という問題があったことはまちがいないし、それに関わる規定は、確かに日清修好条規に存在する。しかしそれが交渉締結をめざした第一の課題だった、とはとうてい思えない。修好条規の調印以後も、その問題は日清の間でずっと争論になって、解決をみなかったからである。

すなわち、日清修好条規の交渉は、多分に外在的な契機ではじまったものなのである。交渉をもちかけた日本側は、条約改正を目標とする西洋諸国との関係が第一の優先課題であって、それとの関わりで、清朝と西洋的な国際関係をとりむすんだほうが有利だ、とみたにすぎない。そこであわよくば、清朝と提携ができるなら、それにこしたことはなかった。日本側の動機は当時、その程度の認識にもとづくものであって、必ずしも清朝中国との、二国間の懸案・課題に導かれたわけではない。

日清の条約締結に、必然性や積極的な動機がないことでは、清朝側は日本以上であった。もともとこの交渉は、柳原使節団の申し入れを受けてはじまったものだから、清朝側の発案ではないし、その当初も北京の総理衙門は、条約を結ぶ必要を否定していたくらいである。それにもかかわらず、条約交渉に前向きになったのは、ひとえに日本通であった李鴻章の主張による。

日本はまた、費用を惜しまず、西洋の機械・軍艦を購入し、精密鋭利な銃砲を模倣製造している。小国だから人材がいない、とあなどってはならない。日本は江蘇・浙江からわずか三日の距離しかなく、中華の文字にも精通しており、ほかの東洋の諸国とくらべ、その軍備は強力だから、連合して中国の外援とすべきであって、西洋人に「外府」として利用させてはならない。(『李文忠公全集《りぶんちゅうこうぜんしゅう》』訳署函稿)

以上その日本認識は、兵器の「模倣製造」「外府」などの表現が示すように、さきにみた一八六四年の書翰と、ほとんどかわっていないことがわかる。

日本は近隣にあって「自強」しているがために、軍事的な脅威になりうる、という認識が前提としてあって、そこで敵にまわしてはならぬ、という判断がでてくる。条約の締結を求めてきた以上、「籠絡すれば味方になるかもしれないが、拒絶すれば必ず敵対するだろう」とみなした。同じ「互市」国である西洋列強も、それまでは暴虐だったけれど、条約を結んで、これを守っていさえすれば、おとなしくしている。西洋を模倣する日本も、条約を締結して「籠絡」すれば、その脅威をかわせよう。それればかりではない。日清に同じく圧迫を加えてくる西洋列強に対抗するにも、提携相手として役立てうる。もっともそんな日本との条約は、いきさつも国情も異なるため、英・米・仏・露などと締結した条約と同じ内容であってはならない。李鴻章の意見にもとづいて、清朝の側はおおむねこのような交渉方針でまとまった。

その方針に裁可を得るや、李鴻章はめざましい実務能力を発揮した。柳原使節団と会談したさい入手した日本側の条約草案を分析反駁、換骨奪胎して、新しい草案を起草し、それを本交渉の原案に位置づけて、日本側が示した日本に有利な草案を却《しりぞ》け、終始みずからのペースで交渉をすすめ、ほぼ思いどおりの条文を日本側にのませることに成功したのである。

修好条規のねらい

そのうち、清朝側の考え方がもっともよくあらわれている条文を、二つ検討しよう。まず第二条である。

両国好《よし》ミヲ通ゼシ上ハ、必ズ相関切ス。若シ他国ヨリ不公及ビ軽藐《けいびょう》スル事有ル時、其知ラセヲ為サバ、何レモ互ニ相助ケ、或ハ中ニ入リ程克《よ》ク取扱ヒ、友誼ヲ敦《あつ》クスベシ。

ことさら友好と相互援助をうたう文面は、この当時、欧米に対抗する日清攻守同盟の企図がある、と周囲に解せられた。実際にアメリカなどから抗議もあったため、日本政府は西洋列強の猜疑を恐れて、この条文の削除を求め、軍事同盟ではない、とする清朝側の補足説明を得て、ようやく批准することにしたのである。日清修好条規は日清の対等関係ばかりではなく、日清の提携をも企図した条約だった、とする学説があり、それはこの条文の存在による。

たんに日清の提携というだけなら、日本の側にもその意思はあった。しかしどのように、いかほど提携するかは、また別の問題である。清朝側は上にみたとおり、西洋に対抗する「外援」として、日本を役立てようとした。それには、日本を西洋から引き離したうえで、清朝と「連合」しなければならない。清朝側にとっては、日清の「連合」はあくまで「西洋人を制する一法」であったから、周囲の解釈はまさしく清朝の企図に即したものだった。しかしそれは、欧米との関係悪化を避け、条約改正を志向していた当時の日本の利害に反する。明治政府があわてて清朝に抗議したのも、当然だった。そして日本の抗議で清朝の企図も効力を失ったから、この第二条は以後、何の影響力ももたなくなる。これでは、日清修好条規が日清提携の条約だとはいえまい。

第二は第一条で、以後の推移から見ると、こちらのほうがいっそう重要である。文面は以下のとおり。

此後大日本国ト大清国ハ、弥《いよいよ》和《わ》誼《ぎ》ヲ敦クシ、天地ト共ニ窮《きわ》マリ無《なか》ルベシ。又両国ニ属シタル邦土ハ、各礼ヲ以テ相待チ、聊《いささかも》侵越スル事ナク、永久安全ヲ得セシムベシ。

とくに後半部分は、ひとことでいえば、相互不可侵の規定である。しかしそこにこめた清朝側の意図は、それほど単純ではない。以下はこの文面を起草した李鴻章の部下のひとり、陳欽《ちんきん》のコメントである。

日本は朝鮮と近接しており、両国の強弱は『明史紀事本末《みんしきじほんまつ》』を読めば明らかだ。最近ふたたび日本は朝鮮をうかがっていると聞く。その野心を逞しくし、朝鮮を併合しようものなら、わが奉天《ほうてん》・吉林《きつりん》・黒龍江《こくりゅうこう》は防壁が失われてしまうので、あらかじめ対策を立てておかねばなるまい。いま通交を求めてきたので、それに乗じて条約を結んでおけば、永久的な安全は無理でも、牽制の役には立つだろう。とはいえ、あからさまに朝鮮と名指ししては都合が悪いので、概括的に「所属邦土」と言うことにした。
（王璽《おうじ》『李鴻章与中日訂約《りこうしょうとちゅうにちていやく》』）

つまりこの条文は、漠然とした友好・相互不可侵のとりきめではなく、日本が朝鮮に侵攻しないようにする、という具体的なねらいを有したものだった。論理は四年前、八戸事件における総理衙門の上奏とまったくかわらない。もっとも条文で「朝鮮」と明言したり、そのためだけに条項を設けては、露骨に失して猜疑を生じるため、このような文面になったのである。

「属シタル邦土」「所属邦土」は、清朝側の企図・解釈では、直接の統治下にある中国のみならず、朝鮮など「朝貢国」も含むものだった。朝貢をおこなえば儀礼上、上下の関係が生じるから、それぞれを「上国」「上邦」、「属国」「属邦」とも称するからである。

しかし日本の側は最後まで、それをとらえることができなかった。日清修好条規を締結した使節団は、第一条の「所属邦土は、藩属土を指すに非ず」と報告していた。そのくわしい理由・経緯はわからない。確かなのは日本が当初から、「所属邦土」には清朝の「朝貢国」「属国」を含まない、と解釈していたことであり、それは最後までかわらなかった。朝鮮など「属国」の問題をまったく考慮に入れないところ、清朝との根本的な矛盾が存在している。

このようにみてくると、日清修好条規は日清対等の友好関係、あるいは提携をめざした条約というより、このとき厳然と存在していた日清間の矛盾を、そのまま内包するものだったとみるほうが、肯綮に当たっている。これ以後、日清の対立が絶えなくなるのも、その必然的な帰結ともいえよう。

いまひとつ注目すべきは、清朝の条約観の変化である。清朝にとって条約とは、アヘン戦争以来「互市」のカテゴリーのなかで、その貿易相手国と個別にとりむすぶものにほかならず、ほかの国々、ましてや「互市」以外の「朝貢」のカテゴリーとは関わりのないものであった。ところが、日清修好条規が「朝貢国」の朝鮮を、日本に併合させない目的で結んだ条約だという事実は、当時の清朝をめぐる国々のなかで、いかに日本が特別な存在、いな脅威であるか、そして日清修好条規が当時の条約としては、いかに特異なものだったか、を示している。

さらにそうした「朝貢国」と条約の関連・結合という特例が、以後やはり日本との関係・交渉・対立を通じて、むしろ通例と化してゆく。日清ともに積極的ではなかった日清修好条規は、できてしまった以上、以後の推移を規定するものとなった。

第10章　日清対立の深化

台湾出兵

　この日清修好条規調印の四ヵ月後、琉球宮古島《みやこじま》の船舶が遭難して台湾南端に漂着、先住民「生蕃《せいばん》」に襲撃をうけ、乗員五十四名が殺害される事件がおこった。日本政府は一八七三年、日清修好条規の批准交換を行うため、外務卿副島種臣《そえじまたねおみ》を特命全権大使として中国に派遣した。副島はそのさい、この台湾事件についても、随員の柳原前光を総理衙門に派遣して協議させている。

　すでに述べたとおり、琉球は江戸時代から、薩摩藩に従属していた。明治政府もその実績のうえにたって、前年の一八七二年、琉球国王を琉球藩王に封じて、その外交権を接収している。琉球を近代国家日本の一部にする手はずは、着々とすすんでおり、台湾事件の協議もその一環であった。

　総理衙門はこの会談で、琉球王国は清朝の「属国」であり、琉球国民は日本人ではない、と表明すると同時に、「生蕃」は「化外《けがい》」である、ということを述べている。「化外」とは、天子の教化の外にある、換言すれば、清朝政府が直接に支配干渉しない土地・人々のことで、だから懲罰できない、という意味になる。総理衙門はくわえて、台湾に対する日本の行動を牽制するため、日清修好条規第一条「所属邦土」不可侵条項の準拠を副島種臣に確認した、とも同治帝に報告している。

先に行動を起こしたのは、日本である。日本政府は一八七四年五月、総理衙門が表明した「化外」を、国際法上の「無主ノ地」とみなし、自ら「生蕃」の責任を追及する、という理由で台湾に出兵した。琉球人は日本人であり、その日本人に加えられた危害は、その地を治める政府が、日本に責任を負う。台湾が清朝の支配下にあるなら、清朝が責任をとるべきだが、「化外」なので責任はとれない、という。だから出兵した、というのが日本の論理である。目をとめておきたいのは、日本は出兵のはじめから一貫して、「化外」解釈の規準を国際法に求めた、という点である。

清朝はこの台湾出兵に大きな衝撃を受け、日本に対してますます警戒と猜疑を深める。その論理は「日本が軍事行動を起こしたのは、明らかに条約に背く」というにあった。つまり台湾出兵は、日本と清朝との間で締結した日清修好条規に違反するから、正当化できない、なぜ違反するかといえば、その第一条に「所属邦土」は不可侵とするとあり、それは批准交換のさい、副島種臣も確認したにもかかわらず、清朝に「属」する台湾を武力侵攻したからである。

こうして日清の対立は深まった。とはいえ、日本の台湾での軍事行動は、決して円滑にはすすまなかったし、清朝側には日本に対抗し、屈服させることができるだけの軍備がなかったから、双方ともに破局は避けたいところである。そこで日本政府は、一八七四年八月、参議大久保利通《おおくぼとしみち》を北京に派遣して、和平交渉をおこなわせることにした。

しかしその交渉は難航した。総理衙門と会談・文書往復を重ねながらも、合意にいたらなかったのである。では、それをはばんだ根本的な対立点は、どこにあったのであろうか。例として、交渉のさなか、九月二七日に日本側が提出した文書と同月三〇日に清朝側が提出した文書をみてみよう。

前者は国際法に依拠して、「生蕃」が清朝に属していない、と主張した。それに対し、後者は「所属邦土」をどのように治めるかは、清朝が「俗に因《よ》つて宜しきを制」して決めるべきもので、他国が「臆測」や「傍観」で、「猜疑」や「詰難」はできない、ゆえに台湾は清朝に「属」する、と主張した。日本はあくまで国際法を適用し、清朝はあくまで日清修好条規に依拠したのである。

双方ゆずらず、決裂寸前にまでこじれた交渉は、けっきょく一〇月末日、イギリス公使ウェードの調停で、かろうじて妥結した。日本の出兵を「保民の義挙」、琉球の遭難民を「日本国属民」とみとめ、その遺族に対する「撫恤銀《ぶじゅつぎん》」十万両を支払うなど、清朝側が譲歩したかたちである。日本軍も同年一二月、台湾から撤退した。

江華島条約をめぐって

しかしこうして、台湾出兵問題はひとまず解決しても、根本的な対立は解消しなかった。両者の係争点は、直接的には台湾の地位と出兵の是非だったが、より原理的には国際法と日清修好条規との矛盾だったからである。

日本側はあくまで西洋流の国際関係の樹立を目的として、日清修好条規を締結した。その前提として存在したのが、西洋の国家観念であり、また国際法である。だから二国間の条約よりも国際法が優先し、自他いずれにも適用されてしかるべきだとみなした。

それに対し、清朝にとっては、西洋との条約も、日本との日清修好条規も、あるいは国際法も、その間に優劣はなかった。いずれもその拘束力で、相手をおとなしくさせ、自らに危害を加えさせないようにする手段だったのである。したがって西洋的な国際関係や国家観念を、自他一律に適用するいわれもない。

そもそも清朝が日清修好条規第一条で、「所属邦土」不可侵を規定したのは、朝鮮への侵攻を未然に防ぐためであった。朝鮮をさすその「所属邦土」が、台湾の「生蕃」にも適用された、という事実は、朝鮮と「生蕃」とが、清朝から見て、共通する属性を有していたことを示している。それは在地在来の秩序に手をふれず、在地に委ねる、という清朝の統治原理によって付与されたものである。

朝鮮については、このときすでに表明ずみであった。一八六六年、朝鮮がフランスの侵攻を受けた丙寅洋擾で、清朝は朝鮮がみずからの「属国」であり、しかもその内政外政は朝鮮政府の「自主」だ、とフランス公使に通告している。これを「属国自主」と呼ぼう。朝鮮で「属国自主」として表明された属性が、台湾の「生蕃」の場合には、「化外」という表現になったわけである。「化外」の「生蕃」を「所属」とするのは、「自主」の朝鮮を「属国」とみなすのと同じ論理であり、いかに直接の統治を及ぼしていなくとも、それが自らに属さないことにはならない。日清修好条規第一条はそうした原理にもとづいて成り立っているものだった。だからその適用は、台湾出兵のみでおわるべくもないのである。

清朝の当局者が元来、日本に対し、もっとも危惧していたのは朝鮮への侵攻である。そのため台湾出兵のさなかにあっても、日本が朝鮮を侵略するかもしれない、と懸念しつづけ、日本は台湾から撤退したのちは、朝鮮に武力行使するおそれがある、と朝鮮政府に通告した。

そこで日朝関係の展開に目を向けておく必要がある。徳川時代の日朝関係は、朝鮮通信使が不定期に来日して、将軍と国書の交換を行い、日常的な貿易通交は、対馬藩が独占的に担当する、というものだった。いいかえれば、日本の幕藩体制を前提とした関係のもち方であったから、幕藩体制が消滅すれば、日朝関係そのものが変わらざるをえない。しかしその再編は、円滑にはいかなかった。
明治維新を達成すると、日本は朝鮮に王政復古を通知する文書を送った。すでに主権者が徳川将軍から天皇に代わっているので、書式も異ならざるをえない。けれども朝鮮当局は、まさにその書式が従前と違うことを理由に、文書の受理を拒みつづけた。日本の政体が変化したとて、朝鮮の側に旧来の対日関係をあらためるいわれはなかったからである。こうして日朝間の対立は解けないまま、一八七四年を迎え、日本は台湾に武力行使をおこなって、清朝との難しい交渉に臨むことになった。

清朝の当局者はこのとき必ずしも、以上のような日朝間の対立を知悉していたわけではない。たんに日本の潜在的な脅威を恐れ、風聞をとらえて、朝鮮に警告を発しただけである。にもかかわらず、この通告は朝鮮政府に少なからぬ衝撃を与えた。それまでずっと文書の受理を拒絶していた朝鮮政府が、軟化して日本との交渉に応じたのは、これをひとつのきっかけとしている。

ところがその交渉も、まもなく暗礁に乗り上げてしまう。業を煮やした日本側は軍艦による武力示威で、事態の打開をはかった。一八七五年九月の江華《こうか》島《とう》事件とそれにつづく翌年二月の江華島条約（日朝修好条規）調印である。日本はすこぶる強引な方法で、ようやく念願の条約締結を果たした。

この条約は第一条に朝鮮を「自主の邦」であると定め、日本に有利な条項をふくむ不平等条約である。日本はこれで、日朝関係を西洋近代の規準に合致する国際関係としたつもりだった。が、朝鮮も清朝も必ずしもそのような見解をとらず、本格的な対立は、むしろここから始まる。

森・李会談

日本政府は江華島事件をひきおこすと、それを自らに有利に解決するため、朝鮮に交渉使節を送るとともに、北京にも特命全権公使森有礼《もりありのり》を派遣した。朝鮮と密接な関係をもつ清朝の動向をさぐり、また難航する日朝交渉打開のため、清朝の調停を依頼するのが、その任務である。

一八七五年末、北京についた森有礼は、まず総理衙門とくりかえし協議をもった。総理衙門がこの交渉で主張したのも、やはり日清修好条規第一条である。その「所属邦土」不可侵の規定にもとづいて、朝鮮に対する日本の武力行使をとがめ、さらに、朝鮮は外政が「自主」なので、清朝はそれに干渉できない、だから日朝間の調停にも協力できない、と森有礼の要請をことごとく断った。台湾出兵当時とまったく同じ論理であり、清朝側は依然として、日清修好条規の有効性を認めていたことがわかる。

それに対し、森有礼のほうもやはり台湾出兵時の日本と同じく、日清修好条規第一条の有効性をみとめない立場だった。そのためかれは、総理衙門の主張にことごとく反撥、失望して、直隷総督兼北洋大臣李鴻章と会見することにした。

森有礼が李鴻章に交渉相手をかえたところで、総理衙門が主張した日清修好条規の「所属邦土」不可侵条項を案出したのは、当の李鴻章とその部下であるから、その主張がかわるはずはない。ところがこの会談の結果は上首尾で、少なくとも森有礼は、すこぶる満足であった。その理由はよくわからない。李鴻章が必要以上にことをあらだてないよう配慮したことも、おそらくあずかって力があっただろう。それとは別に、ひとつ指摘するとすれば、日清双方が会談結果をどうみたか、という問題がある。

この会談記録には、日本文・漢文それぞれのテキストがあって、双方をつきあわせると、見のがすことのできない齟齬が存在する。その最たるものが、日清修好条規第一条に関わるくだりにほかならない。まずは漢文テキストをみよう。

李「日清修好条規に「所属邦土」と明言してあります。もし朝鮮を指さないのだとすれば、どの国を指していましょうや。総理衙門のいうことにまちがいはないのです」

森「たしかに「所属邦土」の文言がありますが、語義がはなはだ曖昧で、朝鮮のことを属国とも

森有礼

記載しておりませんから、日本の臣民はみな、「所属邦土」は中国の十八省の意味であって、朝鮮はやはり「所属」のなかに入っていない、と思っております」

李「将来、条約を改正するときには、「所属邦土」という語の下に「十八省及び朝鮮・琉球」と書き込みましょう」

つぎに日本文。

李「朝鮮ノ事ニ就《つい》テハ、拙者急ニ一書ヲ総理衙門ニ致サン。嚮《さ》キニ我政府貴翰ニ答フル書中ニ、条約中和親ノ条款、即チ双方互ニ領地ヲ侵ス事ヲ禁ズル条款ヲ援引セシハ、我政府ニ於テ、少シク軽忽《けいこつ》ノ事ナリキ」

森「其一語ヲ拝聴シ、実ニ怡悦ノ至ニ堪ヘズ。切ニ望ムラクハ、貴政府ニ於テ、充分我政府ノ真意ヲ解得アラン事ヲ」(『新編　原典中国近代思想史』第2巻)

漢文テキストでは、「所属邦土」が中国の「十八省及び朝鮮・琉球」である、と解したうえで、それを適用したい、というのに対し、日本文のほうは、朝鮮問題に対し「双方互ニ領地ヲ侵ス事ヲ禁ズル条款」を適用したこと自体を、李鴻章が「軽忽」だとみなした、と記す。まったく逆の解釈だといってよい。

なぜたがいにこう解したのかは不明である。ともかくこのように、双方が自らに都合のよい解釈をすることで、朝鮮の地位をめぐる日清の対立は、ひとまず回避された。もちろん、両者の根本的な矛盾は残ったままである。

漢文テキストにみえる李鴻章の発言は、現行の日清修好条規第一条をただ適用するだけでは、必ずしも有効ではない、という意味でもあるから、かれはこのとき、さらに立ち入った対策の必要性を感じはじめていた。まもなくそこにもちあがったのが、いわゆる「琉球処分」の問題である。

琉球処分

台湾出兵によって、清朝に琉球人を「日本国属民」とみとめさせた日本は、一八七五年、琉球政府に対し、清朝との朝貢関係の廃止・明治年号の使用などの要求を一方的に押しつけた。そのため、琉球から中国への朝貢船の派遣はとどこおり、清朝の側もそれを察知する。折しも日本に常駐する初代の外交使節として、何如璋《かじょしょう》が任命派遣された。一八七七年末に着任したかれは、日本の内情をさぐりつつ、明治政府との交渉に着手する。

何如璋は日本政府に強い姿勢で臨むと同時に、本国にも強硬策を進言した。具体的にいえば、武力示威をもって、琉球に朝貢を強要するのを「上策」、琉球に救援を約して日本に抵抗させ、清朝も武力行使を辞さないのを「中策」、武力の行使にはふみきらず、交渉に徹して、日本に非を認めさせるのを「下策」とする三策である。かれがこうした強硬策を立てたのは、日本が琉球に強要していた朝貢の停止を何より重視し、その撤回を求めたからである。このまま放置しては、ゆくゆくは琉球の「滅亡」を導き、朝鮮にも影響が及びかねない、という認識だった。

本国の李鴻章はこれに対し、琉球問題への深入りは控えようとする姿勢で一貫していた。おそらく軍備をあずかる立場として、戦争につながりかねない紛糾を避けたほうがよい、とする判断だったのであろう。とるなら何如璋のいう「下策」をよしとした。

だからといって、二人の方針が根本的に違っていたわけではない。二人とも琉球王国・「属国」の存続という目標は共通していた。そのためにどうすればよいか、その情況認識と対策方法が異なっていたのである。李鴻章はそこで、またもや日清修好条規の援用を求めており、台湾出兵・江華島事件のときと同じく、まず日清修好条規を用いようとの思考様式が、依然としてあったことは見のがせない。

結果からいえば、二人とも見通しは甘かった。何如璋が一八七八年一〇月七日に抗議を申し入れると、日本政府は無礼な言辞があったとして反撥し、態度をいよいよ硬化させて、翌年三月に廃琉置県を断行する。「下策」を試みたところ、それだけで日本が琉球を「滅亡」に追いこんでしまったわけである。

この「琉球処分」は、清朝にとって衝撃であった。もっとも恐れていた「属国」の「滅亡」が、ついに現実となったからである。日清の対立が深まるなか、あらわれたのがアメリカ前大統領グラントである。世界周遊中だったグラントは、一八七九年の五月から七月にかけて中国と日本を訪問、そのさい日清双方に和解を促したため、いわゆる分島・改約交渉がはじまった。

分島・改約とはごく簡単にいえば、日本が領有する琉球諸島の南半を清朝に割譲し、その見返りに、日清修好条規を日本の有利な方向で改訂する、というものである。こうした条件は、およそ清朝側の希望にはそぐわなかった。望んだのは琉球王国・「属国」の維持だったからである。

李鴻章あるいは何如璋の態度からもわかるように、必ずしも琉球そのものを清朝の当局者が重視していたわけではない。琉球という「属国」の「滅亡」を許しては、その前例が同じ「属国」である朝鮮にもおよぶかもしれない。その危惧が清朝の側を動かしていた。琉球の分割領有では、「滅亡」という事態はかわらないのである。

グラント

日本側の関心は、来るべき西洋列強との条約改正の障碍をとりのぞくべく、日清修好条規の通商に関わる規定をあらためることであった。このように、双方の利害関心がまったく異なった次元にあったため、分島・改約交渉はいっこうに進捗《しんちょく》せず、日清戦争にいたるまで、この問題は暗礁に乗り上げたままとなる。

それでは、この「琉球処分」の過程で、清朝が得た教訓とは何だったのか。それは従前のやり方では、「朝貢国」「属国」の「滅亡」を防げない、いっそう端的にいえば、日清修好条規第一条、「所属邦土」不可侵の規定に効力がないのを自覚したことである。たびかさなる日本との直接交渉の結果は、いうまでもないだろう。外国に対しても、そうであった。グラントに調停を依頼した会談でも、李鴻章はふたたび日清修好条規第一条を援用して、日本の非を鳴らそうとしたけれども、グラントはまったく動かされなかったのである。李鴻章はじめ清朝の当局者も、その限界を悟ったのか、これ以後、日清修好条規第一条を適用しようという試みはみられなくなった。

それでは、日清修好条規第一条が目的とした、朝鮮侵攻に対する抑止は、どのように実現すればよいのか。そこで出てきたのが、琉球の二の舞にならないように、朝鮮に西洋諸国と条約を結ばせる、という提案である。朝鮮が西洋列強と条約をむすんだならば、日本はその列強をはばかって、朝鮮に軽々には手出しできなくなろう、との企図による。「属国」の「滅亡」を阻止するのだから、目的・機能としては、日清修好条規第一条に代わるものにほかならない。

しかし取るべき手段が異なれば、日清修好条規がもとづいていたコンセプトも、一定の改編が避けられない。一八七〇年代には、台湾出兵のさいも江華島事件も、あるいは「琉球処分」にしても、「生蕃」・朝鮮・琉球の統治に立ち入らないのが、そのコンセプトの中核にあった。それがどのように変わるのか。これが一八八〇年代に入っての清韓関係の再編と、それにともなう東アジア国際政治の新たな展開にむすびついてゆく。

朝鮮の条約締結と壬午変乱

清朝当局者の勧めに応じて、朝鮮政府がアメリカとの条約締結に向け動き出したのは、一八八一年の末。朝鮮の使節が天津に北洋大臣李鴻章を訪れ、条約の締結を提案したことにはじまる。

清朝側では以後、李鴻章が朝鮮の対外関係の問題を、ほぼ一手にひきうけることになり、朝鮮の当局者と交渉の具体的な手順を打ち合わせた。実質的なアメリカとの協議は天津で李鴻章がおこない、合意した条約案の調印を朝鮮政府がおこなう、という手順が決まって、事実このとおりすすんだ。

またこれと同時に、条約草案もとりきめている。そのなかで重要なのは、「朝鮮は清朝の属国であり、内政外交は朝鮮の自主である」とうたった第一条である。すでにふれた「属国自主」の趣旨を条文化したものだが、わざわざそんなことをしたのには、それなりの理由がある。

西洋との条約締結は、日本はじめ朝鮮に侵略の野心をもつ国々に対する牽制であり、抑止力である。それなら、そこで同時に、朝鮮の「属国」という地位も明記して、国際的な承認を得ておけばよい。条約を締結すれば、自ずから西洋諸国は、朝鮮が清朝の「属国」であることをみとめたことになる。

ところが、一八八二年三月下旬にはじまったアメリカ全権との交渉では、この第一条をめぐって紛糾した。アメリカ側は条約にそぐわないとして、最後まで条約正文に「属国自主」をもりこむことに同意しなかったからである。そこで李鴻章はやむなく、「属国自主」の条文化を断念し、朝鮮国王がアメリカ大統領に親書を送って声明する、という手続にあらためた。五月下旬、朝鮮の仁川済物浦《インチョンチエムルポ》で米朝条約が調印されたとき、この親書も同時に、アメリカの使節にひきわたされる。これでアメリカ側が「属国自主」を承認したとみなしたわけである。

それでは、この「属国自主」で清朝が伝えたい朝鮮との具体的な関係とは、いかなるものだったのか。それがじつはこの時まで、はっきりしなかった。明確にしたのは、アメリカとの条約調印に立ち会った李鴻章の部下・馬建忠《ばけんちゅう》である。かれは仁川で、朝鮮の清朝に対する無礼な態度と日本との親密な関係を目の当たりにし、危機感をつのらせて、旧来の「属国自主」の文言は変えずに、あらたな意味をくわえた。

「自主」の名をゆるしながら、「属国」の実を明らかにする。（馬建忠「東行初録《とうこうしょろく》」）

つまり「属国」を実体化、「自主」を名目化する、ということであり、さらにいえば、清朝の利害に反するような「自主」は実体化させない、そんなことがあった場合は、干渉を辞さないわけである。

「属国」の統治、内政外政に容喙《ようかい》しない、立ち入らない、という日清修好条規・一八七〇年代のコンセプトからすれば、一大転換の宣言ともいってよい。その実践の機会が、まもなくやってきた。壬午《じんご》変乱である。

一八八二年七月二三日、朝鮮旧軍兵士の暴動に端を発した壬午変乱は、クーデタに発展し、閔氏政権を崩壊せしめ、朝鮮国王の生父・大院君李昰応《イハウン》が実権を掌握した。このとき、暴動襲撃の矛先は日本にも向けられて、日本人数名の殺害と花房義質《はなぶさよしもと》公使の迫害追放をひきおこし、にわかに日朝間の重大な外交問題になった。

馬建忠（『盛宣懐檔案名人手札選』復旦大学出版社、1999年より）

日本政府は九死に一生を得て帰国した花房公使に、輸送船三隻と軍艦四隻・陸軍一個大隊の兵力をつけて、再度の朝鮮赴任を命じた。朝鮮政府に暴挙の責任を問うとともに、両国間の懸案をもあわせて解決しようとの姿勢を見せたのである。

ここで壬午変乱は、清朝にも重大事件となった。「属国」の内乱というにとどまらず、手をこまぬいていては、朝鮮が日本の武力に圧倒されて、その勢力下に入りかねない。一八六〇年代以来、憂慮してきた事態が現実となってしまう。危機感をつのらせた清朝政府は急遽、軍艦三隻とともに馬建忠を朝鮮に派遣し、ついで日本を牽制し内乱を鎮圧すべく、三千の淮軍を送りこんだ。こうして日清の軍隊がともにソウルへ向かい、まかりまちがえば開戦という情勢となる。

このときあざやかな手腕をみせたのは、馬建忠である。かれは朝鮮政府の要人と緊密に連携し、ソウルに入るや大院君を拉致して中国へ送った。そのうえで、ただちに朝鮮政府に勧めて、日本との交渉のテーブルにつかせるかたわら、クーデタ軍を襲撃鎮定して、閔氏政権を復活させた。つまり日本に対しては、花房義質と折り合うために、朝鮮政府の「自主」的な交渉を演出し、朝鮮に対しては、はじめからそのつもりで、大院君拉致と武力討伐を断行し、内政に干渉している。まさしく「自主」の名目化と「属国」の実体化に即した行動であった。

甲申政変

この壬午変乱は、清朝が朝鮮に対する自らの利害を、はじめて直截な行動で示した事件である。そしてそこには、日本に対する敵意も濃厚にふくんでいた。簡単にいってしまえば、日本の意向に反して、朝鮮の対清従属化を推し進めた、ということである、乱がおわって以後も、三千の淮軍をひきつづきソウルに駐留させたり、朝鮮政府に顧問を送りこんだりしたのも、その一環である。朝鮮も日本もそれに対する疑念を禁じ得ず、それぞれに対処を迫られることになる。

朝鮮には外国に対抗できるだけの軍備・武力がない。もはや日本はもとより、西洋諸国とも通交せざるをえない情勢になっている。そんななか、自国の地位・行動を決めるのに、内乱を平定してくれた清朝の方針に沿うのか。それとも、それに異をとなえるのか。朝鮮政府の要人たちは岐路にたたされ、ついに分裂をひきおこした。いわゆる事大党《じだいとう》・独立党《どくりつとう》、もしくは穏健開化派・急進開化派という党派の色分けが鮮明となり、両者の相剋が激しさを増してゆく。

事大党もしくは穏健開化派は、閔氏政権の要人が多く、好むと好まざるとにかかわらず、清朝の勢威を是認して、その支持と庇護のもとで政府の運営にあたろうとした。当然、清朝の干渉もうけいれるという立場である。独立党もしくは急進開化派はこれに対し、朝鮮は「自主」なのだから、清朝の干渉圧力を不当であるとする立場で、そこから免れようとする企画を打ち出した。しかしかれらの活動は、いっこうに効を奏さず、党派抗争という観点から見ても、劣勢に追い込まれてゆく。

いっぽう日本は、はなはだ不本意であった。壬午変乱の経過で、自らに何か手落ちがあったわけではない。にもかかわらず、あずかり知らぬところで、清朝は大院君を拉致し、朝鮮の内政に干渉し、公然と朝鮮を「属国」として遇しつつあった。朝鮮を「自主の邦」、つまり独立国だと認めた日本としては、その趨勢を阻まなければならない。

かくて独立党が、日本の勢力とむすびつく。もっとも近隣の日本に頼って、圧倒的に優勢な事大党を排除する決意を固めた。それが一八八四年一二月四日、金玉均《キムオッキュン》・朴泳孝《パクヨンヒョ》らが首謀者となって決行したクーデタ、甲申《こうしん》政変である。

日本公使館の武力を恃んで政府の要人を殺傷し、王宮を制圧した独立党は、いったんは国王高宗《コジョン》の支持を得て、政権を奪取する。ところが、政変勃発後三日にして、袁世凱《えんせいがい》のひきいる清朝の駐留軍千五百が武力介入したため、その勢力はあえなく潰滅した。清軍はそればかりではなく、クーデタに与した日本公使館も攻撃したから、日清のあいだには、にわかに緊張が高まった。

甲申政変はこのように、たんなる朝鮮国内の政権争奪にとどまらない。二十年来、水面下でつづいてきた、朝鮮をめぐる日清の矛盾を、武力衝突という形で、あらためて白日の下にさらした事件でもある。危機の高まりは、壬午変乱をはるかにしのぐものがあった。

しかしながら、このとき日清双方ともに、朝鮮をかけて相い争う用意はなかった。日本は参議宮内卿伊藤博文を天津に派遣し、清朝は北洋大臣李鴻章みずからこれに応じて、交渉に臨む。一八八五年の四月三日から一八日まで、両者ははげしい論争のすえに、朝鮮から双方の軍隊を撤退させることで合意した。いわゆる天津条約の締結である。

条約といっても、三ヵ条のごく簡単なとりきめにすぎない。そのうちもっとも重要なのは、将来の出兵について定める第三条であり、したがってもっとも鋭く対立したのも、その点にある。当面は撤兵しても、将来の「属国」の内乱に対する自由な出兵権を留保したい李鴻章と、「双方均一ノ主意」を譲ろうとしない伊藤。ついに前者がやや譲歩して、朝鮮に「変乱重大の事件」がおこって日清の出兵を要するときには、事前にそれを通知しあう、と規定することになったのである。武力の発動に相互の抑止をかけたわけで、実際それは日清戦争の勃発まで、およそ十年間、機能しつづけた。

天津条約調印の翌日、李鴻章は総理衙門に書翰を出した。

> 伊藤大使は欧米を歴訪し、その模倣に力をつくしていて、まことに治国の才幹のある人物だ。通商・善隣、富国・強兵の諸政にもっぱら意を注ぎ、軽々に戦争、小国の併呑を口にしない。

伊藤博文

（かれが主導して）十年もたてば、日本の富強はかなりのものとなろう。いずれ中国にとって外患になるやもしれぬが、目前の切迫した脅威ではない。要路の諸公には、すみやかにご留意をいただきたい。（『李文忠公全集』訳署函稿）

「十年」後の「日本の富強」を見とおした李鴻章は慧眼だというべきであろう。しかしその果てに、いっそう大きな破局が待っていること、また自身がそれに直面しなくてはならぬことは、いったいどこまで予期していたであろうか。

第11章 「洋務」の時代

洋務運動

中国史では俗に、一八六〇年あたりから一八九四年の日清戦争までを、「洋務運動」の時代とよびならわす。中国語で中国近代史の史実・事件を「運動」とよぶ場合、しばしば成果を十分におさめることのできなかった歴史事象をさす。「太平天国運動」しかり、「変法運動」しかり、「義和団運動」しかり。「洋務運動」も例外ではない。それどころか、もっとも成功しなかった典型例に数えてよいだろう。

もっとも、この成果とか成功とかいうのは、後世の主観的な評価・価値基準で成否を判断したものだから、「運動」と名のつく史実の叙述には、そうした主観が濃厚に混入している、と考えたほうが安全である。だから失敗した「洋務運動」というのも、主観的に断じた失敗にすぎない。客観的に見て、どのような歴史過程だったのかは、なお疑って検討しなおしてみる余地がある。

かたや「洋務」というのは、「夷務」の言い換えである。「夷務」とはさきに述べたように、主として西洋諸国との貿易関係の事務をさすことばだが、それが使われていた当時には、西洋諸国との関係は貿易事務しかない、とみられていたからである。西洋人が「夷」の字を嫌ったため、代わって「洋」を用いることになった。それにともない、ことばのさす範囲も、貿易事務から対外関係全般にひろがってきて、貿易はもちろん、通交など直接の接触・交渉のほか、科学技術の導入や思想・教育など、およそ西洋にかかわる事物全体を意味する。

そのうち、もっとも重要なものとして、軍備の近代化、軍需工業およびその関連事業の創設推進などをあげることができる。当時のスローガンは「自強」であって、それと関連が深かったからである。日本人の連想でいえば、さしづめ明治維新の「富国強兵」「殖産興業」にあたるから、日本のそうした近代化と中国の「洋務運動」との比較は、従前から注目の集まる研究テーマであった。

日本の事例と比較すれば、中国の「洋務」が似て非なる経過をたどり、まったく異なる結果になったのは事実である。それに対して従来は、とりわけ中国側の事情に、目くばりのゆきとどいた的確な説明を加えてきたとは思えない。そこはあらためて考える必要がある。

「自強」を目的とする「洋務」事業の展開は、ほぼ李鴻章の公的生涯と軌を一にする、といっても過言ではない。一八六二年、李鴻章が淮軍をひきいて上海に進駐したとき、その防衛にあたってきた主力は、外国人が指揮した西洋式の傭兵隊であった。はじめアメリカ人のウォード、ついでイギリス軍人のゴードンが率いたこの軍隊を、常勝軍《じょうしょうぐん》Ever Victorious Armyという。李鴻章の淮軍は、この常勝軍と協力して太平天国を撃退したが、その過程で西洋式・近代的な装備・兵器の威力を痛感して、淮軍の武装近代化を志す。これが実質的な「洋務」事業のはじまりであった。

制度的にいえば、各種の「洋務」事業は「督撫重権」のなかにふくまれる。この点がまず、日本と大いに異なっていた。日本では体制のつくりかえ、国家の西洋化の一環として、「富国強兵」「殖産興業」がある。日本全体にわたる武装と産業の転換にほかならない。しかし当時の中国は、そうではなかった。「督撫重権」は旧来の国家体制のつくりかえではなく、各地を確実に統治するため、李鴻章ら地方大官それぞれの裁量で、必要な措置を講じることだったからである。当然そこには淮軍など、義勇軍の維持増強も含まれており、その装備の近代化であるから、「洋務」は地方大官の主導ですすめられた。上海の江南製造局や南京の金陵機器局など、一八六〇年代の兵器工場設立は、李鴻章の発案が実現したものである。極端にいえば、李鴻章以外そのことはあずかり知らないわけであった。

この武装近代化は、太平天国は滅んだものの、なお内乱がすべて平定されていない、という当時の情勢も手伝って、多分に国内向けであり、内乱鎮圧・治安維持を主たる目的としていた。一八六六年に設立された福州船政局のように、造船と技師養成の施設もあったけれども、李鴻章あるいは清朝全体としても、なお十分な対外的配慮をおよぼす余裕はなかったといえよう。それが転換するのは、中国の騒乱もほぼ収まった、一八七〇年代に入ってからのことだった。

日本の脅威と「海防」

第8章末尾に引いた恭親王たちの意見書を思い出してほしい。当時の清朝にとっては、まず太平天国や捻軍などの内乱が第一の脅威で、次は境を接するロシア、その次がイギリスという順序で、これが一八六一年初頭における清朝首脳の情勢認識だった。ところが十年たつと、そのときはまったく想定していなかった外敵があらわれる。それが日本であった。

一八六〇年末から清朝の当局者にとって、日本の存在感は次第に増してゆき、その所産が、一八七一年に日本の侵攻を抑止するために結んだ日清修好条規である。そうした警戒が杞憂でなかったことは、一八七四年の台湾出兵・一八七九年の「琉球処分」で、いわば実証された。いまやロシアでもイギリスでもなく、日本こそが清朝・中国第一の脅威・敵国となったのである。それを大いに鼓吹したのが、李鴻章である。

日本が近年、旧来の制度を改変し、……衣冠をあらため正朔を変えたのは、ことあるごと識者の批判の的となっている。しかし西洋式の軍隊にあらため、西洋に倣って鉄道・汽車をつくり、電報を敷設し、炭坑・鉄鉱山を開発し、西洋式の貨幣を自ら鋳造しているのは、財政・民生に裨益《ひえき》しないわけではない。しかも西洋諸国に多くの留学生を派遣して技術を学ばせ、西洋から多額の借款をして、ひそかにイギリスと結託し、その援護をうけている。かくて勢力は日増しに拡大して、大それたことを考えるようになった。東洋で覇をとなえ中国をないがしろにしようと、台湾侵攻という暴挙にでたのである。西洋は強いといっても、なお七万里の外にある。日本はすぐそばでわが虚実をうかがっており、まことに中国永遠の大患なのである。(『李文忠公全集』奏稿)

これは台湾出兵問題がようやく収拾した直後、一八七四年一二月一〇日の上奏文の一節である。日本を「中国永遠の大患」だと断じたところが何より印象的で、それゆえに、すこぶる有名な文章となって、いまも中国では、人口に膾炙する。こうした日本脅威論は当然、具体的な対策をうながさなくてはやまない。日本は海の向こうにいるから、焦眉の急は沿海の防御態勢の整備、なかんづく海軍の建設、当時のことばでいえば、「海防」である。

ここに、日本を仮想敵国とした北洋海軍の建設がはじまった。

「海防」とは字面だけなら、沿海の防御しか意味しない。けれども当時は、海軍そのものの組織にくわえ、それに必要な兵器・艦船、あるいは物資の製造、鉱山の採掘などにかかわる近代工業の導入、鉄道・海運・電信などの通信交通手段など、軍事上のインフラストラクチャー建設事業をもふくんでいた。だから「海防」という語は、ほとんど「洋務」にひとしかったのである。

そもそも清朝がロシアを第一の外敵と見たのは、その版図を北方から蚕食していたからである。もっとも、奪われた地というのは、アムール川流域にしても沿海州にしても、遠隔で寒冷で人口希薄、なおさほどの実感、危機感をともなわないところだった。ロシアの脅威を深刻に感ずるのは、もっとおそく、ロシア軍が一八七一年、中央アジアからイリ地方を占領して、新疆《しんきょう》・モンゴルをうかがう形勢になってからのことである。それも十年後、一八八一年のペテルブルク条約（イリ条約）で、イリ地方の還付を受けて和解し、以後は平和な関係がつづいた。

それに比して、明治日本は異なる。政治中心地の北京にほど近い朝鮮半島や、経済中心地の江南を遠く隔たらない東南沿海に対する潜在的脅威であった。それでも、脅威が潜在的であるうちは、ロシア以上に憂慮するには及ばなかった。しかし日清修好条規という条約の抑止力が通用せず、その脅威が顕在化しては、話がちがってくる。その転機が台湾出兵にほかならない。それまで国内向けで、中国の秩序回復を目的としていた「洋務」事業を、対外的な「海防」に転換させ、北洋海軍の建設に収斂させることになった。この時期から名実ともに、日本が独立した外敵と化し、「自強」「洋務」の標的だとみなされたのである。

もっとも台湾出兵における日本軍の実態をみるならば、以後も増幅する李鴻章らの危機感は、いささか誇張・杞憂のきらいもある。客観的にみれば、その「海防」事業・軍拡と対外積極策が、逆に日本の軍拡をうながして、危機を高めたともいえよう。

「洋務」の遅滞

こうして始まった「海防」事業の第一の試金石となったのが、一八八二年七月、朝鮮でおこった壬午変乱である。すでに述べたとおり、清朝の当局者は一八七〇年代とは異なって、積極的かつすみやかに対策を講じた。その経過について、「海防」の責任者というべき李鴻章の報告を紹介しよう。

これまで西洋化で先んじていた日本は、驕慢《きょうまん》となって清朝を軽んじ、台湾出兵で「撫恤銀」をむしりとり、のちには琉球を滅ぼすことさえ、あえてした。それでも清朝の海軍は、装備もそろわず訓練もゆきとどかなかったので、しばらく忍んで日本が疲れるのを待つしかなかった。しかし近年、中央地方の大臣と協力して、軍備の整備に力を入れ、財力の不足と喧しい空論に悩まされながらも、随時、艦船を購入し、機械を製造し、将校を選抜し、兵卒を訓練して、なんとか形になってきた。また電信を設置して情報伝達を便利にした。朝鮮で紛争がおこったとき、疾風迅雷、陸海軍を動員急派できたのも、その力による。こうしてことあるごとに、事態を有利に進め、属国の平和を回復できた。日本はこちらがいつもの自重とちがって、機敏に行動したのをみて、ひとまずその狡猾不逞な謀略をやめ、朝鮮と条約をむすんで、友好関係を保つことにしたのである。(『洋務運動』)

以上の意見書は、しかしながら、その所論を額面どおり、うけとるわけにはいかない。このとき清朝政府内で、日本に対する感情がにわかに悪化して、日本の討伐をとなえる強硬派すら存在しており、李鴻章にはまず第一に、そうした過激な日本討伐論をおさえるねらいがあったからである。かれは引用部分につづけて、日本はもともと朝鮮を併合するつもりだったけれども、清朝の軍備が整ってきたので、日本も警戒しておとなしくなった、清朝から日本を攻撃するにはおよばない、と論じており、そのねらいとともに、事実の誇張や潤色が含まれていることもよくわかる。併合するつもりだった、という日本の朝鮮に対する企図は、その最たるものだろう。

引用文の趣旨は、台湾出兵・「琉球処分」のころに比べれば、事態はかなり好転した、というにある。それは確かにまちがいない。けれども、当時の国際情勢からみて、軍備の客観的な水準はどうなのかも、決して無視できないことである。

そのあたりの事情を語ってくれるのは、「琉球処分」当時の駐日公使だった何如璋の意見書である。同年一〇月末日、かれは海外に赴任した経験から、東アジアにある列強の海軍力を実見比較して、そのあらましを紹介している。

イギリス・フランス・ロシアが中国附近に浮べる軍艦が、それぞれ二、三十隻、海軍を創設してまもない日本も、二十余隻の現有勢力がある。つまり、中国は列強の海軍力に包囲されており、とりわけ日本で進行する海軍の建設が、中国の安全保障に対する直接的な脅威をなす。そうした情況に対し、清朝も沿海各省が陸続として、艦船を購入もしくは製造して、大小あわせて四十余隻の艦船をもつようになった。ところが何如璋は、問題はその質であって、

艦船装備は不良品、冗兵が多すぎ、規律は統一がとれていないし、訓練もいいかげんである。北洋海軍の配備はようやく形になってきたとはいえ、それでも艦船兵員は少なく、勢力は薄弱、これで変事に応じて外敵をしりぞけようとしても、勝算はおぼつかない。(『洋務運動』)

という手厳しい評価をくわえたうえで、海軍整備はもはや、絶対に先送りできない事業で

ある、と結論づけた。その現状は、当事者の李鴻章も認めるところで、「万一日本とのあいだで有事の事態となれば、勝敗のほどは予断をゆるさない」という。もってまわってはいるものの、要するに、いま戦うと日本に負けそうだとの現状分析であって、なればこそ、日本討伐論をおさえなくてはならなかった。

このように、一八八二年の段階では、「海防」「洋務」はなお遅々として、みるべき成果をあげていなかった。そのことは、一八七〇年代とは面目を一新した、という李鴻章本人が、おそらく最も痛感していたところであろう。それなら、その由って来るゆえんは何なのか。かれらはそれをどこまで自覚していたのか。また、していたとすれば、どのように対処しようとしたのだろうか。

中体西用

「洋務」の事業がはかばかしい成果をあげず、日清戦争の敗戦で「海防」が失敗に終わったことについて、しばしばなされてきた説明は、「中体西用」というコンセプトの功罪である。

「洋務」がはじまった当時、政府官僚をふくむ知識人の大多数は、西洋を軽んじる「攘夷」的な自尊の態度を示していた。頭から西洋を受けつけようとしなかったのである。それに対し、「洋務」を支持する人士は旧習墨守の打破、西洋文明の導入を正当化するため、中国の伝統文明が本体であって、西洋の近代文明は応用にすぎない、したがって西洋文明の導入は中国の伝統を損なうものではなく、逆に、導入した西洋の事物で自強を達成してこそ、伝統を守ることができる、と主張した。

こうした「中体西用」論は、たしかに西洋文明の摂取に道を開く役割を果たしたことは否定できない。けれども、本体たる伝統を守る、というところから、西洋文明の摂取が目に見える技術的、物質的な事業ばかりに偏って、直接には目に見えない制度的、精神的な面を軽んじたため、皮相的な摂取になってしまった、その技術も製品も使いものにならずにおわった、という評価が一般的である。われわれになじみやすいところでは、福澤《ふくざわ》諭吉《ゆきち》『文明論之概略《ぶんめいろんのがいりやく》』の言説をあげることができようか。

> 或は日本の都府にて石室鉄橋を摸製し、或は支那人が俄《にはか》に兵制を改革せんとして西洋の風に傚ひ、巨艦を造り大砲を買ひ、国内の始末を顧みずして漫《みだり》に財用を費やすが如きは、余輩の常に悦ばざる所なり。……

福澤が日本もまとめて非難しているのは、「文明開化」の徹底しない当時の情況を歎いたものであろう。もちろん日清は同じではないから、その後の推移は、別に考えなくてはならない。

梁啓超

とまれこうした批判の論理は、次世代の中国人にもうけつがれた。日清戦争ののち、「洋務」を糾弾して、制度・体制の変革、当時のことばでいえば「変法」をとなえた梁啓超《りょうけいちょう》の議論に、その典型をみることができる。

> 変法の根本は人材の育成にあり、人材を育成するには、学校の開設がなくてはならず、学校を開設するには、科挙の改革が必要である。そしてすべてにその大成を求めるには、官制を改革しなければならない。……中国では数十年以来、変法を論ずる士大夫は少なかった。たとえ変革をとなえる者がいたとしても、ただ軍備を急務とし、それが外人の長所であるから、わが国もいそぎ学ぶべし、というにすぎない。（梁啓超「変法通議《へんぽうつうぎ》」）

「中体西用」というのは、事実経過としては正しい。なればこそ、「洋務」は進捗せず、さしたる成果もあげないまま、日清戦争での敗戦に帰結する。変革が軍事ばかりで、産業・制度に徹底しなかったことも、事実である。しかしそのような経過をたどったからといって、それを当事者たちがねらっていた、望んでいたものだとはかぎらない。「洋務」

「海防」の推進にあたった人々が、「中体西用」のコンセプトにとらわれたから、所期の成果があげられなかったのだとする、梁啓超流のみかたは今も根強く、学界の常識であるといってよい。けれどもそれは、ほんとうなのだろうか。

「洋務」と社会構造

博学無比の福澤諭吉や梁啓超ならずとも、われわれだって少し考えてみれば、「中体西用」の論理のおかしさにはすぐ気づく。

兵器を作るにしても使うにしても、それをやるのは人間であり、当人がその技術知識を身につけなければはじまらない。それは武器そのものだけにとどまらず、数学や物理、あるいは戦術戦略の理論も必要で、それを学習することも欠かせない。そのためには、教育の課程・制度もあらためることになる、……などと考えていくと、兵器ひとつ導入するにも、それにまつわる知識体系・制度体系を、いったんはまるごと受容することが必要なのである。どこまでが応用なのか、本体なのかは、実際の具体的な局面では、なかなか截然とは分かちがたい。

今風にいえば、ハードを動かすには、ソフトが欠かせないわけで、「中体西用」の論理を極端にいいかえれば、あたかもハードは導入するが、それに対応するソフトはいらない、と両者を分けて取捨選択しているようなものである。梁啓超らが批判してやまないそんな発想・行動を、「洋務」の当事者たちがとっていた、そのおかしさに気づかなかった、とはどうしても思えない。

そこで「海防」の総帥・李鴻章の発言と行状をみてみよう。以下はかれがまだ江南デルタに駐在していた一八六四年の意見書であるから、「海防」以前、「洋務」に着手しはじめたころの文章である。

中国の知識人は科挙受験の積習にどっぷりつかり、勇敢な兵士も多くは粗忽愚昧《そこつぐまい》で、ほとんど何も考えていない。そのため、学んだことを実際に用いないし、そもそも実用を学ばない。両者かけはなれてしまっている。無事のときには、外国の利器をいかがわしい技術だと嘲笑して、学ぶ必要などない、と思い、有事のさいには、外国の利器を思いもよらない神業だと驚嘆して、学ぶことなどできない、と思い込む。火器は西洋人が数百年のあいだ、身心生命をかけて学んできたものだということを知らないのである。……西洋では発明をおこなった技術者は、国をあげて尊崇する。決して曲芸だとみなさない。わが文武制度は、すべてはるかに西洋に勝ってはいても、火器だけはとうていおよばない。なぜか。われわれが機器を製《つく》るばあい、学者は学理に明るいけれども、作業に習熟するのは匠人である。それぞれの追究がバラバラなので、あいまった成果がでるはずもない。いかにすぐれた技をもっていても、せいぜい匠人の親方としかみられない。西洋はちがう。政府が利用できるようなモノをつくったら、顕官になれて、代々その職を襲って食っていけるのである。(『籌辦夷務始末』同治朝)

西洋と中国の比較論である。しかし武器・軍事の優劣だけを論じているのではない。その優劣を生みだす、制度と社会のちがいにまで説き及ぶ。

西洋では学理と実用、学者と技術者が一致する社会と、そんな社会を尊重し、その力をひきだす国家とになっており、両者は密接にかみあって強力な軍事を実現している。それに対し、中国では学と用が、物的にも人的にも乖離してしまって、政府権力は前者のみを尊重し、社会に必要な実用を軽んずる。要するに、西洋の軍備の導入がままならないのは、権力と社会が遊離しているがためだ、というにある。「文武制度」は西洋を凌駕するというのも、あくまで一種のレトリックにすぎない。これは中国の社会構造に対する切実な分析、いな、痛烈な批判としても、読むことができよう。

冒頭をみればわかるように、李鴻章はすでに科挙制度を批判している。科挙は儒教古典の暗記テストであって、実用にはほとんど関係がない。社会の指導層がそうした素養・知識しか身につけていない情況はもはや放置できないことを、梁啓超より三十年も前に指摘していた。

それなら李鴻章は当然、科挙制度に代わる新たな教育の体系と人材の養成・登用を考えていなくてはならない。事実かれは「学校の開設」も案出し、ことあるごとに主張、提案した。やっていない、として梁啓超が批判した、「科挙の改革・学校の開設・官制の改革・工業の振興・工場の設置・農業の奨励・商務の開拓」などのことがらは、李鴻章は三十年の間に、多かれ少なかれ、ほとんど試みている。やっていない、のではなく、やろうとした、やってみたけれども、うまくいかなかった、のである。

ではなぜ、できなかったのか。そこに李鴻章じしんも診断した、中国の社会構造の問題が関わってくる。

「君民一体」と「官民懸隔」

李鴻章とともに淮軍を結成し、その部将として活躍し、地方大官に任ぜられ、江南や直隷など、重要な省の総督にもなった張樹声《ちょうじゅせい》という人物がいる。そのかれが一八八四年、いまわの際に書き残した上奏文がある。

西洋の国のありようは、礼楽教化ははるかに中華に劣るとはいえ、根本の「体」も末端の「用」もそなわっていて、そのゆえに富強を達成できている。学校で人材を育成し、議会で政治を議論し、君民一体、上下一心、実に務めて虚を戒め、確乎たる政策を定めなくては、行動に移さない。これがその「体」である。汽船・銃砲・水雷・鉄道・電信はその「用」にすぎない。われわれはその「体」を捨てて「用」ばかり追い求めている。これでは、うまくいこうがいくまいが、西洋に及ぶはずがない。たとえ鉄甲艦が完成航行しようと、鉄道が四通八達しようと、はたして恃みとなるだろうか。

（『張靖達公奏議《ちょうせいたつこうそうぎ》』「遺摺」）

壬午変乱の二年後であって、たとえば何如璋の海軍比較分析とあわせみれば、「洋務」の遅滞があらためて確認できよう。とりわけここでは、経過としての「中体西用」を痛烈に批判している点が印象的である。

この発言に典型的なように、李鴻章はじめ当時の当局者は、「中体西用」の現状にあきたらず、それをむしろ克服すべき障碍だとみなしていた。決してかれらが「中体西用」をとなえて、そこに安住していたわけではない。「体」から改めねばならない、と自覚していたのである。

そこでキーワードとなるのが、「君民一体」「上下一心」である。この文章では、教育や議会を通じて、一般の民間人が政治に参画する、いわば議会制を主として指している。ただほかの用例もみてゆくと、そればかりに限らない。

たとえば、李鴻章がはやくに言及した、民間における機械の発明・製造が、国家・社会の尊重を受けることもそうであるし、また経済面では、政治権力と民間経済との密接な関係もそうである。大資本の集中を可能にする株式会社の組織も、所得税・物品税など、おびただしい税金の課徴と納入を実現できる税制も、そこに由来する。換言すれば、「君民一体」「上下一心」とは、西洋の近代国民国家の体制そのものを表現した言いまわしなのである。

清末中国は国家と社会とが遊離していたから、これとはまさに逆である。そこで李鴻章たちは、中国社会のほうを「官民懸隔」と表現した。これこそ「体」と「用」、学理・人材・制度と実務・機械・軍事とをバラバラにして、後者の形だけととのえる結果を導く原因であった。

たとえば機械工場ひとつ建てるにしても、莫大な資金がいる。恒常的に近代企業を経営しようとすれば、なおさらであって、それを集めるしくみが、当時の中国にはなかった。「官民懸隔」のために、財産保護や会計監査の制度・法律が存在しえない。出資しても、詐取される可能性が高いのである。だから大口の金銭貸借・資本集中ができなかった。そこで、そうした工場・企業を創設・経営しようとするなら、民間からの資金調達は望めないので、まず政府・当局が官金を出資しなければならない。当時ふつうに行われた経営形態は、まず政府当局が出資して、経営を主導するやり方であり、「官辦」や「官督商辦」と称する。民間主導の近代企業からすれば、はるかに非能率なものだった。それでも、そんな経営形態にせざるをえなかったのは、「官民懸隔」という中国の政治経済社会の特質からくる必然的な帰結だったのである。

また近代企業の運営には、そのノウハウを知る人材が不可欠である。それは軍隊、とりわけ新たな海軍でも、同じであろう。しかしそうした人材の養成と登用は、国内でも国外でも困難をきわめた。

最大の要因は、科挙制度の存在にある。科挙は高等文官試験でありながら、李鴻章も指摘したとおり、社会の実用にほとんど役立たなかった。それでも明清時代六百年、一貫して大多数の中間団体・宗族の支持を受けたのは、合格すれば、本人のみならず一族・関係者の富貴が保証される、中国語でいえば「升官発財（官僚になって金儲けをする）」の手段だったからである。そのために、遊離した政治権力と地域社会をつないで、両者の関係を安定させる役割も果たした。もっともそれは、優秀な子弟と教育コストのほとんどが「升官発財」に投入されることを意味し、教育によって専門技術や職業意識を身につける、そうした人材を養成、登用する、という発想そのものが存在しえなかった。

そこで李鴻章たちは「洋務」にふさわしい人材を育成確保すべく、科挙とは別系統の教育機関を設けたり、留学制度をはじめたりするものの、見るべき成果はあがらない。それに応じる子弟は決して多くなかったし、応じて専門技能を習得した人士が、相応の処遇を受けることもなかった。

さきにあげた壬午変乱で活躍した馬建忠という人物は、フランス留学組である。対外的な実務に辣腕をふるった有為の人材だったけれども、死ぬまで李鴻章の下働きに甘んじた。数的にはおそらく少なくなかったこの種の人々は、いたく不遇をかこっていたにちがいない。これもけっきょくは「官民懸隔」の一側面であり、その所産である。

このように考えてくると、李鴻章たちが真の意味で、めざしたものを獲得するには、「官民懸隔」の構造を「君民一体」のそれにつくりかえなければならない。しかしかれらには、そこまではできなかった。それは明清時代以来、存続してきた中間団体という自らの存立基盤をつぶすことにほかならない。それは自己否定になるばかりか、社会構造の大転換を意味する。どうやらそこに気づいていたとおぼしいが、されぱこそ、そんなことをする能力も意思もなかったであろう。李鴻章たちばかりではない。できなかった、という点では、梁啓超ら「変法」をとなえる人々も同じだったし、それにつづく人々も然り。二〇世紀の中国で、何度もくりかえし「革命」がとなえられ、試みられたゆえんでもある。

日本との対峙

以上を心得ておけば、なぜ李鴻章があれほど、日本を敵視したのか、いな、恐れたのかも、少しは納得できる。本書に引いたわずかな文章だけでもよいので、李鴻章の発言をみると、かれは無条件に、日本を脅威とみなしたわけではないことがわかる。そこには必ず、西洋化を驚異的なペースですすめる日本、という但し書きがある。清末中国がやってもできないことを成し遂げつつある存在が、一衣帯水の近くにあるというのが、何よりかれにとって恐ろしかった。

李鴻章ははじめのうちこそ、「海の向こうのちっぽけな小国の日本でさえ」西洋に倣った改革ができるのだから、堂々たる中国ができないわけはない、と声を大にしてよびかけた。しかしそれは、ついに虚しかった。かれも次第に声をあげることはなくなり、自身でできるかぎりの範囲を黙々ととりくむようになる。そのあたりのいきさつ、心境の変化を、自ら直接に書き残してくれてはいない。けれどもいろいろ読めば、だいたいの想像はつく。「官民懸隔」の中国では、物質的な西洋化すら容易ではない、日本とは社会のありようが異なる、と気づいたようにおぼしい。

かれと科挙合格の同期であり、初代の駐英公使に任ぜられた郭嵩燾《かくすうとう》という人物がいる。そのロンドン滞在中、一八七七年一一月の日記に次のような記事がある。

> 日本は西洋の制度にならって、とりわけ商情と政府とを緊密に連関せしめ、君民上下が心を一にして利益を追求できるようにつとめている。これは中国のおよびえないところだ。（『郭嵩燾日記』光緒《こうしょ》三年十月初八日の条）

西洋の「君民一体」「上下一心」構造を実現できる、西洋近代国家の体制をただちに適用できる日本と、それができない「官民懸隔」の中国という観察にたちいたっている。その郭嵩燾は同じ時期、李鴻章に書翰をおくって同じ趣旨を述べ、李鴻章も返書で、「民心がひとつになりがたい」とも言い換えているから、共有する認識だったにちがいない。そのあたり、もう少しくわしい発言をみてみよう。

日本の鉄道はしだいに拡充をみており、すでに国内の十分の六に及んでいる。東京から神戸にいたる路線をのぞいては、すべて民間資本をあつめて敷設したもので、外債を入れていない。建設事業はことごとく裨益し、人々の信用をえていることがわかる。いま中国は外債を入れるにしても、商人の出資をよびかけるにしても、信用をえられない。北京から漢口《かんこう》までを結ぶ鉄道は、おおよその見積りで三千万両かかるが、これをもし公金だけで支出するとすれば、どうやって収入をかきあつめればよいのか。
……（『李鴻章全集』信函）

以上は一八八九年一一月、李鴻章の駐日公使あて書翰の一節で、三千万両といえば、当時は清朝中央政府歳入の三分の一以上をしめる。何より「人々の信用」が「えられない」というところ、「官民懸隔」の証左であった。鉄道はとりわけ資本と専門技術を要する事業であり、そこに日清の格差が痛感されたわけである。郭嵩燾の記述を一般的な総論とすれば、これは鉄道に即した具体的な各論といってよい。

日本の側からも、ひととおりみておこう。しかし明治の富国強兵・殖産興業は、とても有名なことがらであるから、そのプロセスを逐一たどる必要はあるまい。その成果だけ、数値で確かめればよいだろう。以下は、明治二六年（一八九三）一二月二九日の帝国議会で陸奥宗光《むつむねみつ》外相がおこなった演説の一節である。

明治初年ニ於テ内外交易ノ高ト云フモノハ其金高三千万余円ニ足ラナカッタノガ、明治二十五年ニハ殆ド一億六千有余万円ニナリ、又陸ニハ三千哩《マイル》ニ近イ鉄道ガ敷キ列レ《ならママ》ラレ、一万哩ニ近キ電線ヲ架ケ列《なら》ベタリ、又海ニハ数百艘ノ西洋形ノ商船ガ内外ノ海面ニ浮ンデ居ル、軍備ノ点ヨリ言ヘバ将士訓練機械精鋭ニシテ殆ド欧洲強国ノ軍隊ニモ譲ラヌ常備兵ガ十五万モ出来テ居ル、海軍モ殆ド四十艘ニ近イ軍艦ガ出来、……

（『帝国議会衆議院議事速記録』）

もちろん自画自賛ではあるけれど、それができるかどうかだけでも、日清には大きな径庭がある。

陸奥の言及する分野にとどまらない。李鴻章が自国の失敗を歎いた人材養成・教育制度においても、日本のほうはさかんに留学生を派遣して、西洋最新の知識・制度の摂取につとめたのみならず、国内でも寺子屋をベースに学校制度を設立整備し、官民ぐるみで「国民」の創出と育成に邁進した。そのほか、あらゆる方面にわたり、明治の近代化が江戸時代の蓄積にもとづいて達成できたことは、すでに明らかになっている。日中の社会構造・経済組織・政治体制の差異、上に使った用語でいえば、凝集性と流動性のちがい、それにもとづく西洋化・近代化の格差を示したものといえよう。

日本とのこうした懸隔を身にしみてわかっていたからこそ、李鴻章はせめて北洋海軍の威容をさかんにするほかなかった。鎮遠《ちんえん》・定遠《ていえん》という当時世界有数の巨艦をそろえ、一度ならず長崎に寄港して、その姿を日本人に誇示したのは、なかば虚勢を張った威嚇である。実戦には心許ないことは、かれ本人が熟知していた。北洋海軍は戦わない、あくまで示威的な抑止力である。なればこそ、かれは対日関係、あるいはひろく清末の対外関係を破綻に導かないようにしなければならなかった。かれが外交折衝に練達したのも、そこに理由がある。

第12章　愛国反日の出発

日清戦争

李鴻章の関心は当初より、地政学的にもっとも重要な朝鮮半島に集中していた。そのためには、他方面をすててはばからなかった。たとえば「琉球処分」への対応は、その典型であるし、のちにいっそう深刻な事態となって、フランスと戦火をまじえるにいたったベトナムも、そうである。

南方ベトナムでの清仏対立は、壬午変乱から甲申政変にいたる、朝鮮問題がにわかに重大化した時期と重なっている。清朝はとりわけハノイ周辺の北ベトナムの保護権を、フランスと争って、一八八四年の夏からは交戦状態に入った。軍事上全面的に劣勢だというわけでもなかったものの、清朝側はあえて譲歩して、李鴻章が保護権をあきらめる条約を結んだ。一八八五年六月のことである。これで事実上、フランスによるベトナム植民地化の趨勢は、決定的になった。

このように、南方の紛争で解決を急いだのも、朝鮮方面の動静が何よりも気懸かりだったからである。逆に一八八五年四月、天津条約で日本の伊藤博文に心ならずも譲歩しなければならなかったのは、このベトナムの問題をかかえていたからであった。

天津条約を結んでからは、李鴻章は部下の袁世凱を使って、朝鮮の従属化をおしすすめる。朝鮮政府はロシアの勢力にたよって、それに抵抗しようとしたものの、力の差は歴然としていた。李鴻章はロシアの南下をおそれるイギリスと接近しながら、しかも同時に、ロシアとも和解して、朝鮮半島における清朝の優位を確乎たるものとする。

日本はこれに対して、どうすることもできなかった。せめて清朝にひけをとらない軍備だけはととのえなくてはならない。李鴻章は一八八八年、戦艦の鎮遠・定遠に巡洋艦数隻をくわえた北洋艦隊を編成し、一八九〇年にその根拠地として旅順《りょじゅん》の軍港・砲台を建設した。これに歩調を合わせるかのように、日本の軍備も急ピッチで再編され、対外的な戦争にも応じられる組織にあらたまった。もちろん仮想敵国は、清朝中国である。

当時の情勢を大まかに俯瞰してみると、清朝が大きく優勢で、それに与するイギリス、形勢を観望するロシア、そして劣勢ながら清朝とにらみあう日本、そういう構図になる。この日清のにらみ合いは、一八九〇年代に入ってもつづいた。ついに転機を迎えるのは一八九四年春、朝鮮で新興宗教を奉じる秘密結社の東学が蜂起したことによる。

朝鮮政府はこの騒乱の鎮圧にてこずり、清朝に援軍の派遣を依頼した。李鴻章はこれにこたえて、合計およそ三千の兵力を派遣する。これが日本の出兵を誘発し、日清戦争を導いたことは、あまりにも有名であろう。けれどもかれはこのとき、決して日清の開戦を望んでいたわけではない。むしろ従前どおり、武力衝突は回避したいと考えていた。それでは、なぜ出兵したのか。

李鴻章はもちろん、天津条約の規定とそれが意味するところを忘れたわけではない。清朝が軍隊を朝鮮に入れれば、日本も出兵して衝突につながる可能性があることは知悉していた。それにもかかわらず、出兵にふみきったのは、朝鮮でさらに優位に立てるという見こみがあった上に、日本は国内で政府と議会が対立して、とても軍隊を出す余裕はない、と見こしてのことであった。それなりに情報を集めての判断である。

ところが案に相違して、日本の神速な出兵を招いたのは、もっとも肝腎なところで、日本の内情を理解できていなかったわけである。清末中国随一の日本通が判断をあやまっては、いかんともしがたい。

日本の国内事情は、陸奥宗光の『蹇蹇録《けんけんろく》』にくわしい。そこに伏せてある、強引に開戦にもちこんだいきさつも、近年明らかになっている。清朝が出兵した以上、自らの劣勢がいやますに任せるならともかく、さもなくば、局面打開の手段として、日本には武力の行使しか、道が残されていなかった。それほど追いこまれたともいえよう。もちろん軍事的には、互角以上に戦えるとみての挑戦だったものの、戦ってみれば、淮軍・北洋海軍はあまりにも脆かった。戦争の経過・結果は、説明におよばないだろう。意想外の日本の大勝が、日清関係のみならず、中国そのもの、さらには東アジア全体の変貌をもたらすことになる。

時代の転換

清末中国の内外の安定は、「督撫重権」と「海防」が支えていた。いいかえれば、李鴻章の役割と事業がきわめて重要だったわけである。日清戦争の敗北とは、とりもなおさず北洋海軍の潰滅とかれの失脚を意味した。安定の基礎がくずれ、内外の情勢がいっきょに不穏になったのも、当然である。

戦争に勝利した日本の中国蚕食をふせぐため、李鴻章および清朝政府の当局者は、ロシアの勢力を引き込む方針をとる。日本が一八九五年四月、下関《しものせき》条約で割譲をうけた遼東半島を還付させた三国干渉は、いうまでもあるまい。さらにその翌年、日本を仮想敵国とする軍事同盟と中国東北を横断する東清《とうしん》鉄道の敷設とを約する露清密約も結ばれた。このロシア一辺倒の姿勢は、イギリスが日清戦争の過程で、親清から親日に路線を転換したことも、大いにあずかって力がある。日本に譲歩を迫り、かつ対抗してゆくためには、ロシアに頼るしか、選択肢がなかった。

しかし事態はいよいよ悪化する。翌一八九七年、ドイツが突如、膠州湾《こうしゅうわん》を占領したのを皮切りに、列強の利権獲得競争がはじまった。もはや武力を失った清朝に、抗うすべはない。同盟したロシアすら、遅れをとらじ、とそれに参加して、旅順・大連《だいれん》を奪った。

中国の「瓜分《ぶんかつ》」に対する危機感は高まり、内政改革の動きと排外の気運がもりあがってきた。前者はいわゆる「変法運動」、後者が義和団事変である。両者は関連が密接で、切り離して考えることはできないけれど、のちの歴史の展開にとって重要なものだけとりあげるとすれば、まず後者の結末を見なくてはならない。

華北で外国人への襲撃をくりかえした秘密結社の義和団と清朝政府がむすびつき、一九〇〇年、列強に宣戦布告したのが、義和団事変である。義和団と清朝軍は列強の外交官を殺害し、公使館に包囲攻撃をくわえた。列強の側はこれに対して、八カ国連合軍を編成し、天津と北京を占領して、公使館を解放する。

外交官に危害を加えるのがタブーなのは、この時代も変わらぬ国際慣例であるから、列強の感覚からすれば、とんでもない暴挙・蛮行というほかない。そこで、当時の人口一人あたり銀一両、総額四億五千万両という天文学的な額の賠償金をふくむ、懲罰的な北京議定書を強要した。清朝側は当然、これを呑まざるをえない。中国の従属的な国際的地位は、ここに確定したのである。

李鴻章がこの北京議定書を交渉調印する全権に任ぜられ、その任務を果たすと、まもなく死去したのは、きわめて象徴的である。一九世紀から二〇世紀に入るちょうどその時、いわば時代も大きく転換した。旧時代の役者は自らの時代の幕を閉じて舞台を去り、新しい時代の到来を迎える。

この義和団事変とその結末は、対内的・対外的に大きな影響をおよぼした。対内的には、清朝の権威が最終的に失墜して、これまで知識人をしばっていた既成観念そのものが懐疑・批判の対象となった。儒教的な世界観にもとづく、ア・プリオリな「華夷」の自尊意識は、近代国際関係を前提としたナショナリズム的な観念に転化する。そのなかで瀰漫沸騰し、政治史の主役としてあらわれるのが、中国の亡国を救い、主権の保持をめざす愛国主義であり、民族主義である。

こうして、ほんの数年前には通用しなかった体制の変革、「変法」のプランは、もはや反対を口にすらできない政治的雰囲気になった。そればかりではない。いっそう過激な、清朝を打倒しようとする動きも、支持をえて活潑化しはじめ、「革命」がようやく市民権を得てきた。これ以後、騒然として流動的な政治状況がつづくのである。

対外的には、何といってもロシアの動向である。義和団事変が起こったさい、東清鉄道沿線に騒乱が波及したとして、ロシアは黒龍江・吉林・奉天の東三省《とうさんしょう》に軍を入れて占領し、そこに居すわったまま、動かなかった。これに脅威をおぼえた日本は、ロシアの南下をおそれるイギリスと日英同盟をむすんで対抗する。後からみれば、義和団は日露戦争の導火線であった。

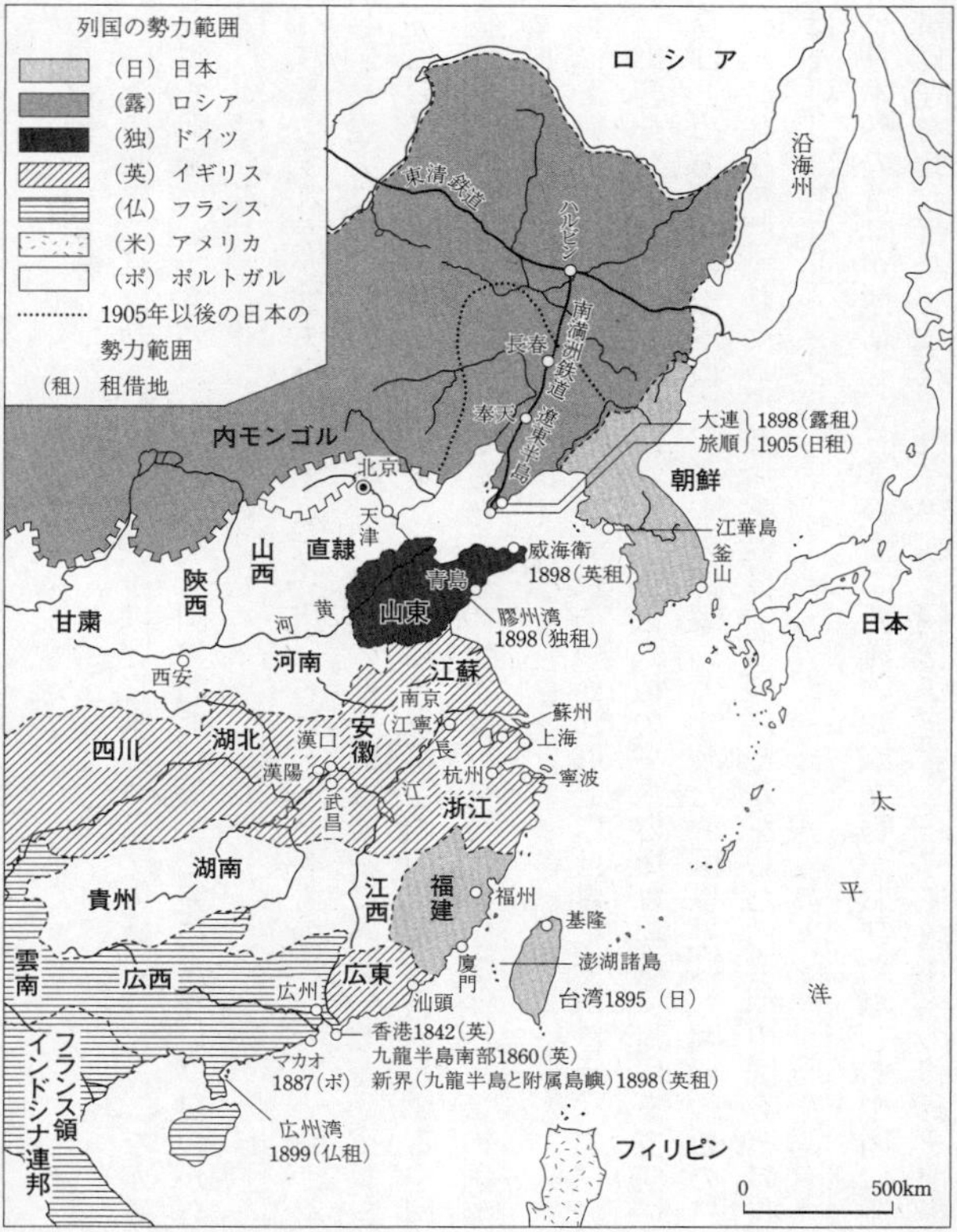

図16 「瓜分」図(菊池秀明『ラストエンペラーと近代中国　清末中華民国』中国の歴史　10、講談社、2005年、97頁)

関わってくる。

日露戦争の結末

一九〇四年二月に勃発した日露戦争は、日本とロシアの戦いではありながら、清朝の東三省を戦場にしたものだから、日露二国の間では決して完結しない。自ずから清朝中国が関わってくる。

日露いずれかが他方を圧倒すれば、東三省はその国のものになっていたかもしれない。しかし現実には、一種の引き分け、日本の部分的な勝利に終わったため、ロシアの東アジアにおける南下は阻まれ、日本は朝鮮半島を掌握したが、東三省に対する中国の主権は、国際的に確認された。一九〇五年九月のポーツマス条約で定まった、この国際的条件が次の時代の出発点となる。

日露戦争での日本の勝利は、日清戦争のそれ以上に世界を驚倒させ、アジア諸国に多大な影響をおよぼした。白人に対する有色人種の、あるいは専制に対する立憲の勝利という受けとめ方はその一典型で、日本の保護国と化した韓国以外は、明治維新の日本にならうことが自らの亡国を救い、富強を実現する道だとみなした。清朝中国もその点は、例外ではない。

日本への留学が激増し、日本経由で西洋の知識文物がおびただしく中国に流入した。清朝政府内でも西洋的な政治概念、制度観念が定着し、立憲政体への移行を前提とするいわゆる「新政」が始まる。それが明治日本をモデルとしていたのは、いうまでもあるまい。だが立憲政体よりもいっそう重要なのは、政府の内政外交で西洋的な国家観念・領土概念をもそなえるにいたったことである。

現有の清朝の版図をそのまま、中国という「国家」の、一体的な「領土」とみなし、それを守りぬくことが、とりもなおさず亡国を救うことだとする政策通念が定着した。それは思潮としての愛国主義・民族主義が昂揚したのと同時並行的な現象であり、両者は「主権」保持という概念を媒介にむすびつく。「新政」時期のあらゆる試みは、それをバックボーンとしていたといってよい。

そのためこのあたりから、政策・国是としても、全面的な近代国家化をめざす方向が顕著になってきた。チベット・モンゴルなどを「辺境」の「領土」とみなして、支配を強化したり、列強の利権となっていた鉄道や鉱山を、中国側の手中にとりもどそうとしたりする動きは、その最たる事例といえよう。

そこで、日露戦争のいまひとつの結末が問題となる。ポーツマス条約の第五条・第六条にて、日本は清朝政府の同意を得ることを条件として、ロシアが有していた旅順・大連の租借権、長春《ちょうしゅん》・旅順間の鉄道（南満洲鉄道、いわゆる満鉄）、ならびに鉱山採掘などの利権を継承できることが合意された。そこでポーツマス条約締結の立役者・小村寿太郎《こむらじゅたろう》外相みずから、その同意を得るため北京に乗りこんで談判し、一九〇五年一二月に北京条約を結んだ。

当時の日本政府、あるいは日本人の感情からすれば、おびただしい流血でロシアに勝利したのは日本であるから、その利権も日本が継承して当然であった。しかしそれは、中国人の感情・論理と一致しない。「領土」の一体化・利権の回収を通じて、近代主権国家になろうと志したその矢先に、それとまったく逆行する要求を、日本からつきつけられたのである。しかも小村はじめ、日本側の交渉態度は高圧的で、中国の朝野に深い憤懣、怨恨をひきおこした。

一九〇五年

日本が「満洲」はじめ、中国の利権に固執し、勢力を扶植しようとすればするほど、日本に対する中国人の反感が増幅する構図は、ここからはじまっている。

その代表的な事例は、一九一四年に起こった第一次世界大戦後の経過である。これは十年前の日露戦争・ポーツマス条約・北京条約に比定すべきもので、いっそう深刻な結果をもたらした。日本は日英同盟にもとづいてドイツに宣戦し、同国が租借地をもち、勢力範囲としていた中国の山東省を占領する。そのドイツ利権およびその他の利権を確保するため、当時の大隈重信《おおくましげのぶ》内閣は翌一九一五年、二十一カ条要求を高圧的につきつけ、中華民国北京政府に受諾させた。

その主たる内容をあげてみると、第一は山東省に関連する四カ条で、従来ドイツが享受していた権利を継承することが主眼である。第二はいわゆる南満洲と東部内蒙古に関する七ヵ条である。一九〇五年にロシアから引き継いだ旅順・大連の租借権と満鉄の管理権の期限を、九十九カ年に延長することが最大の目的であった。それに附随して、土地の所有権・居住権・鉱山採掘権などの条項もふくんでいる。さらに製鉄会社の国有化や沿岸島嶼の割譲など、日本に不利な行動をとらないことを定めた条項、日本人の政治・軍事・財政顧問の招聘・雇用などを「希望」する条項もあった。

日本の行動様式はこのように、目的にせよ手段にせよ、十年たっても旧態依然で、中国に対する敬意・尊重をいよいよ失っている。それだけに中国側の反応・憤懣は、十年前よりはるかに激しかった。二十一カ条要求の強要と受諾の日・五月七日と九日は、中国人に国恥記念日として記憶される。これは当時の袁世凱政権が、日本に責任を転嫁しようとした誘導もあった。けれどもそれだけで、これほどの排日運動になるべくもない。

そしてパリ講和会議において、日本に山東の旧ドイツ権益を譲渡する決定がなされると、北京の学生たちは一九一九年五月四日、天安門前に三千人が集結し、二十一カ条要求のとりけし、山東権益の返還などのスローガンをかかげて、デモを起こした。五四運動である。北京で親日派の官僚を襲撃したばかりにとどまらない。運動は全国にひろがり、多くの都市で商人・労働者のストライキが起こって、親日官僚の罷免や講和条約調印拒否など、政府の姿勢をも動かした。けっきょく一九二一年から翌年にかけてのワシントン会議で、山東権益の一部還付が実現したのである。

日本は「戦勝」したのだから、権益を獲得して当然だと思っていた。それを得られなかったとあって、ますます既得権益に固執すると同時に、新たな権益の獲得をめざし、それに反する動きに反撥を強める。中国人にとって、そんな日本はいよいよ「強権」をもって、中国の再起と統一をはばむ存在になっていった。

たとえば、一九二八年の山東出兵と済南《さいなん》事件は、その象徴的な事件である。軍閥の打倒と中国の統一をめざす蔣介石の国民政府の北伐軍が、南京から北京へ進軍する途上、山東省の首府済南に近づいたとき、日本が居留民保護という名目で出兵し、済南を占領した。その目的は「日本の極東における特殊の地位」と満蒙権益を守るにあって、そのためには国民政府の北伐を妨げて顧みない、無理で露骨な内政干渉だった。蔣介石は隠忍自重して日本軍との正面衝突を避けたけれども、中国側に三千五百以上の死傷者が出る惨事となったから、反日運動が猛烈にまきおこる。それでも日本側では、非はあくまで中国側にある、との報道・輿論が支配的で、暴虐な支那を膺《う》ち懲《こ》らしめる、いわゆる「暴支膺懲《ぼうしようちよう》」の声が高まった。日中の隔たりは、もはや埋めがたいものと化したのである。

そのいきつく先が、一九三一年の満洲事変・翌年の「満洲国」建国であり、十五年にわたるいわゆる「抗日戦争」の勃発である。そこで決定的・全面的に、日本こそが中国の

「主権」の侵奪者、民族主義の主敵と化した。愛国がとりもなおさず、反日を意味するようになったのである。現代までつづく日中関係は、したがって一九〇五年が事実上の出発点である、といわねばならない。

時期を同じくする日本の工業化・産業化も、それと無関係ではない。一八八〇年代後半から綿紡績業を中心に始まっていた日本の産業革命は、日清戦争・日露戦争をへて大きく進展し、その市場を必要とするようになっていた。それが近接する人口豊富な中国である。日本はここで、ふたたび中国と深い経済的な関係をとりむすぶようになった。

かえりみれば、江戸時代の中期以降、日本は中国と経済的な関係を希薄にしてきた。金銀など貴金属の涸渇によって、中国産品を輸入できなくなった、あるいはその国産化によって、輸入せずともよくなったからである。以後も希薄な関係はかわらない。日清双方とも西洋諸国と条約をむすんで、開港・開国をしても、日清二国の政府間にさしせまった経済上の問題はなかった。明治以後、日清が対立したのは、琉球問題・朝鮮問題という、もっぱら政治的外交的な案件による。それは双方の国家体制にかかわる原則的な問題であっただけに、かえって危機が深刻化し、日清戦争を戦わねばならない結果になった。いわば経済的なつながりがないまま、相互に相手に対する意識をつのらせ、対立を深め、干戈《かんか》を交えたのである。政治外交が自己運動してしまうところに、中国の政治と社会の乖離構造が作用している。

二〇世紀に入って、日中の経済的な関係が密になってきたのは、じつに明末清初、一七世紀以来の局面である。しかしその当時は、政治的関係は存在しなかったから、「倭寇」という形態でしか、経済的な関係が築けなかった。ところが二〇世紀以後の経済関係は、政治的関係の変化と時を同じくして深まったのである。日本の対中利権の掌握、中国の愛国主義の昂揚・近代国家化の出発と複雑に絡みあわざるをえなかった。それは日中関係史上、じつに未曾有・初体験の事態だといってよい。

中国が「主権」をもつ地に、血であがなって有した日本の国益。その主権は絶対に譲れない中国の愛国主義。にもかかわらず、密接不可分な経済的関係を築いた両国。それぞれが拡大発展しながら、いよいよ矛盾をふかめてゆく。

政治的な抗議を主張するため、しばしばとられた手段はボイコット、いわゆる日貨排斥である。その運動は国恥記念日の前後を中心として頻繁におこった。国際連盟が派遣し、「満洲国」の実態を調べて、日本の主張を否定した、かのリットン調査団の報告書をみると、日貨排斥のボイコットは、一九〇五年から一九三一年まで、大規模な国民的なものを数えるだけで、九件にのぼっている。平均して二、三年に一度はおこっている計算であり、これにはもちろん、小規模・地方的なものは含んでいない。さながら年中行事に見まがうほどになったのである。けれどもそれが日本人ばかりでなく、当の中国人をも少なからず苦しめていたことは想像に難くない。このパズルは、けっきょく満洲事変・日中戦争の破局にいたるまで、解くことはかなわなかった。

一九〇五年から数えて百年、二〇〇五年になっても、この種のパズルが実は解けていないことを、反日デモは思い知らせた。経済的に切っても切り離せない相互依存関係になったにもかかわらず、政治的にはなお対立の火種が消えていない。

再びかつてのように、パズルを難しくして、抜き差しならない関係になってしまうのか、それとも新しい関係に入ってゆくことができるのか。問われているのは、歴史の経験に学ぶわれわれの心構えなのかもしれない。

エピローグ

日中関係史といえば、平穏な時代の文化交流か、困難な時代の利害抗争か、いずれにせよ、そうした具体的な様相を描いて、その功罪を論じる、というのが、だいたいの通り相場である。そして日本人の書く日中関係史は、当然ながら日本人の観点と関心から見たものにほかならない。

本書はそうした方針は、いっさいとらなかった。そもそも日中関係史を正面から書こうと企図したものでもない。あくまで現代日本人にとって、近代中国史をわかりやすく描くのが目的である。そのために、日本との比較・関係をみるのが有効だと判断して、このような体裁になった。世上流布する類書とは、ずいぶん異なるから、少しなじみにくいかもしれない。筋立てをあらためて簡単に確かめておくことにしよう。

現代のわれわれが最も気になるのは、中国の「反日」である。だから、中国はなぜ「反日」になったか、という問いも発せられる。しかしこれは、問い自体がおかしい。「反日」

を文字どおりに解するなら、中国は史上ずっと反日であって、何かのきっかけで、あらためて「なった」わけではないからである。遅くとも明代、日本を「倭寇」とみなしてからは、そうである。親日的な時期はあっても、それはごく短い例外にすぎない。現在に直接つながる「反日」は、厳密にいえば、さかのぼって日露戦争の終わり、二〇世紀の初めにはじまったものである。しかしそれも、日清戦争の主因をなした従前の反日を前提条件にしなくては、成立しなかった。

社会構造およびその差異が、経済制度・政治権力の性質とそのちがいとなってあらわれ、それがさらに、対外姿勢とその齟齬をつくりだす。そのそれぞれが、相互の理解不足をもたらし、歪んだイメージや誤解、矛盾をうみだし、対立を重ねて破局にいたる。その破局の結果がまた、あらたな対立の出発になる。近代の日中関係と反日の源流を形づくった歴史経過も、ほぼ以上につきている。

あたりまえといえば、ごくあたりまえのことばかりなのであって、歴史はふつうの人間がつくるものである以上は、冷静に考えれば、ほぼ常識の枠内に落ち着かざるをえない。そうであればこそ、歴史事実というのは、客観的なものとして共有できるし、未来への指針にもできる。本書は一七世紀から一九世紀の中国と日本を題材に、そんな歴史をえがいてみたつもりである。だから全体の筋立てだけみれば、何も日中間にかぎった歴史ではない。ほかの国々でも、大なり小なり、ひろくみられることだろう。

もっとも、随処にふれた個別具体的なことがらに、あるいは目新しいものがあったかもしれない。なかんづく清代・清末の中国の社会構造や統治体制は、日本人にはわかりにくいものである。それはいま現在ばかりにかぎらない。同時代でもやはり、そうである。勝《かつ》海舟《かいしゅう》などは「支那はやはりスフィンクスとして外国の奴らが分らぬに限る」と言い放った。外国人一般からみれば、中国とは底の知れない、不可解な存在なのである。それが少しでもわかりやすくなったとすれば、本書の目的は達せられたことになる。

そうはいっても、勝海舟その人はちがう。「分らぬに限る」という発言も、揶揄《やゆ》や批判ではない。誉めているのである。その「スフィンクス」ぶりをかれは、

> 支那人は、一国の帝王を、差配人《さはいにん》同様に見てゐるヨ。地主にさへ損害がなければ、差配人はいくら代つても、少しも構はないのだ。それだから、開国以来、差配人を代ふること十数回、こんな国状だによつて、国の戦争をするには、極《きは》めて不便な国だ。しかし戦争に負けたのは、たゞ差配人ばかりで、地主は依然として少しも変らない、といふことを忘れてはいけないヨ。二戦三戦の勝《かち》をもつて支那を軽蔑するは、支那を知る者にあらず。(『氷川清話《ひかわせいわ》』)

と喝破した。「差配人」とは王朝政権のことであって、それと「地主」たる民間社会との乖離を描いてあますところがない。第2章で紹介した孫文・内藤湖南の所説と同じ趣旨だが、勝海舟はかれらよりおよそ四十歳の年長、李鴻章と同い年にあたり、この談話も日清戦争のとき、下関条約よりも前のものである。

かれは徹頭徹尾、日清戦争に反対だった。「無名の師」とまで言いつのった。期せずして同い年の李鴻章と同じ意見だが、それは当時の中国に対する洞察と畏敬による。だからかれは、李鴻章に称賛を惜しまなかったばかりか、梁啓超のいう「変法」にも反対だった。日本に亡命してきた本人たちに、「元来支那人でありながら、支那の長所を知らぬといふ奴があるか」、「日本の立憲政治など真似るといふベラボーな事はない」と怒鳴った、という。

その後の日中関係が、「将来のことを案じるヨ」と勝の予言どおりになったのは、かれの洞察が正鵠を射ていたことを示す。逆にいえば、かれほど「支那を知る」洞察をもっていた人は、日本にも中国にも、ほとんどいなかった。それはいま現在の日本人・中国人にも、ほぼあてはまることだろう。

矛盾と破局のくりかえしであった日中の関係は、不幸だった。それが互いに対する理解不足に起因していることも不幸だが、その二重の不幸を双方ともほとんど自覚してこなかったのが、何よりの不幸である。

もとよりその不幸を避けようとする、いいかえれば、彼此の隔たりを自覚して理解しようとする努力が、一貫してなされてきたことも確かである。ところが、その実現をはばむ事実経過も、やはり厳存する。その最たるものが、いわゆる歴史認識の問題であり、じつはいま現在に限った話ではない。

歴史認識とは文字どおりには、歴史事実をどのようにみるか、という意味であり、世人もふつうは、そのように漠然たる定義で使っている。もちろんそれにまちがいはない。けれども現在、日中のあいだに存在するのは、もっと深刻な問題である。「反日」問題もそれが深く関わっていることで、いっそう複雑になっている。

歴史事実のみかたのちがいで、日中に不信と確執が生じ、「反日嫌中」が増幅する、というのが問題のありようだといわれる。そうはいっても、みかた・認識で摩擦がおこるのは、歴史事実そのもの、あるいはそれを解釈する人々に原因があるわけではない。根源的な問題はむしろ、中国と日本の伝統的な史学という学問そのものに内在していて、それが学問だけにとどまらないところが深刻なのである。

史学はいうまでもなく中国に発祥し、日本の史学もその影響を強く受けてできたものである。史学の祖・司馬遷《しばせん》は、儒教の真理は抽象的な理論で述べるよりも、具体的な歴史事実に即して語ったほうが、よくわかる、と称して『史記《しき》』を著した。つまり中国の史学とは、儒教の教義を事例叙述に翻案したもの、したがってそこで描かれる歴史事実とは、イデオロギーの表明なのである。

中国も日本も、司馬遷のこのスタンスを忠実に守ってきた。伝統的な史学はもとより、近現代になってもそうである。皇国史観もマルクス史観も、歴史事実を材料にイデオロギーと自己主張を語ったものにすぎない。政治の問題が歴史のみかたとしてあらわれるのであって、決してその逆ではないのである。それは教科書・教育現場にまで貫徹している。

そこに根本的に欠落しているのは、近代歴史学の理想である。ありのままの事実をみいだす、つきつめて考える、という努力であり、あくまでそれにもとづいて意見を築き上げる、という態度である。

日中関係の政治問題が、歴史認識という形態をとるのは、たがいにとって、歴史が自らの正義を一方的に表明する手段であるからにほかならない。「正しい」歴史認識というスローガンがすべてを物語っている。そこでは、相手の事情はいわずもがな、史上の日中関係すら、実際にあった事実から乖離して語られてきた。

そもそも「倭寇」ということばが、そうである。それがほとんど「倭(=日本人)」でなかったのは、周知のことである。その「倭寇」で連想した日本の脅威もそうである。戦前の日本に流布した中国蔑視もしかり。「暴支膺懲」というスローガンは、その典型であろう。

戦前のみにとどまらない。日清修好条規を対等の「友好」条約と美化するのもそうだし、「満洲国」にいちいち「偽」の字を冠するのもしかり。日清戦争は日本が明治維新以来、着々と準備を進めた「侵略戦争」の発動だとする中国の学説など、その最たるものであろう。いま現在にいたるまで、これに類するものは、枚挙に暇《いとま》がない。それがあたかも、科学的な分析、確乎たる史実であるかのように、われわれの眼前に供せられているのが、厳然たる現実なのである。

歴史は確かに未来を指し示す鑑《かがみ》となりうる。しかしそれは過去を忠実克明に映し出さなくては、あらぬ未来しか示さない。遺憾ながら、日中間にはゆがんだ鑑が多すぎる。反日・嫌中もその所産の一つにほかならない。

一方が他方を一方的に「正しく」認識するのではない。互いが互いのありのままをみつめなおし、その姿を尊重する。歴史の役割はそこにこそ、求めるべきであって、われわれも努力しなくてはならない。本書もそのささやかな試みとして読んでいただければ、望外の喜びである。

急がば回れ——あとがきと文献紹介

十数年前、講義で「日本の不幸は中国のそばにあることだ」というと、必ず「何でそんなひどいこと言うんですか」と食ってかかる学生がいた。やや冗談めかした言い方ながら、もちろん相応の理由があっての発言であり、食ってかかりそうな中国ファンの発想と知識を少し変えてやりたくて、わざと挑発誇張したきらいもある。

時代は変わるもので、今こんなことをいっても、さしたる反応はない。冗談というには、生々しいし、まじめな話としては、いささか当然に失するからであり、こちらももう口にしなくなった。それにともなって、「不幸」たるゆえんをつきつめて考えようとする学生も、激減したような気がする。

しょせん中国に対する日本人一般のみかたは、情緒と印象のレベルにとどまる。だからわずか十年で一変してしまう。いや、一般だけではない。立派な知識人・政治家や官僚も、そのあたりはまぬかれていないように思われる。これはやはり危うい。

中国の反日・日本の嫌中に関する本は汗牛充棟、ネットの情報・議論はもっとおびただしい。しかしその場に立ち会う目撃は、どうしても好悪の感情に大きく揺さぶられる。それでは、知識として定着しても、ごく一面的になってしまう。

目前の現象には、必ず由来がある。情緒を抑制して、少しでも冷静になるには、現場の熱気から遠ざかってみたほうがよい。温故知新ともいう。過去のことを調べたうえで、現在を見なおしてみるほうが、より確実に知ることができるだろう。この情報化・速報第一の時代、はなはだ迂遠なようではあっても、やはり、急がば回れ、は真理なのである。

そもそも歴史屋の自分には、過去をふりかえることしかできない。日中関係が難しさを増す昨今、急がば回ってみた小著が、少しでも中国の理解に役立つことを願うばかりである。

急がば回って、ありがたくも小著を手にとってくださった読者諸賢は、いま一度、急がば回ってみてほしい。小著の叙述はおびただしい先達の研究に負っている。現代中国理解に必須のものを、とりあえずいくつか、かいつまんで紹介するので、ぜひそれも手にとって、いっそう深く考えてほしい。

まず同時代の著述で、小著で引用したもの。

内藤湖南『新支那論』博文堂、一九二四年（『内藤湖南全集』第五巻、筑摩書房、一九七

二年に再録）

研究書というよりは時事評論だが、歴史研究に裏づけられたその論述は、いまなお傾聴に値する。同じ著者の『支那論』文会堂書店、一九一四年（やはり『内藤湖南全集』第五巻に収録）の続編で、歴史だけでいえば、『支那論』のほうがくわしい。両者を読み比べてみると、十年の間に中国と日本がどれだけ変わったか、あるいは両国の関係がいかほど険悪になっていったかもわかる。十年の変化ということで、現代にも通じる読み方ができるかもしれない。

もうひとつ、こちらは研究書というべき著述である。

矢野仁一『近代支那史』弘文堂書房、一九二六年

内容は清朝の興亡史というのがあたっている。ユーラシア規模で支配と反乱を描いた政治史で、ずっしりとした読みごたえ。現在の情勢からみても、考えさせられる論点が満載である。口語体の内藤湖南のものに比べて、いまのわれわれには読みにくいけれども、それもまた深い味わいというべきだろう。

いずれもわが国の東洋史学の創始者、遠く隔たった昔の本なので、時代的な偏向を心得たうえで読むことが肝要。当時のバイアスはもとより、今を絶対的な規準としても、不可だということである。

近年のものにうつろう。まず経済史、明清時代の経済変動とその構造については、

岸本美緒《きしもとみお》『清代中国の物価と経済変動』研文出版、一九九七年

が参考になる。当時の市場構造の特質と世界経済との関係を説いて、あますところがない。大部なので、一般向けには、同じ著者の「清朝とユーラシア」（歴史学研究会編『講座世界史2　近代世界への道―変容と摩擦』、東京大学出版会、一九九五年、所収）、ならびに『東アジアの「近世」』山川出版社（世界史リブレット13）、一九九八年をみるとよいだろう。エッセンスは十分にくみとることができる。そのうち貨幣制度、とりわけ銀と銭の二本だてのしくみは、

黒田明伸《くろだあきのぶ》『中華帝国の構造と世界経済』名古屋大学出版会、一九九四年

が徹底的に解明している。しかしその叙述は、難解きわまりない。それはあながち著者ばかりの責任ではなく、中国という世界が、ここまでややこしいのだ、とみるべきである。貨幣とならんで、そのややこしさの最たるものが財政体系である。そこを解きほぐしてくれるのが、

岩井茂樹《いわいしげき》『中国近世財政史の研究』京都大学学術出版会、二〇〇四年

である。こちらも難しいけれども、原額主義・請負制・中央と地方の関係など、枢要な論点がわかればよい。それと関連して税関を中心に、徴税および税収の配分というトピックから、中国の政治経済構造をかいまみようとしたものに、

岡本隆司『近代中国と海関』名古屋大学出版会、一九九九年

があり、小著の出発点をなしている。課税と商慣習、そして西洋の制度との関係から、同じ課題に迫ったものとして、

本野英一《もとのえいいち》『伝統中国商業秩序の崩壊――不平等条約体制と「英語を話す中国人」』名古屋大学出版会、二〇〇四年

があり、当時の取引紛争を再現しつつ、制度原理をうかがうなど、題材が拙著よりもはるかに精細である。

小著のなかでも紹介したように、中国が日本と大きく異なるのは聚落形態であり、それが日中の差異を表現しつくしている。その学術的なガイドブックとしては、

斯波義信《しばよしのぶ》『中国都市史』東京大学出版会、二〇〇二年

が具体的で信頼できる。論述は古代の「邑」から、清末民国の「鎮」にまでおよび、そこから中国世界の特質がうかびあがってくる。

小著であまり論じることのできなかった刑罰・司法に関しては、

滋賀秀三『清代中国の法と裁判』創文社、一九八四年

が必読。「清代」という題名・内容はあまり気にする必要はない。中国で発達した法体系だけではなく、中国そのものを知るためにも欠かせない文献である。

清末中国の対外関係は、依拠する学説に古くなったところはあるけれども、

坂野正高『近代中国政治外交史――ヴァスコ・ダ・ガマから五四運動まで』東京大学

出版会、一九七三年がなお体系的・具体的で便利である。もちろん個別には、新しい研究がたくさん出ている。とくに清朝からみた当時の日中関係として、信頼できるのは、**佐々木揚**《ささきよう》**『清末中国における日本観と西洋観』東京大学出版会、二〇〇〇年**である。簡潔な叙述と引用はとりつく島を与えない印象だが、使いこなせば周到な論述が大いに役立つ。

以上も大部な研究書で、決してやさしい論述ではない。しかしそこまで調べないと、史上の中国はよくわからないのである。くれぐれもわれわれの常識で、はかってはならない。だからこそ、中国はおもしろいのだともいえよう。

以上からこうむった学恩にくわえ、示教を惜しまれなかった畏友の上杉和央氏・村上衛氏・井上直樹氏、そして懶惰《らんだ》に流れがちな筆者を督励し、刊行にこぎつけてくださった上田哲之氏にも、深甚の謝意をささげたい。

二〇一〇年一一月

岡本隆司

補論

日中関係を考える——歴史からのアプローチ

はじめに

本日はお集まりいただきまして、ありがとうございます。わたしは東アジアの歴史が専門でございますが、なかでもイギリスとかアメリカとか、西洋諸国と中国との関係を主に勉強をしてきた者です。

そういう西洋諸国と中国との関係から見ますと、日本と中国の関係は、非常におもしろいというか、変な関係です。われわれは日本人ですので、どうしてもその立場と視角で、中国を考える癖がありまして、周囲にも日中関係を専門的に勉強される方がいますけれども、わたしが変だと思うようなところにお気づきではないことがあります。

ですので、みなさまがイメージされる日本と中国の関係とか、あるいは日本人から見た中国とは、少し違う話になるかもしれません。そこは持ち味ということで、お許しをいただきたいと思いますし、少し今までとは違う見方とを聞いて帰っていただけたら、むしろうれしく思います。

「日中関係を考える」ということですが、わたしは歴史しかお話ができません。日中関係の歴史と申しましても、ずいぶん長いです。けれども今、われわれが置かれている状況が、みなさまのご関心もあると思いますし、またさほど関心はなくても、否応なくそれに引きずられて生きていかねばならない立場でもありますので、そこにつながるような時期を中心に、お話しします。

今日は僭越ながら独断と偏見で進めさせていただきます。その独断と偏見によりますと、現在につながっている日中関係というのは、だいたい一六世紀・一七世紀あたりから始まっています。非常にざっくりというか、乱暴な言い方をしてしまえば、それ以前はどうでもよろしい、知らなくてよろしい、という立場です。

それ以前は知らなくてよろしい、とわたしが言うと、すごく傲慢に聞こえますが、実はそういうことを言った偉い先生がキチンといらっしゃいまして、あくまで引用です。その偉い先生のことも、後でちょっとご紹介したいと思います。

ですので、話の本筋としては、一六世紀あたりからお話をし、それで目前、リアルタイムまで細かくやるとキリがないので、だいたい二〇世紀の切りのいいところまで、四つぐらいに分ける感じです。ただ、いくら知らなくてよろしいといいましても、全く何もないではお話にならないので、前史をゼロでつけます。

日中関係といえば奇妙である、ともう決めつけておりまして、その奇妙さが問題です。「嫌い、嫌いも好きのうち」といいますが、仲が悪いです、日本と中国は。世間の感情もそうでして、出版社の人とお話をしておりますと、「最近、嫌中本でないと本が売れない」

そうです。中国の悪口を書かないと、本を書かせてもらえない……、さすがにそこまではないですが、これは困ったな、と感じています。ちょっとマジメに中国のことを語ろうとすると、なかなかうまく広まらない、あるいは興味を持ってもらえない、そういう感じです。

それは非常にゆゆしきことだと思いますが、わたし自身もよくよく胸に手を当てて中国のことを考えてみると、やっぱり中国は「いけ好かんな」と思いますので、感情としては、だいたい世間並みです。

ただ、嫌いだから「何も知らんでええ」とか、「どうでもええ」、かというと、やっぱりそうじゃないとも思います。

「嫌い、嫌い」といいながら、日本人はたくさん中国に行っていますし、中国の人も「反日」「反日」といいながらたくさん来日しています。

わたしは京都に暮らしていますので、観光客がものすごく増えたことを実感しております。だいたい聞こえてくるのは、中国語ですね。京都なんていうところは、観光でしか生きていけないような町ですから、非常にありがたい。……とは思いながら、やっぱりやかましいな、とも思いますので、なかなか感情は複雑なところです。

現在そういう形で、感情はあまりよろしくない。よろしくないながらも、関係はそんなに浅くない。これは日本人の感覚として、非常に奇妙であるとも思います。

ひところ前まで、「政冷経熱」というフレーズが流行っておりまして、とくに政治家とか、あるいは経済界、財界の人たちとか、よくこういう言い回しを使っていました。ですが、最近は聞かなくなっています。

もう当たり前だからなんでしょう。とすると、昔は常態じゃなかったわけです。よくよく考えてみますと、日本と中国の関係は、歴史的に考えて、いつからそんなものになったのか、と商売柄わたしは思います。歴史しか知らない人種ですので、いろんな人と語っても、「何でこんなになったんですかね」と聞かれることが多いです。そんな時には、「いやいや、いま〝なった〟んではなくて、昔からこうでしたよ」とお話しするのが、このところ普通になりました。

0　前史

「日出づる処の天子」

日本と中国の仲が悪いのは、一つには、やはりそれぞれの置かれた立場が違うところに起因しているでしょう。向こうが住んでいるのは大陸で、面積はすごく広い。こっちは列島で、しかも山がちな、非常に狭いところで、そのうえ海を隔てていますので、違うといえば、それは全然ちがいます。考えてみれば当然の話なのですが、その違うことをお互いがあまり意識していないようでして、これがそもそもの始まりになります。

パーセプション・ギャップとでも申せばよいでしょうか。そのあたりをあらわす事例として、隋の煬帝をとりあげてみましょう。六世紀末から七世紀の中国の皇帝です。このころ、日本はまだ国ができていません。できているのかできてないのか、ようわからんような時期ではあります。

中国の記録を見ますと、その煬帝のところに、日本から使者がやってきた、とあります。その使者がもってきた国書に「日出づる処の天子が、日没する処の天子にご機嫌うかがいに来た」と書いてあって、煬帝が怒ったという、日本ではとても有名な話です。これ、何で怒るのかが、たとえば日本人がよくわからないことの一つです。

そもそもわからないから、そういうことを書くわけです。キチンとわきまえていれば、そんな「日出づる処の天子」とか、「日没する処の天子」なんて書かないです。日本人は、今でもそうですが、中国を中心とした東アジアの常識というか、しきたりというか、そういうのに疎い特性があります。

中国は、儒教が典型ですが、礼の国でございます。礼儀というのは頭を下げることで、はじめて成り立つわけですね。頭を下げるとは、どういうことかと申しますと、上下関係を設定することです。上下関係でしか物を考えられないのが、東アジアですね。非常に簡単に言ってしまえば、そういう形で秩序が成り立っている。

ところが日本人は、そのあたりのことが、ずっとよくわからない。今でもそうですね。礼儀作法とかいうのは、対人関係のレベルくらいなら、われわれもクドクド言うのですが、これが一歩国の外へ出ると、どうもそうではなくなる。「日出づる処の天子」「日没する処の天子」、これでは対等で肩を並べている、上下関係がない、無礼であるので、煬帝がお怒りになった。故意のしわざかもしれないですが、それにしても、大丈夫かと言いたくなります。

そういう日本と中国の元々の意識の違いですね。その意識というのは、単に頭の中だけではなくて、社会のつくり方であるとか、あるいは経済の成り立たせ方であるとか、人が暮らしていく全てのことに影響しています。

遣唐使・日宋貿易

以後、日本と中国の歴史で非常に有名なのは、遣唐使でしょうか。隋の後の中国の王朝が唐です。日本人は唐辛子《トウガラシ》・唐黍《トウモロコシ》など、外国の物事はすべて「唐」というぐらいですので、日本人にとっては、非常に存在感のあることばです。

煬帝に続きまして、日本はその唐に使者を出しました。いわゆる遣唐使ですね。何遍も行っているのですが、何しに行くかといいますと、先進的な中国の文物を勉強しにいくというのが日本人の常識だと思います。ここが問題です。

当の中国は、そんなことは何も考えていません。日本人が海を越えてやって来た、これは偉い皇帝にご挨拶・ご機嫌うかがいに来たんだろう。ういやつ、ういやつ。そういうのが中国の意識です。遣唐使もそうですね。

この遣唐使、有名なわりにはあまり行っていません。七世紀から九世紀の間に、多く数えて二十回、内輪に見積もれば十数回くらい。国家事業ではありましたが、交流という面からみると、さほど密度は高くありません。ここにもイメージとのギャップがあるでしょう。

唐の次が、宋という王朝です。ですが遣唐使は九世紀の末で終わり、遣宋使というのはありません。史上には「日宋貿易」というのが知られており、一一世紀あたりになります。宋という王朝は、実は当時、世界随一の物すごい経済大国でした。宋の都の開封は、今でも町がちゃんとありますが、この当時、一一世紀から一二世紀には、百万都市とか言われます。世界最大規模の大都市でありまして、いかに経済的に発展していたか、繁昌していたかを描いた絵・『清明上河図』も有名です。

日本はそのころ、中世が始まるぐらいなので、経済格差は歴然としていまして、先進国と後進国といえばよいでしょう。日本は宋からいろいろいいものが欲しい、ということで貿易が始まりました。

日本としては、たとえば平清盛とか、鎌倉幕府とか、あるいは足利尊氏・直義兄弟の天龍寺船とかですね。日本はそういうのが続きまして、わりと国家事業的に貿易をやろうとします。ところが宋のほうは、民間で単に貿易をやっている感じでした。

ですから遣唐使の頃よりは、交流の密度ははるかに上がっています。しかし民間・経済がベースですので、記録は多くありませんし、たとえば遣唐使よりも、一般の知名度は低いでしょう。ようやく研究レベルで、そのあたりの様相が明らかになってきております（桃木 2008）。

ともあれ日本と中国の関係が始まりますと、いろいろ事件・トピックがあります。それをとりあげるさい、あまり言われてない、気づかないことの一つに、日本と中国は同じことをやっていても、お互いの見方・考え方がまったく違う、あるいは認識が違う、ということがあります。

蒙古襲来

世界史という観点、つまり世界全体の歴史という点から申しますと、その大きな転換点は、どのあたりに設けられるのか。先ほど申し上げた一六・一七世紀は、一大転換点ですが、それ以前にもう一つ転換点を設けよう、あるいは設定しろと言われたら、一四世紀あたりでしょうか。

その少し前に起こったのが、日本史でいえば「元寇」「蒙古襲来」です。

モンゴル帝国がユーラシア全域を制覇し、日本にも攻めてきた、それで日本はモンゴル軍を撃退した、という話で、とても有名な歴史的事件です。もっとも、当のモンゴル側とか、あるいは中国側はどんな意識だったのかというのは、まだまだ研究の余地があり、単に日本が攻めてきたのを防いだ、という単純な事情ではなさそうです。

図 17　元寇要図

出所：旗田巍『元寇—蒙古帝国の内部事情—』(中公新書、1965 年) 112 頁。

そのうちの一つとして、図17を掲げました。これは何の変哲もない歴史地図ですが、注意いただきたいのは、弘安の役のほう、モンゴル側の進軍が二方向あることです。文永の役、それから弘安の役、両方とも朝鮮半島から九州のほうに攻めてきているのが一つあります。これは純軍事的な、あるいは政治的なアプローチという意味ですが、もうひとつは何か、という話です。規模としてはこちらのほうが大きく、中国の南方・長江流域の江南からやってきた、ということです。

この事情はよくわかっていません。一説によると、十万規模で来たといいます。まさか十万全部が戦闘員とは考えられない、ということで、移民団ではないか、日本に移民させるという説もある（杉山 2010）ぐらいですが、ともかくこの江南軍はよくわかりません。

わからないながらも申し上げたいのは、中国は広うございますので、北と南で考えること、やっていることが違うわけです。たとえば、元寇の地図から、そのあたりがうかがえます。

中国の北と南といいますのは、中国史全体の永遠のテーマでして、この構図をわからないと、なかなか中国が理解できないところがあります。今の中国の人たちも、北方人と南方人とは全然違うという認識です。歴史的事件の「蒙古襲来」一つとっても、そういう事情がよく出ている、とお考えいただけたらよいのではないかと思っています。

1　関係のはじまり

明朝という政権

そのモンゴル帝国が滅びますのが一四世紀の後半です。その時期はちょうど地球寒冷化の時代です。実は今、地球は温暖化まっしぐら、それとはちょうど逆の寒冷化が襲っておりました。寒くなると、これは冬にインフルエンザが流行るのと同じで、疫病・感染症が蔓延する。もちろん生物の生存力も落ちる。要するに天災・不作、そして不況という時代になって、これは地球規模で、大ダメージを与えました。このあたり、今や世界史の通説になっております。

日本史でも、南北朝時代は寒かったらしいですね。鎌倉幕府もそれで倒れたという説があります（永井 2009）。大陸も内陸部はものすごく寒いですから、非常にダメージが大きかったと言われております。

ですから、内陸の草原地帯を本拠にするモンゴル帝国は、そのダメージからバラバラになりまして、世界全体が大混乱に陥りました。そんな中で、中国でできあがったのは明朝という政権です。「明朝体」という活字・書体がありますが、その明朝です。

今、中国・北京へ旅行すると、必ず万里の長城とかのツアーに行くと思います。万里の長城というと、秦の始皇帝が造った、と世界史の授業とかで習います。別に間違いじゃないですけれど、ここではあえて間違いだと申します。

今われわれが知っている万里の長城は、秦の始皇帝が造ったのではありません。これができたのは、明朝の時です。何のためか。「長城」といいますが、要するに、壁です。「ベルリンの壁」と一緒で、通せんぼで、ピシャッとシャッターを閉めるわけです。シャッターは陸のほうだけかというと、そうではなく、海岸も実は同じでした。海禁といいますが、海と交通を遮断するという、日本風にいいますと「鎖国」ですね。以上を地図で示したのが図1（本書48頁）となります。

先ほども申しましたように、中国では上と下というのが秩序の基本。当然、文明が進んでいる中国が上、そのほか周辺は劣っているから下、というのが基本的な認識・意識で、秩序の基本です。思っているだけだったら、別によいのです。現実はいろいろ力関係もあれば、いろいろ妥協することもあるので、中国史でもこの基本的な認識・秩序が、完全に実現したことはありません。

ところが、この明という王朝は、非常にエキセントリックといいますか、おもしろい。おもしろいうちの一人が、有名な永楽帝ですね。そのお父さん、太祖・洪武帝がさらにおもしろくて、ゴリゴリのオッサンです。この親子で明朝のありようを決めました。

上・下という垂直関係を平面的・空間的に置き直すと、華・夷になります。中華と夷狄。要するに中央と周辺、文明人と野蛮人ということです。文明人は偉いに決まっていますから、華・夷は上下関係とまったく同じです。そういう秩序で成り立っていて、「だから劣っている下位・周辺の野蛮人は、中華の皇帝をリスペクトしなさい」「キチンと貢ぎ物を持って挨拶に来なさい」「それしか交流、交際は認めません」と言うんです。それをわれわれの学界では、たとえば「朝貢一元体制」と呼んでいます（岩井2005・檀上2013）。

「朝貢一元体制」と日本

「朝貢」と漢語でいうと、何か難しいですが、普通われわれがやっていることです。手土産をもってご挨拶にうかがうという行為ですね。ご挨拶に手ぶらではいけませんので、手土産を持っていくわけです。人間関係ならそれでいいわけです。ですが、それを国の規模にまで拡げると、どうなるか。

明朝の「朝貢一元体制」とは、要するに対外関係の手続は、その朝貢だけにした、ということで、このあたりがエキセントリックです。もちろん、ですから貿易もなし、何もなし、朝貢だけ。「周辺・外夷が手土産を持って、皇帝・中華にご挨拶にうかがう、もっぱらそれだけで秩序を作るんだ」というわけで、キチンとご挨拶に来たら、シャッターを少し開けてあげます、というのが明朝のやり方でした。

言うことを聴かんヤツは、腕づくで言うことを聴かせようということで、一生懸命モンゴルに遠征をしたのが永楽帝でして、かれは海のほうにも、大艦隊を派遣しています。鄭和の遠征ですね。いずれも、とても有名です。

この当時は、日本は足利幕府です。そういう「朝貢一元体制」をどうするかと対処を迫られ、しようがないので、ご挨拶に行きましょうか、という形で関係を持ったのが足利義満でありました。

しかし非難囂々でした。どういうことかと説明すると、中華の皇帝が偉い、というので、頭を下げに行ったのに対し、日本では、お公家さんとか、みんな怒ったのです。中国に頭を下げるのは許しがたい、隋の煬帝のときもそうでしたが、中国とは対等と思っているんですね。

東アジア・中国の視点からみると、足利義満はけっこうアジアの常識を知っている。けれども、それをやると、日本では怒られる。そういう日中のギャップがここにも影響した、と考えればよいと思います。

朝貢の関係といいますと、貢ぎ物を持ってご挨拶へ行って、ご挨拶して頭を下げる、ということは、要するに臣礼をとる。臣従するわけでして、非常に卑近な言い方をしてしまえば、永楽帝の家来に足利義満がなる、ということなので、ですから、それはいくら何でも、と考えるのが日本人です。天皇もいるのに……、というようなことです。

日本人はどうやらそれを見たくない。このあたりのことを日本史はどう教えているかと申しますと、「勘合貿易」ですね。みなさまもたぶん聞いたことがあると思います。「勘合」というのは、当時、貢ぎ物を持ってご挨拶にうかがいます、という時に、そういう使節ですよ、ということを示すための証明書、IDです。ですから、そんなIDを貿易の名称にするなんて、わたしから見ると、非常に奇妙なネーミングです。「勘合貿易」とかいうのは、朝貢・臣従した、という実態をごまかしたものでして、日本人はそういう癖があって呼び方で何か物事の実態をごまかすようなことをやります。ともかく中国から見ると、日本は足利義満が「朝貢一元体制」に入って、明朝に臣従をしたということにほかなりません。

でも、義満は息子と仲が悪かった。その義持が、オヤジのやっていることはけしからん、といって関係を解消することになりますので、結局のところ、日本人が明朝の「朝貢一元体制」に入ったのは、ごくごくわずかな期間のみでした。

ほかのアジア諸国は、いろんなバリエーションはありますが、明朝は強いですし、穏便にすませようか、みたいなことで、不本意でもだいたい言うことを聴くんです。特に朝鮮半島は隣り合っていますから、「言うことを聴かないと何をされるかわからない」みたいなことがありますので、いっそうそうなります。日本人はそういう点、全然パフォーマンスの仕方が違うわけです。

江南の工業化と「倭寇」

ただ、前述したのは政治的な、つまり中国全体で言いますと、北の動きですね。この永楽帝もそうですが、北京にいます。北の政治的な、のみでそういうふうにやっているんですけれども、先ほど元寇のところで述べたように、中国は北と南でやっていること、考えていることが違います。

図2（本書51頁）はその南のほうです。一五世紀・一六世紀あたりでして、上海という、いま中国で屈指の大都市ですが、それがまだできていません。このころの中心都市は、蘇州という町です。当時の蘇州の経済力が、後に海岸にまで行きついて上海になる、と考えてもらえれば、わかりやすいと思いますね。ちょうど中世の京都が、近世になると、大坂になる、そんなイメージで考えるといいと思います。

この地図は何を示しているかというと、このあたりは一五世紀・一六世紀に工業化を果たしました。工業化といっても、もちろん機械で何かをつくるようになったという意味ではありません。人力・手工業ではありますが、ものづくりが非常に発達しました。

何かと申しますと、木綿と絹です。この当時、木綿と絹をつくれるのは、世界で中国とインドしかありませんでした。ここが実はポイントです。

絹はほんとうに、中国だけですね。ローマ時代の昔から、中国は絹の国、セリカと言われる国でした。それがここで極度に発展し、世界で少ししかできないですから、世界中の垂涎の的になり、みんな貿易をしたい、といって群がってくるわけです。

一六世紀というと、日本はちょうど「南蛮渡来」で、世界的には、大航海時代です。貿易をしたいのは外国だけではなくて、もちろん物をつくったら、やはり売りたいので、中国の人たちも当然のことながら貿易をしたい、となってきます。

そうすると、シャッターを閉めた明朝の体制・図1と、それから図2の工業地帯、それから世界とのギャップ、あるいは矛盾が非常にあらわになります。それで何が起こったかというと、「倭寇」という現象です。

「倭寇」は日本の海賊というぐらいの漢字の意味です。もちろん日本人は貿易がしたいけれども、思うように貿易させてくれないので暴れる、という形になるわけですが、日本人だけそうだったかというと、さにあらず。南蛮人とか、いろんな人たちがそこには交じっておりました。それから大陸沿岸にも、強力な受け入れ態勢があります。中国の人々も貿易がしたかった。ですので、「倭寇」という表現は実にざっくりとしたイメージだけで、いろんな人たちがいた、というのが通説となっています。

大航海時代と日本の勃興

そこで注目したいのは世界の銀の流れです（図3、本書56頁）。当時の銀といいますと、今のわれわれなら、アメリカ・ドルみたいなもので、世界中どこでも通用する外貨です。その銀、アメリカ大陸が「発見」され、そこからザクザク出てきたという話ですから、新大陸を見つけたヨーロッパ人が急に成金になって物が買えるようになった。じゃあ、一番欲しいものを買おうかと、中国とかインドの物産を買うために持っていったというのが一つの矢印です。

ところが、もう一つ矢印がついています。これは小さいですから、表現するのに苦労しまして、短いのですが、それは日本から相当の量が中国に向かっていることをおわかりいただきたいわけです。

中国は当時、「銀の墓場」といわれています。ブラックホールのように銀を吸い込んで、もう出てこない、みたいなことです。それは中国に生産力があったということでもあるわけです。

当時の日本は戦国時代です。戦国時代・下剋上、それから近世の日本ということで、だいたい一まとめで考えることができます。一言でいいますと、大変な経済成長の時代です。戦国時代から江戸時代にかけて、これは非常にざっくりした計算ですが、日本の人口は三倍になります（図4、本書73頁）。をご覧いただいたらわかりやすいと思いますが、大変な人口増加です。人口増加を支えるべく、当然のことながら生産が増加をしています。生産量を増やそうとすると、当時主要な産業は農業ですから、当然のことながら耕地を増やさないといけない。耕地はどうやって増やすか、日本みたいな土地のないところでどうするかと申しますと、今まで住んでなかったところを開発することになります。その住んでなかったところは、どこかと申しますと、海沿いです。

人間はどうも湿地・沮洳《そじょ》地、つまりベチャベチャしているところには住みたくない。それはみんなそうですけれども、海沿いの沖積平野なら、技術があって排水さえできれば、水田に変わり、それでお米ができます。お米ができれば、たくさんの人口が養えます。日本の場合、やっとそれが可能になったわけです。

水位が低いところに水田が造成できるようになったのが、この時代ですが、それは当然、土木技術が必要になります。戦国時代、豊臣秀吉とかが土木狂といいますか、城攻めするのにダムを建てた、なんてことがありましたが、あれは有名になった、ごく一部の事象でして、むしろ日本全体があんな感じで、大変革です。今の日本の都市と農村のベースができ上がったのは、このときですね。

海外貿易と経済発展で、日本列島もこの時期、まったく相貌を一新させたというわけです。

2　成熟

下剋上と「倭寇」の構造

はじめに述べたように、以後の日本は、それまでとは違う国だ、と言った偉い先生がいます。内藤湖南です。応仁の乱でガラッと変わった、現代の日本を知るには、それ以前の日本は別に知らなくてもよろしい、とまで言う（内藤 1976・2004）。これはたいへん影響を与え、わたしも同じ時代を勉強していますので、なるほどなと思うことが多々あります。

内藤湖南は日本研究家であり中国史の専門家でもある人ですが、中国のほうはそれほどキチンと言ってくれませんでした。日本史のほうばかり。

わたしは中国も、たぶん同じようなことが言えると思っています。つまり現代中国を知るには、それ以前の中国は別に知らなくてよろしい。これは言い過ぎかもしれませんが、そんな主旨です。少し説明しましょう。

一五・一六世紀の中国は、先ほどの南北の違い、あるいはお上の政治と下々の経済が全く分岐してくる、そういう時代でありました。

とにかく明朝は「固い」といいますか、まったく柔軟性がない感じの体制・政権で、世の中の動きについていっていない観がございます。政策は全然かわってないですね。政策は変わらないのに、民間の経済はどんどん発展していって、貿易をしたいけど貿易は許さん、という感じになって、倭寇とかいろんなことが起こってくる。そのいろんな民間の交流の中で、日本の経済成長も生まれてくる。

さきほど少し申し上げました「下剋上」、内藤湖南によれば、これは単にヒラ社員が部長を蹴落としたというばかりではなく、もっとスケールの大きい、下層民が、それまで支配階級だった上層の連中全体を撃滅した、日本の名もない平民がこぞって力をつけて、それで名もない平民たちが主役になっていったことなんだ、と定義づけます。

ですから、徳川家康とかもそのうちの一人かもしれません。典型的なのは豊臣秀吉です。戦国大名というのは、下層から成り上がっていくパターンですが、これではなかなか秩序が安定しないので、大きな領主権力が軍事力を独占し、身分制を設けて社会的分業を固定して、何とか平和にしましょう、とできたのが豊臣政権や徳川幕府だと思っております。

何を言いたいかというと、中国の場合は、上と下、政治と経済、北方と南方がバラバラになってきているのに対し、日本のほうは生産・技術とかを含めて、下層民が非常に活躍をし、下層民が一元的な政治権力、経済主体をこしらえてくる。それが戦国当時に起こってきた、ということです。

一六世紀から一七世紀にかけての日中それぞれのパフォーマンスは、同じ大航海時代、同じ経済成長をしてはいて、貿易関係は深まっています。が、かたや政治と経済が離れていく、かたや社会主体の一体化、「下剋上」ですから上も下も全部一体になる。そうやって、日中のありようが全然ちがうようになってきて、それが顕在化してくるのがこの時代でして、それが出発点になります。

ただ、そんな互いにどうも違うという事情が「倭寇」という形であらわれて、仲が悪くなってくると、やっぱり、ちょっと関係を修復したほうが良いのではないか、となってきます。

江戸開府と明清交代

一七世紀になると、日本と中国ではそれぞれ、政権が交代をします。とにかくエネルギッシュ過ぎた豊臣秀吉、朝鮮出兵みたいなことをやってしまうような政権が倒れて、もうちょっと常識のある徳川家康がとりあえず政権を握ることになったのが日本の局面です。かたや中国のほうは明清交代と申します。明朝から清朝に政権が移りました。

清朝は、当時の中国・東アジアからすると、マイノリティだった満洲《マンジュ》人たちがつくった政権です。その清朝というのは、明朝に比べるとよほど常識的でマジメな人たち、よほどリアリストです。

日本との関係でいえば、どんな関係を構築すればよいか、をマジメに考えました。「どうも日本との経済関係は重要そうだから、これはキチンとやらなければいけない。ただ、ヘタに政治的に手を出すと、「倭寇」みたいに暴れるかもしれないので、日本人には来てほしくない」。来るな、ということですが、日本と経済的な縁は切れないので、中国のほうから、「爆買い」ではないですが、日本のものを買いに来る。もちろん売るものを持って来てのことです。

先ほども見ましたように、中国が日本から欲しいのは銀でした。といっても、日本の銀も無尽蔵にあるわけではないので、江戸時代に入ると、だんだんなくなってきます。そしたら何が欲しいかというと、今度は銅です。しかしながら銅も、中国の需要を満たすほどありません。日本も出し渋るようになりますと、今度は海産物。フカヒレとか、中華料理では、大事なものです。日本は海に囲まれた漁業の国でもありますから、ああいうものを貿易するようになりました。

銀から銅、銅から海産物ですので、だんだん価格も減っています。江戸時代を通じてそんな感じでございまして、日本と中国の経済関係は、一九世紀になると希薄になっていくのがトレンドです。

「鎖国」と長崎貿易

そういうのを日本は「鎖国」と言っています。その「鎖国」の唯一開かれた窓口になっていたのが長崎です。ただ長崎というと、出島ばっかりですね。オランダ・西洋が関わるからか、出島ばっかりなんです。今、注目していただきたいのは、そちらではなく、「唐人屋敷」つまり中国からやってくる人たちが住んでいるところです。

日本は当時、「鎖国」していましたから当たり前ですが、チャイナタウンがあったのは、ここだけです。今、世界的にチャイナタウンがありますし、日本も神戸とか横浜とかに中華街があります。これは近代になってからできたものです。つまり日本が「開国」をして、アメリカとか西洋人に港を開いたんですが、それについてきて中国の人々もやってきて、横浜とか神戸とかに住むところをつくったのが、今の中華街です。

長崎は違います。もともとここに中華街があります。でも、今は遺構しか残っていません。別のところにみんな引っ越しました。ですので長崎のチャイナタウンは、ほかのところとは違う趣がありまして、結構おもしろいです。

ただ、長崎と中国との貿易は、だんだん減ってきます。貿易の関係だけですから、北の政府とか政治は絡まない。南のほうの、古くから日本と関係を持っていた寧波《ニンポー》という町ですね。後に、近代になりますと、長崎と上海が航路を結び、「長崎県上海市」みたいな言葉があったぐらい、行き来が盛んにありました。

実は上海というのは、寧波の人たちがつくった都市でもあるので、そういう意味で、南方中国と長崎は、実に縁が深いです。何百年ものスパンでありますから。ただ当時、貿易自体は衰退してまいります。

近世日本と中国

ところが中国は、日本との貿易が衰退した一八世紀になりますと、爆発的な人口増加をしております（図4）。日本は一七世紀に三倍になりました人口が、一八世紀になりますと、これがたぶん臨界点になります、日本列島で支えられる人口、その当時の技術とか。ずっと横ばいになって臨界点に達したわけですが、中国のほうは同じ時期に三倍、四倍に人口が増えている。

日本と中国は、人口規模とか何でもそうですが、日本の十倍が中国だと思っていただいたらよろしいかと思います。いま日本の人口が一億二千万か三千万ぐらい。中国は十三億ですね。昔もそうです。

一六世紀あたりは、日本は一千万で、中国が一億でした。それが一七世紀になると日本は三千万、一八世紀、一九世紀に入ると中国は三億、四億という感じになってくる。

ただそのトレンドが、図4でもわかるように、同じ歩調で進まないのが、日本と中国の関係を象徴しているようです。全然ちがう方向を向いている、という感じでご理解いただけるとよいのではないでしょうか。

日本は「鎖国」の時代です。同じ時期、中国は貿易を続けていました。それこそ、前掲の地図のままです。このパターンの貿易をずっとやってきました。日本から銀が入ってこなくなっただけです。一八世紀になりましても、こういう形で一貫して、銀が流入しつづけていました。

誰が持ってきたかというと、今度は日本人ではなくて西洋人、とりわけイギリス。産業革命ですね。イギリスも経済発展をしていますが、その経済発展のプロセスの一環として、お茶を飲むように、喫茶の風習ができたのが、その当時のイギリスです。爆発的に中国のお茶を買い付けて、それまでも中国の特産品、生糸や陶磁器などを買っていましたが、それ以前は物の数ではないほど、お茶をたくさん買うようになりました。茶というのも特産品、当時は中国にしかできないものでした。

同じ時期、日本もやはり中国と貿易をやってはいました。銀がザクザク出てきたころは、中国から貴金属でモノを買っていればよかったんですが、銀がなくなってくると買いようがない。

日本人はしょうがないので、中国にあるものは自分らでつくりましょうかという話になってきました。江戸時代に一生懸命みんな苦労をして、お茶を宇治とか駿河でつくるようになり、木綿も中国からもってきてつくるようになり、絹も信州や上州などでつくるようになったというのが、江戸時代の経済トレンドであります。いわゆる輸入代替化と申しますが、日本の「鎖国」の本質は、そういうことだと言われております。

先ほど申しました、貿易の衰退、中国と貿易しなくなったのを逆にいいますと、する必要がなくなった、ということでもあります。全部自前で調達できるようになりました。それはヨーロッパ人の欲しいものと同じですから、日本が「開国」をすると日本の目玉的な輸出品になりました。そのなれの果てが、世界遺産になった富岡製糸場などです。

3 転換

「西洋の衝撃」と日中

一九世紀に入ります。日本も中国も同じく「西洋の衝撃《ウエスタン・インパクト》」の時代です。日本では「黒船」来航、中国ではアヘン戦争となります。一九世紀の半ばですね。

ただ日本の場合、ほんとうに突如、黒船がやってきたという感じですが、中国は先ほども申しましたが、景気が上がって人口も爆発的に増加したのも、ずっとイギリスなどの西洋との貿易のおかげで、ずっと貿易とかやっています。日本みたいに全然没交渉だったのが、急に交際をやり始めたというのではありません。しかしながら、中国のほうも西洋と政治的な関係を結んだのは、確かにこのときが初めてです。

ですので、「日本と中国は同じ「西洋の衝撃」を受けて、同じように「開国」した」「一方は近代化が成功して、一方はあまり成功しなかった」ような感じで語られると、それは何かおかしい。少し違うように理解をしたほうが、いいのではないかと思っています。

先ほども述べたように、中国はそれまでずっと、西洋諸国と関係を持って貿易をやっていたので、そのプロセスでトラブルも起こります。仲が悪くなったりもします。その大きなものが、たとえばアヘン戦争ですね。

それならアヘン戦争などは、とにかく今までやってきたことで、ちょっとトラブルが起こっただけ、それまでの関係を別に根柢から改める必要はない、というわけです。それまでと同じような感じでやっていけばよろしい、というのが中国側のスタンスです。だから中国のほうとしては、それほど変わったという自己認識はありません。あるいは客観的にみた情勢としても、一八世紀と一九世紀とはあまり変わっていないです。

ところが日本の場合は、江戸時代の「鎖国」と明治の「開国」、両者をあまりにもバチッと分けると正確さを欠きますけれども、それまで没交渉だった西洋と交渉を持つようになって、日本の国そのものがガラッと変わった、ということ自体は事実ですね。これは実際ガラッと変えざるを得なかったわけです。

中国の場合は、西洋と経済関係を持ちます。けれど、政治は別のところがやる。先ほどのべた北方と南方ですね。なので、南の方でゴチャゴチャ西洋と何かやってて、それでトラブルが起こっても、北の方あるいは政治は、別に姿勢を変えなくても何とかなる。ところが日本は一体ですから、西洋と関係を持って、それでは都合が悪くなってくる、全体がガラッと変わらないとおさまりがつかない社会になっていたのです。

はっきり言いますと、日本は近代化に成功したのではなくて、そうしないと、にっちもさっちもいかんようになったという感じです。それに対し、中国のほうは、別に近代化せずとも、それまでのやり方で別にかまわない、みたいな感じで余裕があったと捉えることができます。

明治維新と日中関係

それで日本は西洋のやり方を学ばないと、近代化をやらないと、というように、みんな一丸となって走り始めました。それが明治維新です。

そうすると、それまで政治抜きの経済関係だけでやっていた日中関係では、日本人は収まりがつかなくなる。中国とも西洋流にキチンと国交・条約を結んで、キチンと西洋流のつき合いをしないと、西洋と関わり、肩を並べることはできない、という強迫観念に駆られて、中国にアプローチをしにいく。ということで、中国との新しい関係が始まるわけです。

細かく言い出すとキリがないので、年表風に主要な事件を挙げます。

一八七一年、日清修好条規というのが、日本と中国清朝が結んだ条約です。ところがその八年後、琉球処分があります。琉球を日本が沖縄にしたもので、それまで琉球王国といって半ば独立していた感じですが、日本に編入して沖縄県としました。

次は一八八二年に壬午変乱、一八八四年末に甲申政変があります。これは朝鮮半島のソウルで起こった、日本と中国の武力衝突。壬午変乱のほうは、武力衝突に至りませんでした。甲申政変は実際に戦闘し、死傷者も出ましたが、全面戦争には至らず、とりあえず穏便に済ませたのですが、十年後の一八九四年には、穏便には済まされなくなって、日本と中国の間で戦争が起こりました。

この流れにそって、わたしの世代が教科書で、あるいは学校の授業で習った日中関係史のストーリーができました。

日清修好条規というのは、日本と中国が対等の関係です。日本の明治維新だとか、中国のアヘン戦争というのは、西洋から不平等条約を押しつけられました。そういう事件がありましたから、いじめられた者どうし、日本と中国は対等な条約を結んだ、とても友好な関係、美しい条約である。ところが、日本はどんどん西洋に毒されて、帝国主義化をしていって、中国にケンカを売って戦争に至って、……というストーリーです。

この歳で、それがウソだとわかりました。もちろん真っ赤なウソだとはいいません。日本が力をつけて大陸に進出していったことは事実でございます。

関係悪化と朝鮮半島

でも、たとえば日清修好条規は、美しい条約だとはいえないですね。日清修好条規は、中国側の李鴻章がつくったものです。その中に「日本と中国はお互いの土地を侵略し合わないようにしましょう（両国所属邦土、不可稍有侵越）」と明記した条文があります。「お互いの土地（所属邦土）」といいますが、実は李鴻章は朝鮮半島まで含めている。朝鮮と中国は違う国ともいえますが、確かにこの条文の漢字を見ると、朝鮮半島を含むような意味合いで書いてあります。

ところが、日本人はそれが読めない。日本人も漢字を使っていますけど、日本語の漢字と中国語の漢字は全然意味が違ったりしますし、先ほどのパーセプション・ギャップもありました。当時の日本人は、国際法・西洋のやり方でしか物を考えられないんですが、かたや中国は、変わらんでもかまわない、と思っている人たちですので、それまでのやり方を続けます。

中国側で何が怖かったかというと、一六世紀のおわりに、豊臣秀吉が朝鮮出兵をしました。「朝鮮出兵」とは言っていますが、あれは日明戦争でございます。中国の軍隊が来て、それで日本と戦っていたわけです。つまり朝鮮半島は、中国、とくに北京という土地柄にしますと、絶大な地政学的重要性を持っている。これは日本列島のわれわれは、たぶん死んでもわからない感覚です。

ただ、日本人にも似たような感覚がないわけではありません。たとえば朝鮮半島にまで、中国とかロシアとかの勢力が入ってきたりすると、それは元寇の再来であるという危機感は、戦前の日本人は持っております。

今は持っていませんね。「あの朝鮮半島って……」みたいな感じがありますが、これは日本人が平和ボケしているからです。それも実は、在韓米軍がいてくれるから、のほほんとしていられる。明治のころは在韓米軍がいませんから、決してそうじゃなかったということがございます。

今みてきました事件は、実はすべて朝鮮半島を中国側が確保しておきたいという安全保障上の利害で一貫した事件でございます。

琉球はいま沖縄と言いますが、そもそも中国の「属国」といわれる国です。それを何の謂われもなく、中国に何の断りもなく、日本が勝手に自分のものにした。琉球と同じ「属国」という地位の国が、実は朝鮮半島だったので、しかも日本は豊臣秀吉のころ朝鮮出兵という前科がありますので、朝鮮半島も日本がまた自分のものにするかもしれないという危機感が、このとき高まったんですね、中国のほうで。

なので、琉球問題といってますが、問題は沖縄ではなくて、朝鮮半島ですね。今、沖縄がけっこう、尖閣とか独立とかややこしいですが、それは中国側が海軍を持つようになってきたから、ややこしくなってきたのでして、このころはちがいます。

それで、朝鮮で実際に日中の武力衝突が起こるのもそういう文脈であって、それが戦争にまで発展するのが、日清戦争でした。

日清・日露

その続きですが、この辺だいたい十年おきに事件が起こっていると考えるとわかりやすい。甲申政変から十年で日清戦争、日清戦争から十年で日露戦争という感じです。そして、いろいろ書いてあることは、全部延長線といいますか、つながっています。

「日清戦争と日露戦争は違う」と言う人もいらっしゃるかもしれませんが、同じです。日本の利害としては、やっぱり朝鮮半島に敵対的な大陸勢力がいると困る、日清戦争のときは、清朝が怖かったので押し返したんですが、今度はロシアが来たので、それを押し返さなくてはいかんという、それだけのことです。

逆に、朝鮮半島の北側にいわゆる満洲、さらには北京がございますが、そこを支配している人たちからすると、朝鮮半島を押さえておかないと、そこが危ない、ということですので、朝鮮半島という地政学的な位置は、そういうことです。なので、清朝にしてもロシアにしても、朝鮮半島を押さえておきたいということで一貫します。そこで戦争が起こってしまう。

いずれにも、日本が勝利したので半島と大陸が変わっていく、ということになっていきます。つまり中国としては、日本に負けたのが相当ショック、ロシアに日本が勝ったのが、またまたショックでした。日清・日露のあとに「変法」、法を変える、また「新政」、政治を新たにする、という事件がありますが、これがショックのあらわれです。

先ほど述べましたが、今までのやり方でいい、というのが中国側の基本的なスタイルですね。とりわけ北方政治のほうでは、そうです。そうなんですが、日本が中国に勝った、ロシアに勝った、というのはちょっと信じられなかった。

何で勝ったのかというと、それは西洋化したからです。ロシアは西洋で大国ということですから、どう違うのかというと、ロシアも日本も天皇とか皇帝とかいますが、日本は立憲君主制、ロシアは皇帝専制だと。皇帝専制というのは中国と似ておるので、日本のようにしたら強くなれるはずだと考えました。

「変法」と「新政」とは、日本風な立憲君主制、立憲制にする。君主制かどうかはまた議論がありますが、とにかく立憲制は立憲制でやる。そう考えて政治が動き出すというのが、中国革命のそもそもの出発点でございます。

4　破綻

中国ナショナリズム

ですので、下関条約は台湾が日本の植民地になったりとかいう意味で、とても重要ですが、より日中関係で注目すべきは、中国があまり絡んでないポーツマス条約、つまり日露戦争の講和条約です。

そのポーツマス条約は、何が問題になるかといいますと、それまでロシアが持っていた権益を、日本が引き受けることを決めたものです。たとえばご存じの旅順・大連、このあたり、とくに大連はロシア人の町ですが、それを日本が取った。それから、ロシア人が敷いた鉄道の一部を、満鉄(南満洲鉄道)という形で日本が引き継ぎました。これがテコになって、日本は東三省、いわゆる満洲に権益を持つようになります。

この時、ちょうど中国は、日本のようにしたら強くなれる、と思っていた。つまり日本をモデルにして、西洋風に立憲制の国民国家をつくれば、強くなれるんだ、日本に学べ、ということで、中国からたくさんの留学生が、日本にやって来ていました。

ところが、当の日本は何をしているかと申しますと、国民国家となるべき中国の一部である満洲に、植民地を築こうとしている、これは中国人には、非常に不本意だった。満洲権益と立憲化。立憲化というのは日本化、近代国家化と言いかえてもあながち間違いではないのですけれども、そこで日本に対する姿勢が難しくなります。日本をモデルとしなければならないことと、日本というのは譲れないライバルであること。そういう非常に複雑な日本に対する思いができました。

当の日本は、と申しますと、それは戦争して中国に勝った、ロシアにも勝ったことで、当時の中国から学ぶものはない、などと中国蔑視が蔓延します。この点が非常に問題になってくるわけですね。

今に続くというと語弊があるかもしれませんが、中国の反日ナショナリズムは、このあたりから始まっています。非常に日本に対して愛憎ないまぜ、なんていうのは、先ほど来、申し上げておりますが、中国が多元的であることの一つのあかしではないかと思います。

それに対し、日本のほうは一体化、単純明快ですので、中国蔑視となると官民挙げて蔑視するという感じになります。この点、反日ということにも、それなりの相乗効果がある。以後の二〇世紀の政治史とは、もはや日中対立そのものでしかない感じです。

二十一カ条要求と日中対立

一九世紀の最末期・二〇世紀のほんの初めまでは、中国は日本に学べとか、日本モデルとかがそれなりにあったわけですが、一九一一年・辛亥革命以降になると、いよいよ変わってまいります。日本に学ぶよりも、もっと学ぶべき対象、アメリカとかがこのころから、中国に対して異様な親密度を加えてくる。そういう条件もつけ加えないといけないですが、いずれにしても、二〇世紀の、とくに辛亥革命以降になると、日中の対立はどんどん尖鋭化してゆく。

なかでも日本がポカをやったのが、一九一五年のいわゆる対華二十一カ条要求です。山東省のドイツの権益をうけつぐとか、満洲の日本権益を期間延長するとか……。これはあながち日本だけが責められるものでもないのですが、それにしても拙劣きわまりないのが、この時の日本の外交です。そのあたりの細かいことは、日本史の研究者が非常に詳しく解析をしております（奈良岡 2015）。

その後、一九一九年の有名な五四運動があり、そのデモも元来、二十一カ条を日本が強要したことにはじまります。中国の反日ナショナリズムを増幅させる一つのきっかけになり、あるいはよくご存じのとおりかもしれません。

日本の大陸進出は、このように第一次世界大戦から、また激化しました。こうして「そんな日本に抵抗する中国」という構図が定まります。中国は国民革命などで統一をしようとしても、その前に立ちはだかるのが日本となってまいります。実際に、日本が満洲事変を起こし、それで対立をして戦争になっていくので、これはたいへん不幸な歴史だろうと思います。

しかしそんな行動や事件ばかりではありません。そうした表に出てくる背後にある、それぞれの認識のギャップ、あるいはその変化がありまして、そのことをお互いが相手を知らないというところ、ここに非常に問題があろうかと思います。

「同文」の実態

日中の人たちは当時、互いを「同文」の国とみなし、中国も日本に学べば日本のようになれる、と思ったわけです。中国もそれでいろいろ試行錯誤しました。おそらく今もしていますが、まだなれていないと思います。

そこがまず認識のギャップの大きな点だと思っております。なかんづく「同文」とかいって、日本が学びやすいとか、日本のようになれる、というのは、少し誤解ではないかということです。

これは日本の歴史でも、非常に大きなポイントになると思われます。まず日本の江戸時代がかなり誤解されている気がしています。

江戸時代、とりわけ一八世紀の日本は、非常に儒教が普及をいたします。いわゆる漢学、中国の学問ですね。日本人がこぞって中国のことを勉強したというのは、実は歴史上これが初めて、江戸時代が初めてです。

ごく一握りのエリート、貴族・お公家さんとかお坊さんは、もちろん中国を勉強していました。清少納言が『白氏文集』をとか、そういうのはあります。ですが、一般の人たちが『論語』をそらんじるとか、寺子屋でたたき込まれるとか、そうなったのは、ようやくこの時なのです。

ところが漢学を勉強し、それで中国のことをよく知るようになったかといいますと、全然そんなことはありません。たとえば文字が読めるようになった、漢字が使えるようになったことと、中国を知るということとは、全く別です。リテラシーがついたとか、学問ができるようになったとかいうのは、当時からあるわけです。ですが、中国のことを知るようになったか、というと、必ずしもそうではありません。

しかも日本人は、漢学とか、漢籍に書いてあることは、どうも信用ならんと言い出しました。それで乗りかえるわけです。蘭学とか国学とかをやったほうがいい、西洋・日本のことをやってたほうがいい、となってきました。ちょうどそのときに黒船がやってくるわけです。

漢語でいろんなことが言えるようになって、日本人はリテラシーが急速に向上し、非常に知的にはなったんですが、だからといって「中国化」したとか、中国のことをよく知るようになったか、といえば、全然そんなことはありません。儒学の造詣に多少深くなっただけ、というのが、実は一八世紀から一九世紀の日本の姿でした。以後は、西洋化まっしぐらという形ですね（渡辺 2016）。

梁啓超

かたや中国のほうが、日本モデルということで、一九世紀の終わりから二〇世紀の初めにかけて、留学生を派遣して一生懸命、日本のことを取り入れようとします。しかしそれは日本語で書かれた、あるいはもう少し言いますと、日本の漢字で書かれた西洋のことを中国は学ぼうとしているだけの話であって、日本に来た留学生が当の日本のことを知って帰ったかというと、やっぱりそんなことはありません。

典型的な人をご紹介しましょう。梁啓超です。日本人にはあまりポピュラーではありませんが、日本でいうと、たとえば福澤諭吉と三宅雪嶺と徳富蘇峰を足して三で割らない、それぐらいの筆力と影響力を持ったジャーナリストでございます。

この人が政治上の争いで敗れて、日本に亡命してきました。それで、否応なく日本の本を読まないといけない。自叙伝には、日本の本を読んでみると、「思想が一変した」と書いています。

つまり中国で、西洋のことを中国流の書き方で書いてあるものを読んでも、全然伝わらなかったんですが、日本で、日本の漢字で西洋のことを書いてあるのを見ると、とてもよくわかる、あるいは考え方がガラッと変わったというのです。

そこでかれは、日本の漢語とか日本流の文体で、西洋の事柄をどんどん中国に発信していって、なかんづく若い人たちの考え方を、日本化、西洋化の方向に向けていったので、たいへん重要な人物です（狹間 2016）。

ところが梁啓超だけではなくて、当時の人たちが日本のことをどれだけ知っているか、それは非常に心許ないと思っています。

関係の緊密化

ほとんど同じ時期、一九世紀末の日本は、先ほど申しました江戸時代からの流れで、人の交流とか貿易とかはしていますが、中国とは経済的にそれほど重要な関係にはなかった、むしろ日中関係は政治的です。日本が西洋モデルを振りかざし、以前のままの体制で臨む中国と、朝鮮半島をめぐって軍事的、政治的に争いました。いわば中国の北のほうと日本が争っている関係でした。

日清戦争が終わり、日本は賠償金も得て、いっそうの欧米化をします。その一環が産業革命ですね。時期としましては、一九〇〇年代が中心です。その産業革命でできた工業製品をどこに売りましょうかという話になります。ターゲットは中国市場だったわけですね。日本でつくったものを中国に売り込もうという形で、実は産業革命が進んでいきます。

そのさい日本は、中国のことを知らねばならないはずです。ところが、そこに問題があった。江戸時代に漢学をやって、漢学の先生はたくさんいました。書物や学問は明るいけれど、中国の実地のことはよく知らない。しようがないので、商社で赴任した人たちなどが、現地で現場のことを学ぶ。だからそういう人たちは、経済とかローカルなことはわかりますが、中国全体がどう動いているかは、全然わからない。

そのうちまもなく、今度は逆に、中国の工業化です。先ほど中国は一六世紀に工業化したと申しましたが、その時は手工業でした。今度は機械制工業です。

一九二〇年代あたりに、中国はその工業化をします。綿製品を機械でつくるようになりました。何でそんなことができたかというと、実は日本からの技術移転であるとか、日本の企業が中国に生産拠点を移したとか、そういうことが主動力になっています。もちろん「民族紡」という中国人自身の資本でつくったものもありますが。

図18で、機械製綿糸の動向がわかります。はじめは輸入しかしていないです。国産はありません。一八九〇年代からつくり出すようになりますが、まだまだ輸入分が圧倒的です。ちょうど日本の産業革命がこのあたりから始まって、中国にどんどん売り込んだという話

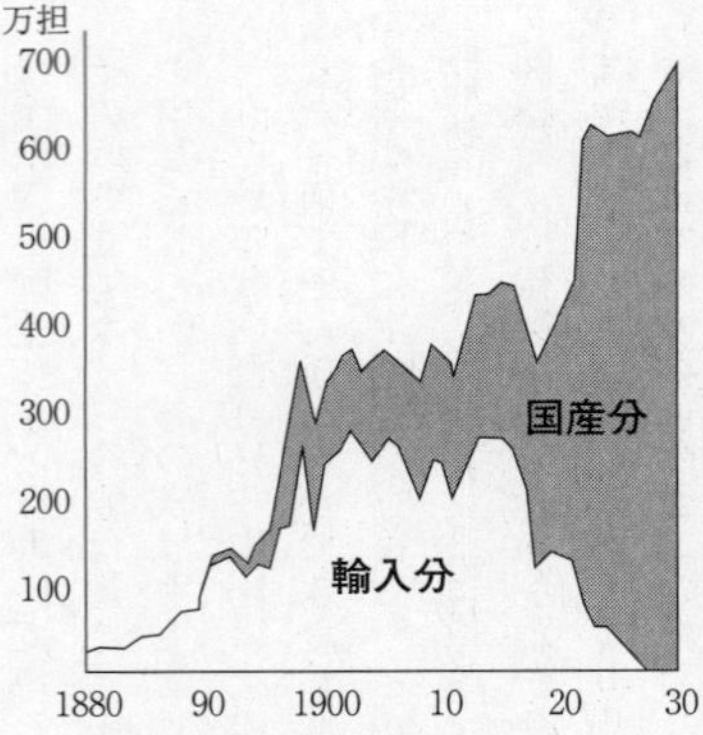

図18　機械製綿糸の供給

出所：森 2001、11頁。

ですね。

二〇世紀に入って、一九一〇年代・二〇年代に爆発的に国産分がふえてくる。こうしてついに一〇〇%、一九二〇年代に輸入綿糸をほぼ駆逐して、中国で自前の機械製綿糸がつくれるようになった。これを中国の産業革命といっています。

いちおう国産分といっていますが、この中には日系企業がたくさん入っている。当然のことながら、その日系企業でたくさんの中国人が働いている。中国人が着るものをつくっています。ところが、それが日系であるというだけで、たとえば中国ナショナリズムの「反日」の対象になって、排斥されてしまう事件が、二〇世紀では頻繁に起きました（森 2001）。同じことは少し前にも起こったのではなかったでしょうか。

「小日本」

石橋湛山という人は、そういう動きを目のあたりにして、発言をくりかえした人物です。

東洋経済新報社という今もある経済誌の主筆、ジャーナリスト・エコノミストで、後に総理大臣にもなりました。

そのかれの唱えた意見が「小日本主義」です。つまり大陸への進出をやめろ、と言うんですね。大陸に進出しても経済的にいい効果は全くないので、植民地とか全部放棄して、植民地の経営に投入しているお金を浮かせば、日本はもっと儲かるはず、という言説であります。これは今でも大きな権威がありまして、どうして日本は「小日本主義」の道をとれなかったのか、とよく言われます。

石橋湛山については、じつにたくさんの研究がありまして、「小日本主義」もおおむね上で述べたとおりです。ですが、少なくともその中国観の考察は、少し首をかしげるところがあります。たとえば、石橋が言っていることは、純経済的な観点だけで、国防などには及んでいませんし、中国社会の深層に対する洞察も、すっぽり抜け落ちているんですね。そこがどうも見のがされているようにも思えます。

それでも、日本は戦争に負けて、植民地も権益も全部取られて、結果的に石橋が言っていたような「小日本」になって、しかも経済大国になったので、これが正しかった、という感じになってしまいます。そこから、いわゆる経済人たちには、この「小日本」主義といえば、誇らしいことばになります。

同じ「小日本」でも、今の中国の人に言わせれば、「小日本《シャオ・リーベン》」ですから、悪口になります。中国人の悪口は、われわれは誇り。なので、ぜひそう言うようにしましょう、とは、悪ふざけでございますが、しかし「小日本」であるかどうかは、あまり関係ない話で、何を言いたいかというと、同じ事物・概念を共有しながらも、日本の考え方と中国の見方がまったく逆、かけ離れている点です。

日本と中国の経済関係があって、いわば非常に密接になってくる。とりわけ二〇世紀に入り、その前半。これは権益とか植民地とか、政治面のいろんなことも絡み合いながら、経済的には日本と中国は切っても切れない間柄になってきました。

にもかかわらず、当然のことながら、以前からの流れがありますし、二十一カ条要求のような外交上の愚かな振舞いも相乗効果で、政治的には日本と中国はたいへん険悪になってきました。ここが非常に問題でして、つまり政治と経済が一致していないわけです。

日本人は官民一体といいますか、経済発展でもそうですが、政治と経済はほとんど一体化して、経済人は政治家に頼りたいし、政治家はすぐ経済人に命令をします。日本の場合は政治、経済一体になっています。

ところが、中国側は全然違う。これが「政冷経熱」現象の根源的な構造になっているんではないかというのが、歴史から見た日中関係のありようだと考えております。

まとめと展望

そろそろ、まとめたいと思います。はじめに述べました、それこそ冗談的な会話で、最近の日本と中国との関係、「政冷経熱」は昔からあったんですよ、という趣旨にも、それなりの系統的な説明を与えたつもりです。

まず、日本と中国それぞれの基本的な認識があり、要はそれがぴったり合わない、日本が中国に、あるいは外に対して考えていることと、中国が外に、日本に対して考えていることとの間に、大きなギャップがあった。それが第一です。

いまひとつは、史実の事例です。重要な出発点として、一六世紀から一七世紀にかけての倭寇という現象です。これがたとえば「政冷経熱」、「冷」というよりは、政治上対立し、紛擾を起こすとか戦争をするとかですが、その一方で経済的には「熱」くて、非常に深いつながりがある、という典型例になるでしょうか。

それを何とか平和に、という形で転換をしたのが、一八世紀の、いわゆる日本で言うと近世、江戸時代ですね。中国では清朝時代であります。これは政治のほう、認識のギャップをぶつかり合わせると、関係が抜き差しならなくなるので、それまでの倭寇とかも踏まえた上で、政治的な関係は、お互い抜きにして、経済的な関係、経済ベースだけで関係を持つ、結び合うようにすれば、何とかうまくいくのではないかと、そういう平和な関係に入ったということです。

それを経まして、一六世紀の出発点の再現になったのが、二〇世紀前半の日中関係、あるいは日中戦争の事例になります。これを四百年も隔たった倭寇の再現というと、突拍子もない、学者にあるまじきアナロジーだと言われそうです。確かに置かれた諸条件とかプレーヤー、アクター、主体は全く違います。しかし非常に大づかみな枠組み・構造では、あえて同じだと申し上げたいと思います。

日本列島が一六、一七世紀、非常に経済発展をし、富強になった。経済発展だけではない、戦国時代ですから軍事力も強まってくる。同じようなことが、近代の日本でもいえて、「富国強兵」ですから、そうした共通点が一つの背景になっています。

そしてそんな日本の方向と大陸が変容してくるのは、無関係ではありません。一六・一七世紀、大陸のほうで北と南が乖離し、政治と経済が分かれてきたのは、単に中国だけでできたことではなくて、日本とも深いつながりがありました。またその日本が近代、一九世紀の後半から半世紀もしないわずかの間に「富国強兵」、強国化したことが、中国にインパクトを与え、国民国家化・中国革命を促しました。

にもかかわらず、お互いが相手のことをどれだけ知っているのかというと、これは大いに疑わしい。上っ面だけを見て、日本のようになりたいとか、あるいは中国蔑視をする、そうした歴史をたどってきました。

経済的、文化的には、相互依存関係はまちがいないわけですね。今もそうです。しかしながら、それぞれの社会のつくり方、あるいは政治のありようが、同じ人間がつくっているものだから、同じものができる、と言ってしまうと、全然ちがうと思います。

そういう相違、あるいは、どこがどのように違うのかをあらかじめ知っておいた上で、はじめてキチンとした対話ができ、関係が築けるのではないかと思っています。その際に歴史と、その歴史をもたらしている構造を知っておくことが、やはり重要だろうと考えます。

そんな違いと構造をあらためて、最後に申し上げておきたいと思います。

日本はすぐ一体化する、もともと一元的ですね。なので多元化したいという思いがあって、たとえば東京に対して関西・大阪、なんてすぐ言いたがるんですが、それは日本人が凝集する、一体的であることの裏返しですね。

逆に中国は、メチャクチャ多様、多元的です。同じ中国といっても、違う主体が同時に並立併存している社会でありまして、ここでは北と南、政治と経済というざっくりした分け方にとどめていますが、その中で数え出したら、もっとグチャグチャ……。少し語弊がありますが、とにかくわれわれの想像を絶しています。なればこそ、政府は一党独裁でとか、勝手な思想言論は許さないとか、「一つの中国」じゃないといけないと言います。これは逆にバラバラであることの裏返しだと考えております。

歴史というのは、虚実交えた資料《データ》に書いてあることから、いかに当時ありのままの姿に迫るか、という学問ですので、くれぐれも日本政府、中国政府が一方的に言っていることに惑わされず、歴史と現実とを自分の目でしっかりとご覧になって、お考えいただければ、と思います。

逆にいいますと、ここでわたしが申し上げたことは、わたしが言ってるだけのことですので、ウソ八百かもしれません。その辺はやはりご自身でいろいろと反芻し考えていただきたいと思います。

中国は大きな隣国で重要ですし、大陸も列島も引っ越せませんから、いたしかたありません。仲が悪いなりにどうつき合ったらいいか、ということを少し考える足しになれば、これほど幸せなことはありません。

与えられた時間となったようです。これで終わりたいと思います。

参考文献

岩井茂樹「明代中国の礼制覇権主義と東アジアの秩序」『東洋文化』第八五号、二〇〇五年
杉山正明『クビライの挑戦――モンゴルによる世界史の大転回』講談社学術文庫、二〇一〇年（原著は一九九五年）
檀上寛『明代海禁＝朝貢システムと華夷秩序』京都大学学術出版会、二〇一三年
内藤湖南『日本文化史研究』講談社学術文庫、一九七六年（原著は一九二四年）
内藤湖南／礪波護編『東洋文化史』中公クラシックス、二〇〇四年
永井晋『北条高時と金沢貞顕――やさしさがもたらした鎌倉幕府滅亡』日本史リブレット 人、山川出版社、二〇〇九年
奈良岡聰智『対華二十一ヵ条要求とは何だったのか――第一次世界大戦と日中対立の原点』名古屋大学出版会、二〇一五年
狭間直樹『梁啓超――東アジア文明史の転換』岩波現代全書、二〇一六年
桃木至朗編『海域アジア史研究入門』岩波書店、二〇〇八年
森時彦『中国近代綿業史の研究』京都大学学術出版会、二〇〇一年
渡辺浩『東アジアの王権と思想』東京大学出版会、増補新装版、二〇一六年（原著は一九九七年）

〔附記〕黒正塾・第一四回春季歴史講演会での講演（大阪経済大学日本経済史研究所主催、二〇一六年

五月二八日）

文庫版あとがき

小著が講談社選書メチエの一冊として上梓されたのは、二〇一一年の初頭だった。この時期、ちょうど巷を賑わせていたのが、前年の九月におこった尖閣沖での漁船衝突事件である。

事件と刊行のタイミングは、まったくの偶然ではあった。けれどもかねて中国でひろがっていた「反日」風潮が、構想・執筆に大きな影響を及ぼしていた点はいなめない。

もちろん一介の歴史家に、そうした目前の日中関係を直接、手づから扱う資格も能力もない。しかし関心をもってはならない、発言してはならない道理もないだろう。

歴史をまったく考慮しない向きが日本では大多数であるから、筆者からみれば、その現状のほうがおかしい。歴史的に現在をどう位置づければよいのか。そこを考えてみたかった。

「反日」は現象である。それなら現象をもたらす由来、しくみ、構造も知らなくてはならない。そちらは歴史家の仕事であろう。必然的に小著のタイトルもこうなった。あくまで歴史家としての関心・著述だったと断言できる。

そうはいっても、中国の「反日」が最高潮に達していた当時、それに対する日本側の関心も、おさおさ劣らなかった。ひとまずは人並みな関心とつながる、迎合的な期待がなかったといえば、ウソになる。筆者以上に版元はそうだったであろう。

それだけに、いつも目を惹きにくい拙著としては、少なくとも当初、小著は異例な注目を浴びた。反面、羊頭狗肉とか「逆釣り」とか「肩透かし」とか、いろいろいわれたし、その含意も毀誉褒貶さまざまである。

しかし筆者本人は、そうした見方でしか「反日」の現象をとらえられないことが、逆にいぶかしい。単純というか、生真面目というか。直情径行・短絡的・思慮の浅い日本人の短所をよくあらわしているように感じたものである。

それからも時は絶えず流れ、八年前に別の一文で言及したような、「高まった「反日」と「嫌中」の感情は、険しい対立を解けずに戦争へ突入した不幸な歴史のリフレインが始まるようにも感じられ」た当時の気運は、いまや見えない。そのあたり、日中ともに空気がずいぶんかわったような気がする。

中国の「反日」は鳴りを潜め、多くの旅行者が来日するし、政府要人の対日批判もあまり聞こえてこない。日本のほうでも、つい先日まで高まりをみせていた「嫌中」意識は目立たなくなっている。「中国崩壊」をお題目のようにとなえていたあの空気は、いったいどこへいったのだろう。

少なくとも歴史をみつめる筆者は、関係好転と手放しで喜ぶほど楽観できない。小著に言及した最新記事は二〇〇五年。本文の論述は一九〇五年でしめくくっている。後者はもとより、前者もずいぶん昔になった。二〇世紀の百年で、どれだけ日中関係の構造がかわったのか。一般に向けて問いたかったのは、そこである。

別に国籍を問わない。過日は中国語訳も台湾で出版されている。さすがに大陸では難しいのだろうが、しかし中国語圏の知識人に、ぜひ読んでほしいとは思っていた。

日本と中国の関係の歴史的な本質は、けっきょく何もかわっていない。「反日」が高まった十五年前も、収束したかにみえる目前も、一貫して同じ軌道でとらえてよいのではないか。そんなことを感じていた折、ちょうど原版が品切・絶版となったタイミングで、筑摩書房から「ちくま学芸文庫」に入れるお申し出をいただいた。

あらためてお声がけいただいたのを機に、読み返してみた。ずいぶん前の論述なので、細かいところでアップデートする余地は、時事的にも学問的にも少なくないものの、基礎的な論旨・全体の結構は改める必要は感じなかった。そのため誤植の訂正や表現の改善を除いて、ほとんど手を入れていない。しかし旧版そのまま、というのも、あまりに藝がないので、小著のレジュメ・ダイジェストも兼ねるような増補を施した。

附録の講演は明記のあるように、二〇一六年五月二八日、大阪経済大学日本経済史研究所の主催でおこなわれたもので、その内容をととのえて、同所発行の学術雑誌『経済史研究』第二一号、二〇一八年に載せられた。このたびの再録は、その講演録を簡明にしたものである。もちろん論旨はかわっていない。貴重な機会を恵与いただいたばかりか、種々ご教示を忝くした大阪経済大学日本経済史研究所前所長の吉田建一郎准教授と現所長・閻立教授、および蕭文嫻研究員に、あらためて厚くお礼を申し上げる次第である。

そして誰より、「解説」で「不満の多い」筆者の横顔から、小著の全体的な位置づけに至るまで、過分の紹介をいただいた五百旗頭薫教授、文庫編集の労をとって、小著に新たな命を吹きこんでくださった永田士郎さんに、記して深甚の謝意をあらわしたい。

日中関係はやはり底が知れない。それを解きほぐすには、互いの真摯な探求と考察が不可欠である。かつての試行錯誤でしかなかった小著ながら、幸いにしてふたたび世に問う機会に恵まれた。少しでも歴史を通じて、その道にいざなうお役に立てるなら、望外の喜びである。

二〇一九年四月　賀茂の桜を仰ぎつつ

岡本隆司

解説

五百旗頭　薫

岡本隆司は現代日本を代表する歴史家の一人である。研究が真摯、文章が平明であることに加え、専門とする中国が台頭し、かつ日中関係が混迷するに至って、引く手あまたとなった。私の知る限り、これだけの単著が商業出版されている。

『近代中国と海関』名古屋大学出版会、一九九九年一月
『属国と自主のあいだ――近代清韓関係と東アジアの命運』名古屋大学出版会、二〇〇四年一〇月
『馬建忠の中国近代』京都大学学術出版会、二〇〇七年一一月
『世界のなかの日清韓関係史――交隣と属国、自主と独立』講談社、二〇〇八年八月
O・N・デニー著（岡本隆司 校訂・訳註）『清韓論』東北アジア文献研究叢刊、二〇一〇年二月
『中国「反日」の源流』講談社選書メチエ、二〇一一年一月
『李鴻章――東アジアの近代』岩波新書、二〇一一年一一月

『ラザフォード・オルコック――東アジアと大英帝国』ウェッジ選書、二〇一二年四月
『近代中国史』ちくま新書、二〇一三年七月
『袁世凱――現代中国の出発』岩波新書、二〇一五年二月
『日中関係史――「政冷経熱」の千五百年』PHP新書、二〇一五年九月
『中国の論理――歴史から解き明かす』中公新書、二〇一六年八月
『中国の誕生――東アジアの近代外交と国家形成』名古屋大学出版会、二〇一七年一月
『叢書 東アジアの近現代史』第1巻「清朝の興亡と中華のゆくえ――朝鮮出兵から日露戦争へ」講談社、二〇一七年三月
『近代日本の中国観――石橋湛山・内藤湖南から谷川道雄まで』講談社選書メチエ、二〇一八年七月一〇日
『世界史序説――アジア史から一望する』ちくま新書、二〇一八年七月一〇日
『歴史で読む中国の不可解』日経プレミアシリーズ、二〇一八年一〇月
『腐敗と格差の中国史』NHK出版新書、二〇一九年四月

出版年はおろか、出版月、否、出版日を確かめても、後先の定まらない本がある。その健筆にはあきれるほかない。

本書の元となる『中国「反日」の源流』は、二〇一一年に刊行された。それまでの業績

を眺めれば、筆者が『近代中国と海関』に代表される経済史と、『属国と自主のあいだ』に代表される外交史という、二つの方法を装備していることがわかる。

経済史においては、中国の統治が経済から乖離している有様が丹念に描かれる。乖離しているから、人や土地を掌握して課税することができず、取引に課税するしかなかった。より露骨には、取引において有力な地位を占める商人に、徴税を請け負わせるしかなかった。こうした内地関を外国貿易にも適用したのが、海関の起源である。

このように統治の射程が限られている中国では、経済や社会の秩序そのものを、中間団体や秘密結社が担った。比べて西欧諸国はより小さく、官民がより一体となったクローズド・システムを作り上げた。主権国家が競い合う時代には、この凝集力がものを言う。

ここに由来する中国の苦境を、外交史は扱う。東隣のもう一つのクローズド・システムである日本が、西洋型の国家形成をいち早く軌道に乗せ、国力を高めた。日本はしかも、西洋型の国際法からは説明がつきにくい、朝鮮や琉球と中国との関係を否定し、これに挑戦する。琉球を併合し、朝鮮を併合し、中国をも侵略する。

実際の歴史においても、筆者の仕事においても、これら経済史と外交史とが合流し、『中国「反日」の源流』となったのである。

私は岡本史学の総合性に魅力を感じた。本書の初版を書評し、この「源流」からは「奔流の予感」がすると述べた。予感は正しかった。

近代中国や日中関係の通史を出すのは、僭越ながらほぼ朝飯前であったと思う。『近代中国史』などがある。

評伝も書いた。もっとも、内面や心情を想像して奔放に筆を走らせるタイプの人物論ではない。『李鴻章』も『袁世凱』も、武装中間団体を基盤に短期間で軍事力と権力を獲得し、それ故に凝集的な国家形成には挫折した、その明暗を通してあらためて社会構造を描き出している。主人公のものとも中国のものともつかぬ苦悩のため息が聞こえてくる。

このような社会構造のさらに源流を、論語や史記に遡って『中国の論理』では説明しており、勉強している。勉強家であることには驚かぬ。

だが奔流は、私の予想を超えていた。

筆者は不満の多い人である。せちがらい現代社会が、歴史研究を正当に評価しないことに不満である。身内の歴史研究に対してはもっと不満である。まず西洋人の西洋中心主義を批判する。反省した西洋人が非西洋圏に視野を広げるのも、しばしば弊害の拡大に終わると容赦ない。日本人の東洋史研究にはあなどれない蓄積があることを認めつつ、西洋人のバイアスに影響されすぎたと考える。そのことに自覚的な東洋史は、今度は独自性を強めすぎて、西洋人のバイアスを野放しにしていると嘆く。平明ではあっても、単純ではない。東洋史のアイデンティティを求める彷徨が、岡本隆司の執念の源である。

重厚な外交史研究『属国と自主のあいだ』も、属国なのか、自主なのか、という朝鮮のアイデンティティへの問いであり、その朝鮮に面する中国のアイデンティティへの問いであった。

奔流するためには、さすがに不満は脱色せざるを得ないであろう。彷徨は、潜伏せざるを得ないであろう。経済史に由来する、構造の明晰さが主要兵器となるであろう。私は半ばそう予想していた。

だがもう半分では疑っており、その直感が正しかった。アイデンティティへの問いは止まなかった。その証拠に、『近代日本の中国観』は、日本の中国理解の歴史への批判である。戦前、ただ一人過ちを犯さなかったかと思われがちな石橋湛山をまずやり玉にあげるという、念の入れようである。

かねてより筆者の外交史におけるアイデンティティへの問いは朝鮮に終わらず、新疆やヴェトナムやチベットにも波及していた。これらのアイデンティティからいわば卒業し、領土化と主権国家に向かうプロセスが、『中国の誕生』である。

これに先立ち、自らが編者となって『宗主権の世界史――東西アジアの近代と翻訳概念』（名古屋大学出版会）を二〇一四年に刊行している。モンゴル帝国崩壊後にユーラシア大陸の東西で確立した帝国、清朝とオスマン帝国が複数の普遍性（それぞれモンゴル＋チベット仏教＋漢語儒教とモンゴル＋イスラーム＋ローマ）を統合しおおせていたと論じた。これに比べると、西欧と日本は気の毒ながら両端に貼りつく鮭の切り身である。切り身がナイフに出世し、帝国からそぎとる時に、そぎとった地域について帝国にしばし残された立場を「宗主権」という。「宗主権」が東西で使われる前史として、西洋人・日本人のバイアスから自由な世界史像が浮上するのである。

そして『近代日本の中国観』と同じ日付にて、『世界史序説』を世に問うた。二七〇頁足らずの新書で古代からヨーロッパの覇権までをカバーしているのであるから、まずは大国の興亡である。だがそこには、中国における国家と社会の乖離を凝視してきた筆者の史眼が縦横に働いている。遊牧と農耕、そして両者の間に発達する商業とが消長し、政治と経済、北と南に、それぞれところを占める。この主旋律が、気候の寒冷化と温暖化を伴奏としつつ、ユーラシアの東西でかなり平仄をあわせて展開する。構造の明晰さとアイデンティティへの問いが、経済史と外交史が、再びここに合流した。

『世界史序説』が、普遍的な秩序体系として特に高く評価するのが、イスラームである。「(前略)偶像崇拝を否定し、奇跡を説かないなど、当時としては最も合理的な教えだったし、唯一神《アッラー》の前ではみな平等な同胞で、聖俗の区別もなく、位階の差別もなかった。こうした人道的な共同体の形成によって、清新なモラルを供給し、厳格な規律を維持しえたのである」(八四頁)。その通りだと思う。『世界史序説』という題名も、イブン・ハルドゥーンへのオマージュであると筆者が認めている。

岡本史学が、そもそも聖戦《ジハード》ではないか。皮肉や揶揄ではない。筆者の不満は、何よりも自分自身に厳しく向けられており、聖性を帯びている。

その聖戦の熾烈さに比べれば、今の日中関係も生易しく見えてくる。何より恐ろしいことに、生身の岡本隆司は端正で快活でフレンドリーなのである。本書の補章は、京都弁こそ再現されていないものの、生身の語り口をうかがわせてくれる復習教材である。

本書を復刊したことは、何を意味するのか。予感にもならぬ憶測だが、次の展開を考え始めているのかもしれない。

本書の初版が出た二〇一一年には、まだ日中友好への復元の努力がそこここにあった。本書はこれに対して、中国は異質であるとして、安易な楽観を戒めた。

今は、中国異質論が全盛である。異質だから理解せよ、というのが筆者の主張であり、異質だから目を背ける、というのとは違う。それでも、異質さへの認知は世に広がっている。不満がエネルギーの源なのだとしたら、筆者にはなるべく不満なままでいて欲しい。

中国の異質さの根幹は、国家と社会の乖離である。これと比べ、西欧や日本は小さく、一体性が高い、と筆者がいうのはその通りであろう。

だが近世日本も身分制の下にあり、かつ大名と天領に分割されていた。廃藩置県の後も、明治政府の施策は我関せず、という被治者特有の無理解やサボタージュが地域には根強く、これを克服するために一八七〇年代のうちに府県会を制度化しなければならなかった。

こうした必要のない国会は、一八九〇年の開設となった。国会開設後、衆議院の多数を占める民党は、自らが必要と認める政策に対して、藩閥政府への不信任を理由にしばしば抵抗した。

日清戦争における日本の勝算にはきわどい面があり、伊藤博文首相は開戦の回避に努めた。陸奥宗光外相は今でこそ『蹇蹇録』で有名であるが、当時の伊藤の政治指導から逸脱できる範囲は限られていた。

日本史における理解は、このような方向に向かっていないであろうか。

無論、日本と中国が同じ問題をかかえていたとは思わない。だがその異同についてより繊細で、かつ明快な語り方ができれば、歴史研究と現代外交の両面で、次の段階が開けるのかもしれない。

しかしここまで筆者に頼るのは、さすがにわがままかもしれない。日本史の側からも、同じ間口で議論すべきなのである。誰よりもそれを待望しているのは、筆者なのであろう。本書は平明ではあるが、安易ではない。「あなたの聖戦は何ですか」。こんな問いが、読んだ者の耳を打つかのようである。

（いおきべ・かおる　日本政治外交史）

索引

・原則として日本語読みで排列した。
・ハングル読みなどのルビを付してあるものについては，その読み方で排列した。
・西洋人の人名には原綴を（　）で付した。

ア

カ

サ

タ

ナ

ハ

マ

ヤ

ラ

ワ

本書は二〇一一年一月一二日に、講談社から刊行された
『中国「反日」の源流』を増補し文庫化したものである。

古代の鉄と神々　真弓常忠

弥生時代の稲作にはすでに鉄が使われていた！　原型を遺さないその鉄文化の痕跡を神話・祭祀に求め、古代史の謎を解き明かす。（上垣外憲一）

古代大和朝廷　宮崎市定

記紀を読み解き、中国・朝鮮の史料を援用して、日本の古代史を東洋と世界の歴史に位置づける、壮大なスケールの日本史論集。（砺波護）

増補 海洋国家日本の戦後史　宮城大蔵

戦後アジアの巨大な変貌の背後には、開発と経済成長という日本の「非政治」的な戦略があった。海域アジアの戦後史に果たした日本の軌跡をたどる。

日本の外交　添谷芳秀

憲法九条と日米安保条約に根差した戦後外交。それがもたらした国家像の決定的な分裂をどう乗り越えるか。戦後史を読みなおし、その実像と展望を示す。

古代史おさらい帖　森浩一

考古学・古代史の重鎮が、「土地」「年代」「人」の基本概念を徹底的に再検証。「古代史」をめぐる諸問題の見取り図がわかる名著。

江戸の坂　東京の坂(全)　横関英一

東京の坂道とその名前からは、江戸の暮らしや庶民の心が透かし見える。東京中の坂を渉猟し、元祖「坂道」本と謳われた幻の名著。（鈴木博之）

明治富豪史　横山源之助

維新そっちのけで海外投資に励み、贋札を発行してまで資本の蓄積に邁進する新興企業家・財閥創業者たちの姿を明らかにした明治裏面史。（色川大吉）

つくられた卑弥呼　義江明子

邪馬台国の卑弥呼は「神秘的な巫女」だった？　明治以降に創られたイメージを覆し、古代の女性支配者たちを政治的実権を持つ王として位置づけなおす。

北一輝　渡辺京二

明治天皇制国家を批判し、のち二・二六事件に連座して刑死した日本最大の政治思想家北一輝の生涯。第33回毎日出版文化賞受賞の名著。（臼井隆一郎）

民衆という幻像
渡辺京二コレクション2　民衆論
渡辺京二
小川哲生編
生活民が抱く「前近代」と、近代市民社会との軋み。著者生涯のテーマ「ひとりの小さきものの実存と歴史の間の深淵」をめぐる三九篇を収録。（髙山文彦）

中世を旅する人びと
阿部謹也
西洋中世の庶民の社会史。旅籠が客に課す厳格なルールや、遍歴職人必須の身分証明のための暗号など、興味深い史実を紹介。（平野啓一郎）

中世の星の下で
阿部謹也
中世ヨーロッパの庶民の暮らしを具体的、克明に描き、その歓びと涙、人と人との絆、深層意識を解き明かした中世史研究の傑作。（網野善彦）

中世の窓から
阿部謹也
中世ヨーロッパに生じた産業革命にも比する大転換――。名もなき人びとの暮らしを丹念に辿り、その全体像を描き出す。大佛次郎賞受賞。（樺山紘一）

1492 西欧文明の世界支配
ジャック・アタリ
斎藤広信訳
1492年コロンブスが新大陸を発見したことで、アメリカをはじめ中国・イスラム等の独自文明は抹殺された。現代世界の来歴を解き明かす一冊。

憲法で読むアメリカ史（全）
阿川尚之
建国から南北戦争、大恐慌と二度の大戦をへて現代まで。アメリカの歴史は常に憲法を通じ形づくられてきた。この国の底力の源泉へと迫る壮大な通史！

専制国家史論
足立啓二
封建的な共同団体性を欠いた専制国家・中国。歴史的にこの国はいかなる展開を遂げてきたのか。中国の特質と世界の行方を縦横に考察した比類なき論考。

暗殺者教国
岩村忍
政治外交手段として暗殺をくり返したニザリ・イスマイリ教国。広大な領土を支配したこの国の奇怪な活動を支えた教義とは？（鈴木規夫）

増補　魔女と聖女
池上俊一
魔女狩りの嵐が吹き荒れた中近世、美徳と超自然的力により崇められる聖女も急増する。女性嫌悪と礼賛の熱狂へ人々を駆りたてたものの正体に迫る。

ムッソリーニ　ロマノ・ヴルピッタ

統一国家となって以来、イタリア人が経験した激動の歴史。その象徴ともいうべき指導者の実像とは。既成のイメージを刷新する画期的ムッソリーニ伝。

中華人民共和国史十五講　王丹　加藤敬事訳

八九年天安門事件の学生リーダー王丹。逮捕・収監後、亡命先で母国の歴史を学び直し、敗者たちの透徹した認識を復元する、鎮魂の共和国六〇年史。

ツタンカーメン発掘記(上)　ハワード・カーター　酒井傳六／熊田亨訳

黄金のマスク、王のミイラ、数々の秘宝。エジプト考古学の新時代の扉を開いた世紀の発見の全記録。上巻は王家の谷の歴史と王墓発見までを収録。

ツタンカーメン発掘記(下)　ハワード・カーター　酒井傳六／熊田亨訳

王墓発見の報が世界を駆けめぐり発掘された遺物が注目を集める中、ついに黄金の棺が開かれ、カーターは王のミイラと対面する。（屋形禎亮）

王の二つの身体(上)　E・H・カントーロヴィチ　小林公訳

王の可死の身体は、いかにして不可死の身体へと変容するのか。異貌の亡命歴史家による最もラディカルな「王権の解剖学」。待望の文庫化。

王の二つの身体(下)　E・H・カントーロヴィチ　小林公訳

王朝、王冠、王の威厳。権力の自己荘厳のメカニズムを冷徹に分析する中世政治神学研究の金字塔。必読の問題作。全2巻。

世界システム論講義　川北稔

近代の世界史を有機的な展開過程として捉える見方、それが〈世界システム論〉にほかならない。第一人者が豊富なトピックとともにこの理論を解説する。

裁判官と歴史家　カルロ・ギンズブルグ　上村忠男／堤康徳訳

一九七〇年代、左翼闘争の中で起きた謎の殺人事件。冤罪とも騒がれるその裁判記録の分析に著者が挑み、歴史家のとるべき態度と使命を鮮やかに示す。

中国の歴史　岸本美緒

中国とは何か。独特の道筋をたどった中国社会の変遷を、東アジアとの関係に留意して解説。初期王朝から現代に至る通史を簡明かつダイナミックに描く。

大都会の誕生
喜安朗／川北稔
都市型の生活様式は、歴史的にどのように形成されてきたのか。この魅力的な問いに、碩学がふたつの都市の豊富な事例をふまえて重層的に描写する。

共産主義黒書〈ソ連篇〉
ステファヌ・クルトワ／ニコラ・ヴェルト
外川継男訳
史上初の共産主義国家〈ソ連〉は、大量殺人・テロル・強制収容所を統治形態にまで高めた。レーニン以来行われてきた犯罪を赤裸々に暴いた衝撃の書。

共産主義黒書〈アジア篇〉
ステファヌ・クルトワ／ジャン＝ルイ・マルゴラン
高橋武智訳
アジアの共産主義国家は抑圧政策においてソ連以上の悲惨を生んだ。中国、北朝鮮、カンボジアなどでの実態は我々に歴史の重さを突き付けてやまない。

ヨーロッパの帝国主義
アルフレッド・W・クロスビー
佐々木昭夫訳
15世紀末の新大陸発見以降、ヨーロッパ人はなぜ次々と植民地を獲得できたのか。病気や動植物に着目して帝国主義の謎を解き明かす。（川北稔）

民のモラル
近藤和彦
統治者といえど時代の約束事に従わざるをえなかった18世紀イギリス。新聞記事や裁判記録、ホーガースの風刺画などから騒擾と制裁の歴史をひもとく。

増補 大衆宣伝の神話
佐藤卓己
祝祭、漫画、シンボル、デモなど政治の視覚化は大衆の感情をどのように動員したか。ヒトラーが学んだプロパガンダを読み解く「メディア史」の出発点。

ユダヤ人の起源
シュロモー・サンド
高橋武智監訳
佐々木康之／木村高子訳
〈ユダヤ人〉はいかなる経緯をもって成立したのか。歴史記述の精緻な検証によって実像に迫り、そのアイデンティティを根本から問う画期的試論。

中国史談集
澤田瑞穂
皇帝、彫青、男色、刑罰、宗教結社など中国裏面史を彩った人物や事件を中国文学の碩学が独自の視点で解き明かす。怪力乱「神」をあえて語る！（堀誠）

同時代史
タキトゥス
國原吉之助訳
古代ローマの暴帝ネロ自殺のあと内乱が勃発。絡みあう人間ドラマ、陰謀、凄まじい政争を、臨場感あふれる鮮やかな描写で展開した大古典。（本村凌二）

秋風秋雨人を愁殺す　武田泰淳

辛亥革命前夜、疾風のように駆け抜けた美貌の若き女性革命家秋瑾の生涯。日本刀を鍾愛した烈女秋瑾の思想と人間像を浮き彫りにした評伝の白眉。

歴史（上・下）　トゥキュディデス　小西晴雄訳

野望、虚栄、裏切り——古代ギリシアを殺戮の嵐に陥れたペロポネソス戦争とは何だったのか。その全貌を克明に記した、人類最古の本格的「歴史書」。

日本陸軍と中国　戸部良一

中国スペシャリストとして活躍し、日中提携を夢見た男たち。なぜ彼らが、泥沼の戦争へと日本を導くことになったのか。真相を追う。（五百旗頭真）

カニバリズム論　中野美代子

根源的タブーの人肉嗜食や纏足、宦官……。目を背けたくなるものを冷静に論ずることで逆説的に人間の真実に迫る血の滴る異色の人間史。（山田仁史）

帝国の陰謀　蓮實重彥

一組の義兄弟による陰謀から生まれたフランス第二帝政。「私生児」の義弟が遺した二つのテクストを読解し、近代的現象の本質に迫る。（入江哲朗）

戦争の起源　アーサー・フェリル　鈴木主税／石原正毅訳

人類誕生とともに戦争は始まった。先史時代からアレクサンドロス大王までの壮大なるその歴史をダイナミックに描く。地図・図版多数。（森谷公俊）

近代ヨーロッパ史　福井憲彦

ヨーロッパの近代は、その後の世界を決定づけた。現代をさまざまな面で規定しているヨーロッパ近代の歴史と意味を、平明かつ総合的に考える。

ルーベンス回想　ヤーコプ・ブルクハルト　新井靖一訳

19世紀ヨーロッパを代表する歴史家ブルクハルトが、「最大の絵画的物語作者」ルーベンスの絵画の本質を、作品テーマに即して解説する。新訳。

売春の社会史（上）　バーン＆ボニー・ブーロー　香川檀／家本清美／岩倉桂子訳

売春の歴史を性と社会的な男女関係の歴史としてとらえた初の本格的通史。図版多数。「売春の起源」から「宗教改革と梅毒」までを収録。

売春の社会史(下)
バーン&ボニー・ブーロー
香川檀/家本清美/岩倉桂子訳
様々な時代や文化的背景における売春の全体像を十全に描き、社会政策への展開を探る。「王侯と平民」から「変わりゆく二重規範」までを収録。

イタリア・ルネサンスの文化(上)
ヤーコプ・ブルクハルト
新井靖一訳
中央集権化がすすみ緻密に構成されていく国家あってこそ、イタリア・ルネサンスは可能となった。ブルクハルト若き日の着想に発した畢生の大著。

イタリア・ルネサンスの文化(下)
ヤーコプ・ブルクハルト
新井靖一訳
緊張の続く国家間情勢の下にあって、類稀な文化と個性的な人物達は生みだされた。近代的な社会に向かう時代の、人間の生活文化様式を描ききる。

はじめてわかる ルネサンス
ジェリー・ブロトン
高山芳樹訳
ルネサンスは芸術だけじゃない! 東洋との出会い、科学と哲学、宗教改革など、さまざまな角度から光をあてて真のルネサンス像に迫る入門書。

増補 普通の人びと
クリストファー・R・ブラウニング
谷喬夫訳
ごく平凡な市民が無抵抗なユダヤ人を並べ立たせ、ひたすら銃殺する——なぜ彼らは八万人もの大虐殺に荷担したのか。その実態と心理に迫る戦慄の書。

匪賊の社会史
エリック・ホブズボーム
船山榮一訳
抑圧的権力から民衆を守るヒーローと讃えられてきた善きアウトローたち。その系譜や生き方を追い、暴力と権力のからくりに迫る幻の名著。

20世紀の歴史(上)
エリック・ホブズボーム
大井由紀訳
第一次世界大戦の勃発が20世紀の始まりとなった。この「短い世紀」の諸相を英国を代表する歴史家が渾身の力で描く。全二巻、文庫オリジナル新訳。

20世紀の歴史(下)
エリック・ホブズボーム
大井由紀訳
一九七〇年代を過ぎ、世界に再び危機が訪れる。不確実性がいやますなか、ソ連崩壊が20世紀の終焉を印した。歴史家の考察は我々に何を伝えるのか。

アラブが見た十字軍
アミン・マアルーフ
牟田口義郎/新川雅子訳
十字軍とはアラブにとって何だったのか? 豊富な史料を渉猟し、激動の12、13世紀をあざやかに、しかも手際よくまとめた反十字軍史。

ちくま学芸文庫

増補《ぞうほ》　中国《ちゅうごく》「反日《はんにち》」の源流《げんりゅう》

二〇一九年六月十日　第一刷発行

著　者　岡本隆司（おかもと・たかし）
発行者　喜入冬子
発行所　株式会社　筑摩書房
　東京都台東区蔵前二―五―三　〒一一一―八七五五
　電話番号　〇三―五六八七―二六〇一（代表）
装幀者　安野光雅
印刷所　明和印刷株式会社
製本所　株式会社積信堂

ISBN978-4-480-09927-3 C0122